브로의

3분 딥러닝

파이토치맛

김건우, 염상준 지음

펭귄브로의 3분 딥러닝, 파이토치맛

PyTorch 코드로 맛보는 CNN, GAN, RNN, DQN, Autoencoder, ResNet, Seq2Seq, Adversarial Attack

초판 1쇄 발행 2019년 11월 01일
초판 2쇄 발행 2020년 11월 02일

지은이 김건우, 염상준 / **베타리더** 성민석, 송진영, 오동주, 임우재, 이요셉, 이정연, 임재곤, 황시연 / **펴낸이** 김태헌
펴낸곳 한빛미디어(주) / **주소** 서울시 서대문구 연희로2길 62 한빛미디어(주) IT출판부
전화 02-325-5544 / **팩스** 02-336-7124
등록 1999년 6월 24일 제25100-2017-000058호 / **ISBN** 979-11-6224-227-8 93000

총괄 전정아 / **책임편집** 홍성신 / **기획 · 편집** 최현우 / **교정** 이인호 / **진행** 홍성신
디자인 표지 · 내지 김연정 캐릭터 일러스트 유준호 조판 이경숙
영업 김형진, 김진불, 조유미 / **마케팅** 박상용, 송경석, 조수현, 이행은, 고광일 / **제작** 박성우, 김정우

이 책에 대한 의견이나 오탈자 및 잘못된 내용에 대한 수정 정보는 한빛미디어(주)의 홈페이지나 아래 이메일로
알려주십시오. 잘못된 책은 구입하신 서점에서 교환해드립니다. 책값은 뒤표지에 표시되어 있습니다.
한빛미디어 홈페이지 www.hanbit.co.kr / 이메일 ask@hanbit.co.kr

지금 하지 않으면 할 수 없는 일이 있습니다.
책으로 펴내고 싶은 아이디어나 원고를 메일(**writer@hanbit.co.kr**)로 보내주세요.
한빛미디어(주)는 여러분의 소중한 경험과 지식을 기다리고 있습니다.

펭귄브로의

3분 딥러닝

파이토치맛

김건우, 염상준 지음

한빛미디어
Hanbit Media, Inc.

딥러닝 프레임워크는 딥러닝의 발전에 큰 기여를 해왔습니다. 파이토치는 딥러닝 발전에 기여한 프레임워크 중 하나로 처음 세상에 소개된 이후 많은 사람에게 사랑을 받아왔습니다. 최근에는 파이토치로 코드를 구현해서 공개하는 논문 저자도 많아졌습니다. 또한 페이스북에서 2019년 초에 발표한 내용에 따르면 파이토치를 단순히 연구용이 아닌 제품에 사용하는 용도로 개발하고 있다고 합니다.

이 책은 파이토치를 간단한 코드와 다양한 예제를 통해 잘 설명하고 있습니다. 파이토치를 수월하게 다룰 수 있도록 단계별로 파이토치의 기능을 잘 알려줍니다. 딥러닝이 적용되는 분야가 많다 보니 분야마다 프레임워크를 사용하는 방식이 조금씩 다릅니다. 이 책에서는 이미지, 텍스트, 강화학습 분야에서 어떻게 파이토치를 사용하는지 소개합니다. 따라서 각자 공부하거나 연구하는 분야에 파이토치를 더 손쉽게 적용할 수 있도록 도와줍니다.

딥러닝을 학습할 때 적절한 도움이 있다면 더 빠르게 성장할 수 있다고 생각합니다. 이 책이 파이토치와 함께 많은 사람의 학습을 도와서 딥러닝 커뮤니티를 발전시킬 것으로 생각합니다.

이웅원, 당근마켓 소프트웨어 엔지니어
『파이썬과 케라스로 배우는 강화학습』 공저

코딩에 입문하면 "Hello World!", 딥러닝에 입문하면 MNIST라고는 하지만 입문자에게는 생소한 함수와 문법 때문에 적응하기 어려웠습니다. 하지만 그 어떤 딥러닝 프레임워크보다 파이써닉하고 쉬운 딥러닝 프레임워크인 파이토치의 탄생으로 초등학생도 딥러닝을 구현할 수 있는 시대가 왔습니다. 이 책에서는 다른 딥러닝 책에서는 잘 다루지 않는 GAN이나 적대적 공격adversarial attack도 다룹니다. 딥러닝은 들어봤지만 아직 모델을 직접 구현해보지 않은 사람이나 딥러닝의 어느 분야를 공부해야 할지 갈피를 못 잡은 사람에게 추천합니다.

주찬웅, 네이버 소프트웨어 엔지니어

머신러닝과 딥러닝은 이제 어려운 분야가 아닙니다. 잠깐 반짝하고 사라지는 일시적인 유행이라 볼 수도 없습니다. 머지않아 자료구조, 알고리즘과 함께 인공지능에 대한 이해가 개발자의 기초소양으로 자리 잡을지 모릅니다. 저자는 쉽게 그리고 친절하게 딥러닝의 필수 요소를 설명해줍니다. 마치 동료와 함께 프로젝트를 하며, 짝 프로그래밍하는 느낌으로 가깝게 다가옵니다. 각 장에서 간결한 이론과 흥미로운 예제들은 빠르게 기초를 다지고, 핵심을 이해하고, 실전처럼 기술을 다룰 수 있게 도와줍니다. 딥러닝에 대한 사전 지식이 없더라도 프로그래밍 기초만 있다면 문제없습니다. 파이썬, 파이토치와 풍부한 예제로 누구나 즐겁게 오늘의 요리사가 될 수 있습니다.

박성순, 아마존 소프트웨어 엔지니어

이 책을 읽는 것은 마치 한편의 코스 요리를 맛보는 것과 같습니다. 처음에는 애피타이저로 간단하게 인공 신경망을 구현해보는 것부터 시작하여 CNN, RNN, GAN과 같은 다양한 메인 요리까지 다양한 주제를 맛보게 될 겁니다. 마지막에는 딥러닝 해킹이나 강화학습과 같이 다소 생소할 수 있는 주제까지 접할 수 있는 좋은 기회가 될 겁니다.

성민석, 홍익대학교 컴퓨터공학과 4학년

대부분 딥러닝 서적은 텐서플로로 쓰여 있습니다. 최근 들어 파이토치에 관련된 책이 하나둘씩 나오는 가운데 이 책을 알게 됐습니다. 텐서는 정적 그래프로 시작하면 수정할 수 없습니다. 파이토치는 동적 계산 그래프를 사용해 데이터에 유연한 모델을 만드는 장점이 있습니다. 이 책은 파이토치를 활용해 딥러닝 기초부터 심화까지(CNN, RNN, DQN, GAN, 오토인코더 등) 다룹니다. 저자가 직접 만든 그림 설명은 인공지능 입문자가 이해하는 데 큰 도움이 돼 강력하게 추천합니다.

오동주, SW 개발자

파이토치를 사용해 처음부터 하나씩 구현해보며 딥러닝을 학습할 수 있는 책입니다. 오늘보다 내일을 생각하는 당신에게 이 책은 간결함과 유연함으로 뭉친 파이토치의 매력을 보여줄 겁니다. 단순한 사용법을 넘어 이해를 바탕으로 한 적용을 목표로 하고 있으며, 한 줄 한 줄 읽다 보면 저자가 말하고자 하는 내용이 자연스럽게 이해되도록 구성되어 있습니다. 특히, 뻔하지 않은 새로운 예제를 활용한 각 장의 실습 코드는 간단한 수정을 거친다면 바로 당신만의 데이터로 훈련시켜 볼 수 있는 딥러닝 네트워크로 사용할 수 있습니다. 이 책이 소개하는 '파이토치다운' 딥러닝을 지금 시작해보세요.

임우재, 경희대학교, 융합의과학과 석사과정

이 책을 읽고 파이토치가 이해하기 쉽고 실무에서 사용하기에도 장점이 많은 딥러닝 프레임워크라는 것을 알게 되었습니다. 초보자를 위한 도서임에도 예제가 틀에 박히지 않고 신선하게 구성되어서 좋았네요. 저자들의 정성만큼 가장 쉽고 범용적인 입문서를 표방하는 〈3분 딥러닝〉 시리즈 명성을 그대로 이어가기를 기대합니다.

이요셉, 지나가던 IT인

이 책의 주요 장점은 '쉽게 설명해준다', '파이토치를 사용해 쉽게 구현할 수 있다', '다양한 개념을 다룬다'는 점인 것 같습니다. 딥러닝을 시작할 때, 구현해보지 않고 이론만 배우면 흥미가 떨어지고, 개념이 잘 와닿지 않는 경우가 많습니다. 또, 구현할 때 어려운 언어나 라이브러리를 사용하면 진입장벽이 높아집니다.

파이토치는 상대적으로 쉽게 딥러닝을 프로그래밍할 수 있는 라이브러리입니다. 이 책은 장별로 그림을 이용하여 쉽게 개념을 설명해주고 쉽게 구현해볼 수 있어, 인공지능을 처음 시작하는 사람이 보기 좋은 책입니다.

또, GAN, DQN, RNN, 오토인코더 같은 다양한 내용도 다루고 있습니다. 딥러닝을 계속해서 접하다 보면 이러한 내용이 자주 등장합니다. 이 책에서는 다소 어려울 수 있는 개념을 굉장히 쉽게 설명해줍니다. 쉽게 다양한 주제를 접할 수 있다는 것도 장점입니다.

임재곤, SK하이닉스, 시스템엔지니어

딥러닝을 연구개발하면서 텐서플로와 케라스를 주로 사용했습니다. 파이토치에 관련된 논문과 자료가 작년부터 급증하는 추세입니다. 더는 파이토치를 편식해서는 안 되겠다는 생각이 들던 차에 이 책을 만났습니다. 책을 열고 하루 만에 두 번 읽었습니다. 이 책은 파이토치의 핵심을 쉽게 이해할 수 있도록 쓰였습니다. 딥러닝 모델에 대한 쉬운 설명과 신선한 예제들은 학습하는 데 흥미를 일으킵니다. 파이토치는 넘파이와 매우 유사해서 파이썬에 대한 기본적인 지식이 있는 사람은 파이토치로 딥러닝을 좀 더 쉽게 배울 수 있습니다.

황시연, 데이터 저널리스트

모임이 있을 때마다 사람들이 "토치토치, 파이토치"라고 했습니다. "토치토치" 그러는데 아기공룡 둘리에 나오는 '또치'인가 하며 가만히 있었습니다. 대화에 낄 수가 없어서 너무나도 아쉬웠습니다. 이 책을 보면 고개라도 끄덕일 수 있지 않을 까 하고 기대했습니다. 나처럼 모임에 갈 때 조금 아는 척하며 대화에 끼고 싶은 사람에게 추천합니다.

송진영, 데이터분석가, fast.ai.kr 운영진

처음에 인공지능을 파이토치가 아닌 다른 프레임워크로 공부했기 때문에 새로 운 프레임워크를 배우는 게 조금 부담스러웠습니다. 하지만 파이토치는 파이써닉 하게 직관성과 간결성을 가졌고, 저자들의 친절하고 자세한 설명 덕분에 쉽게 입 문할 수 있었습니다. 파이토치라는 도구를 가지고 다양한 분야에서 어떻게 인공 지능 모델들이 만들어지는지 배울 수 있는 기쁨을 느껴보기 바랍니다. 인공지능 이 데이터를 학습하고 새로운 세계에서 자신의 지능을 활용하듯, 이 책을 읽고 파 이토치에 대해 학습한 여러분은 이제 자유자재로 파이토치를 자신의 업무에 맞게 사용할 수 있을 겁니다.

이정연, Biomimetics + AI를 꿈꾸는 공학도,
AI Robotics KR 1기 운영진

비전, 로봇, 자율주행, 소리, 미술, 예측, 언어 등 수많은 분야에 활용되는 딥러닝은 일반적인 알고리즘으로 해결하지 못하던 문제를 해결하고 있습니다. 놀라운 딥러닝의 성과에는 파이토치 같은 좋은 도구의 출현이 있었고, 덕분에 연구자뿐만 아니라 개발자까지 딥러닝을 현업에 이용할 수 있게 됐습니다. 따라서 문제에 따라 머신러닝이나 딥러닝을 사용해야 하는지 여부를 구분하는 능력도 중요해졌습니다. 그래서 이 책에 딥러닝으로 풀 적합한 문제를 담았습니다.

왠지 이론부터 차근차근 배워야 정석대로 배우는 느낌이긴 합니다만, 프로그래머라면 무엇이 가능하고 어떻게 구현하며 어떻게 적용하는지에 관심이 더 높을 겁니다. 이 책은 깊이 있는 이론을 다른 서적에 양보하고, 파이토치를 이용해 딥러닝을 체험해보는 데 초점을 두었습니다. 여러 예제에서 코드를 직접 작성하며 얻은 직관은 현업에 적지 않게 도움이 될 거라 생각합니다.

파이토치로 다양한 딥러닝 모델을 접해보고 여러 분야에 적용하려는 분께 이 책을 권합니다.

이 책이 있기까지 한빛미디어 최현우 차장님과 이인호 팀장님의 많은 도움이 있었습니다. 바쁜 시간에도 불구하고 꼼꼼히 읽어주시고 피드백을 남겨주신 이웅원, 주찬웅, 박성순, 성민석, 송진영, 오동주, 임우재, 이요셉, 이정연, 임재곤, 황시연 님께도 감사를 전합니다.

김건우

어느 과목을 공부하든지 이론을 아는 것은 중요합니다. 하지만 실제로 배운 이론이 눈앞에서 보이는 것 또한 못지않게 중요합니다. 보이는 것이 있어야 이론이 더 쉽게 이해되기 때문입니다.

개인적으로 이 책을 통해 '딥러닝 프로그래밍은 그리 어렵지 않다'라는 메시지를 전달하고 싶었습니다. 따라서 머신러닝/딥러닝을 좀 더 프로그래머, 혹은 엔지니어 관점으로 바라보며 이 책을 집필했습니다.

이 책의 예제들은 되도록 코드양이 많지 않게 설계되었으므로 책을 읽으면서 쉽게 딥러닝 모델들을 코딩할 수 있습니다. 예제를 따라 하다 보면 어느새 파이토치의 간결함에 매료되어 처음 딥러닝을 접하는 분들도 딥러닝 프로그래밍에 대한 거부감이 사라질 겁니다.

우선 이 책을 집필할 기회를 준 한빛미디어에 감사의 말을 전하고 싶습니다. 모호한 설명이나 바로잡아야 할 점을 지적해주신 베타 리더분들께도 감사하단 말씀을 드립니다.

염상준

이 책은 파이토치로 인공지능을 구현하는 방법을 알려줍니다. 인공지능 입문자를 위한 기초 지식과 최신 인공지능 구현 방법인 인공 신경망 기술을 사례를 통해 알아봅니다. 지도학습 방식의 ANN, DNN, CNN, RNN을 비롯해, 비지도학습 방식의 AE, GAN, DQN을 직접 구현합니다. 딥러닝의 약점을 이용한 해킹 방법을 배우는 등 각 장에서 소개한 신경망으로 재미있는 응용 예제를 다룹니다.

이 책의 대상 독자

파이토치는 페이스북이 주도하여 만든 딥러닝 모델 구현용 오픈소스 도구입니다. 파이토치로 비지도학습, 지도학습, 강화학습 인공 신경망 구조를 구현하고 실제로 서비스에 이용하는 팁까지 간단하게 알아봅니다. 딥러닝에 대한 사전 지식이 없는 사람도 코드를 따라 익힐 수 있도록 작성했습니다. 파이썬을 사용할 줄 알고, 최소한의 머신러닝 지식을 갖췄다면 누구나 이 책의 대상 독자입니다.

이 책의 개발 환경

이 책은 다음과 같은 환경을 기반으로 설명했으며, 모든 소스의 구동을 확인했습니다.

도구	버전
운영체제	윈도우, 우분투, 맥OS
개발 언어	파이썬 3.7
패키지	파이토치 1.3

예제 소스

이 책의 예제를 파이썬으로 구현했습니다. 파이토치 패키지로 최대한 간결하게 구현하여 쉽게 재활용할 수 있습니다. 실습이 용이하도록 주피터의 아이파이썬 노트북에서 실행되는 소스도 준비했습니다. 모든 예제 소스는 이 책의 깃허브와 한빛미디어 홈페이지에서 내려받을 수 있습니다.

- **깃허브** github.com/keon/3-min-pytorch
- **한빛미디어** www.hanbit.co.kr/src/10227

이 책의 구성

딥러닝과 파이토치를 처음 접하는 사람이 쉽게 이론을 익히고 구현할 수 있도록 구성했습니다. 딥러닝은 언어부터 이미지까지 넓은 분야에 사용되고 있어서 응용하는 분야에 따라 그 형태가 다양합니다. 따라서 최대한 다양한 학습 방식과 딥러닝 모델을 구현할 수 있도록 예제를 준비했습니다.

1장. 딥러닝과 파이토치

딥러닝의 기본 지식을 쌓고, 여러 머신러닝 방식에 대해 배웁니다. 파이토치가 무엇이고 왜 필요한지, 텐서플로와 케라스 같은 라이브러리와 무엇이 다른지를 알아봅니다.

2장. 파이토치 시작하기

파이토치 환경 설정과 사용법을 익혀봅니다. 파이토치 외에도 책을 진행하면서 필요한 주변 도구를 설치합니다.

3장. 파이토치로 구현하는 ANN

파이토치를 이용하여 가장 기본적인 인공 신경망artificial neural network을 구현하고 모델을 저장, 재사용하는 방법까지 배웁니다.

4장. 패션 아이템을 구분하는 DNN

앞서 배운 인공 신경망을 이용하여 Fashion MNIST 데이터셋 안의 패션 아이템을 구분해봅니다.

5장. 이미지 처리 능력이 탁월한 CNN

영상 인식에 탁월한 성능을 자랑하는 CNNconvolutional neural network을 알아봅니다. 여기에 그치지 않고 CNN을 더 쌓아 올려 성능을 올린 ResNet을 알아보고 구현합니다.

6장. 사람의 지도 없이 학습하는 오토인코더

정답이 없는 상태에서 특징을 추출하는 비지도학습을 알아보고 대표적인 비지도학습 모델인 오토인코더autoencoder를 이해하고 구현하는 방법을 익힙니다.

7장. 순차적인 데이터를 처리하는 RNN

문자열, 음성, 시계열 데이터에 높은 성능을 보이는 RNNrecurrent neural network을 활용하여 영화 리뷰 감정 분석을 해보고 간단한 기계 번역기를 만들어봅니다.

8장. 딥러닝을 해킹하는 적대적 공격

딥러닝 모델을 의도적으로 헷갈리게 하는 적대적 예제를 알아보고 적대적 예제를 생성하는 방법인 적대적 공격adversarial attack을 알아봅니다.

9장. 경쟁하며 학습하는 GAN

두 모델의 경쟁을 통해 최적화하는 특이한 학습 구조를 가진 GANgenerative adversarial network에 대해 알아봅니다. GAN은 데이터셋에 존재하지 않는 새로운 이미지를 생성할 수 있습니다. 예제로 Fashion MNIST 데이터셋을 학습하여 새로운 패션 아이템을 만듭니다.

10장. 주어진 환경과 상호작용하며 학습하는 DQN

간단한 게임 환경에서 스스로 성장하는 DQNdeep q-network을 알아보고 간단한 게임을 마스터하는 인공지능을 구현해봅니다.

효과적으로 읽으려면...

새로운 프로그래밍 언어나 라이브러리를 학습하는 가장 좋은 방법은 무엇일까요? 〈3분〉 시리즈는 긴 설명을 읽기보다는 직접 코드를 입력해가면서 익히게 해 쉽고 재미있습니다.

독자 옆에 앉아 빠르게 '함께 코딩해가며' 설명한다는 느낌이 들도록 했습니다. 코드는 설명 흐름에 맞춰 필요한 만큼만 보여주며, 전체 코드를 마지막에 제시합니다. 이론은 큰 그림을 이해할 정도로만 알려주고, 코드도 세세한 부분까지 설명하지는 않습니다.

우선은 큰 그림과 동작하는 코드를 손에 넣은 후, 파이토치 사용법 문서와 저자가 만든 파이토치 깃허브를 참고해 코드를 주물러보며 파이토치와 친해져보세요.

각 절의 마지막에는 주석이 거의 없는 전체 코드가 등장합니다. 쭈~욱 훑어보며 배운 걸 정리하고 제대로 이해했는지 점검해보기 바랍니다. 각 코드 블록에 해당하는 본문 설명의 위치를 숫자로 연결해뒀으니 특정 코드가 이해되지 않을 때 활용하기 바랍니다.

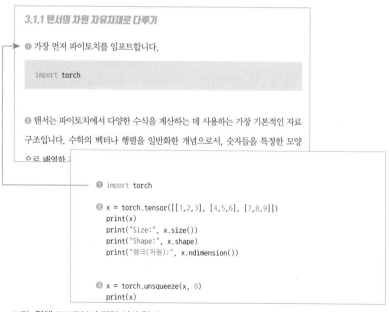

그림 전체 코드로부터 관련 설명 찾기

이 책을 마친 후

이 책의 목적은 다양한 딥러닝 모델의 개념을 익히는 것이므로 이론을 최대한 간략하게 소개합니다. 하지만 딥러닝을 본격적으로 사용하려면 이론도 같이 익히는 편이 좋을 겁니다.

이 책을 마치신 후에 딥러닝을 더 공부하고 싶다면 다음 강좌와 책들을 참고하세요. 이론을 쉽게 설명해놓은 것들을 골라봤습니다.

- **모두를 위한 머신러닝/딥러닝 강의(hunkim.github.io/ml/)**
  홍콩과기대 김성훈 교수님 강좌로, 우리말 강좌뿐 아니라 영어 강좌까지 통틀어 최고로 쉽게 설명한 강좌입니다.

- **『밑바닥부터 시작하는 딥러닝』(한빛미디어, 2017)**
  신경망 기초 이론을 코드로 쉽게 익힐 수 있게 해줍니다. 기초 이론을 조금 더 상세하게 익힐 수 있습니다.

- **『밑바닥부터 시작하는 딥러닝 2』(한빛미디어, 2019)**
  이 책은 밑바닥부터 시작하는 딥러닝에서 다루지 못했던 순환 신경망(RNN)을 자연어 처리와 시계열 데이터 처리에 사용하는 딥러닝 기술에 초점을 맞춰 살펴봅니다.

- **『처음 배우는 머신러닝』(한빛미디어, 2017)**
  머신러닝 기초 이론을 상세히 설명하고 각 이론에 대해 실습 코드를 제공합니다. 기초 이론과 코딩 감각을 동시에 익힐 수 있습니다.

책에서 다루는 여러 신경망 구조는 다음
과 같습니다. 각 부분에 대한 개념은 각
장에서 예제를 이용해 다룰 겁니다.

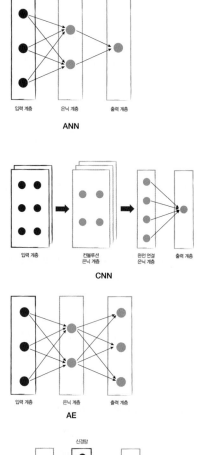

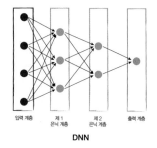

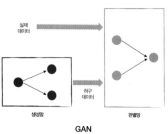

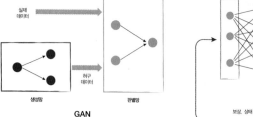

| 차 례 |

| 차 례 |

딥러닝과
파이토치

딥러닝과 파이토치

딥러닝 기본 지식을 쌓고, 여러 머신러닝 방식을 배웁니다. 최근 가장 빠르게 성장하는 딥러닝 프레임워크인 파이토치가 무엇인지, 왜 필요한지, 텐서플로와 케라스 같은 라이브러리와 무엇이 다른지에 대해 알아봅니다.

- 인공지능과 머신러닝
- 지도학습, 비지도학습, 강화학습
- 딥러닝과 신경망
- 파이토치가 개발되기까지
- 왜 파이토치인가?

학습 목표
딥러닝 배경지식과 이 책에서 파이토치를 사용하게 된 이유를 알아봅시다.

1.1 인공지능과 머신러닝

흔히 인공지능artificial intelligence이란 인간의 사고를 인공적으로 모방한 모든 것을 가리킵니다. 인공지능을 구현하는 방법론은 다양하며, 머신러닝도 그중 하나입니다. 머신러닝은 주어진 데이터를 가지고 통계학적인 모델을 학습시켜 인공지능을 구현하는 방법이며, 딥러닝은 머신러닝의 수많은 학습법 중 한 갈래입니다.

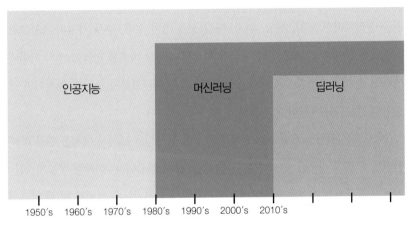

그림 1-1 인공지능 vs. 머신러닝 vs. 딥러닝

초기의 인공지능 개발 방법은 입력부터 출력까지 모든 단계를 컴퓨터에 일일이 알려주었습니다. 예를 들어 인공지능이 자동차를 인식하게 하려면 사람이 직접 자동차의 특징feature을 컴퓨터에 알려주는 방법밖에 없었습니다. "창문이 있고 바퀴가 4개 달렸으면 자동차다"라는 식으로 말입니다.

머신러닝은 정반대의 방법으로 접근합니다. 머신러닝에서는 사람이 정답(출력)을 알려주고, 프로그램이 정답까지 찾아가는 단계를 학습합니다. 사람이 할 일은 오직 컴퓨터에 자동차 사진을 입력하는 것뿐입니다. 사진을 받은 컴퓨터는 "창문이 있고 바퀴가 4개 달렸다"라는 자동차의 특징을 스스로 찾아내 학습합니다. 그래서 학습을 위한 '데이터'와 두뇌에 해당하는 '모델'을 잘 설계하는 것이 머신러닝의 핵심입니다.

"창문이 있고 바퀴가 4개 달렸다"라는 말은 사람에게는 아주 단순하지만, 컴퓨터에는 굉장히 고차원적인 문장입니다. 컴퓨터는 창문과 바퀴가 어떻게 생겼는지, 어디에 어떻게 달리는지 전혀 개념이 없기 때문입니다.

아직 머신러닝을 잘 모르는 엔지니어 입장으로 생각해보겠습니다. 바퀴라는 물건을 정의하려면 모양, 색상, 위치, 재질 등을 합쳐 수백, 수천 가지의 조합으로 설명해야 합니다. 그리고 만약 누군가 황금색 세모난 바퀴를 만들어 예외 사항이 생기면 손수 추가해줘야 합니다. 그러므로 작은 디테일까지 놓치지 않으려면 그 분야의 전문가여야 합니다.

반대로 머신러닝을 사용하는 엔지니어는 바퀴 사진을 모아서 예시를 만들고 머신러닝 모델에 바퀴를 인식하는 단계(학습)를 수행합니다. 이처럼 풀고자 하는 문제가 복잡하고 어려워질수록 머신러닝 방식의 인공지능은 문제를 더 쉽고 유연하게 해결할 수 있습니다.

알게 모르게 머신러닝은 이미 우리 일상에 널리 쓰이고 있습니다. 네이버나 구글에서 검색하고 유튜브 동영상을 볼 때 우리는 머신러닝이 추천해주는 글과 동영상을 접하게 됩니다. 머신러닝 서비스들은 사용자의 데이터를 먹고 자라서 쓰면 쓸수록 정확도가 높아집니다. 구글, 아마존, 페이스북 같은 기업이 사용자 정보를 모으려고 애쓰는 이유도 여기에 있습니다.

1.2 지도학습, 비지도학습, 강화학습

'학습한다'라는 행위는 여러 형태를 띨 수 있습니다. 모델에 어떠한 데이터를 입력했을 때 원하는 결과가 출력되도록 모델 내부의 변수들을 조금씩 조율하는 과정이 곧 '학습'입니다. 이때 데이터 특징, 학습 방식에 따라 머신러닝을 지도학습supervised learning, 비지도학습unsupervised learning, 강화학습reinforcement learning 등으로 구분합니다.

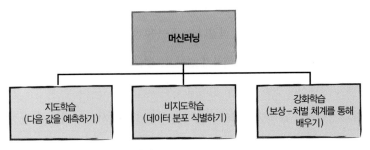

그림 1-2 학습 방식에 따른 머신러닝 분류

지도학습은 '지도'라는 단어에서 드러나듯 사람이 모델을 가르치는 머신러닝 방식입니다. 가르침은 데이터셋으로 이루어지는데, 입력과 그에 대한 레이블label(정답)을 반복해서 모델에 보여줌으로써 입력(x)과 출력(y)의 연관성을 찾게 하는 겁니다. 이렇게 정답이 있는 데이터로 학습을 마친 후, 한 번도 보지 못한 새로운 데이터를 보고 결과를 예측하는 데 쓰입니다. 지도학습은 세상에 대한 맥락context이 없는 컴퓨터가 가장 학습하기 수월한 방법입니다. 그래서 가장 많이 쓰이며, 이미지/음성 인식과 기계번역 등에 사용됩니다. 단점은 사람이 수고스럽게 정답, 즉 레이블을 준비해야 한다는 겁니다.

비지도학습은 지도학습과는 다르게 정답이 '없는' 데이터로 학습합니다. 정답이 없는 데이터로부터 군집 분석cluster analysis, 데이터 표현data representation, 차원 감소dimensionality reduction 등을 배울 수 있고, 이 역시 지도학습을 보조하는 용도로 많이 쓰입니다. 사람의 개입이 적어진다는 점에서 우리가 추구하는 인공지능에 더 가까운 방법 같지만, 데이터에 대한 정답이 없는 상태이기 때문에 사람이 원하는 결과를 도출해내기 어렵습니다.

지도학습과 비지도학습은 모두 정적인 데이터로 학습합니다. 머신러닝의 세 번째 분류인 강화학습은 보상과 처벌 체계를 세우고 모델이 환경을 경험하며 배운다는 점에서 동적입니다. 강화학습은 게임 같이 주어진 환경에서 상호작용하며 높은 점수를 받는 방법을 배우는 방식입니다. 동물을 훈련시키는 방법과 매우 비슷하니 강아지 훈련을 떠올리면 이해하기 편할 것 같습니다. 강아지에게 '앉아'를 훈련시킬 때는 강아지가 앉을 때까지 기다렸다가 앉는 순간 간식 같은 보상을 줍니다. 그리고 강아지가 앉으면 간식이 나온다는 사실을 연결시킬 때까지 이 과정을 반복합니다. 강화학습에서는 풀고자 하는 문제에서의 보상 방식을 잘 설계하는 것이 핵심입니다.

지도학습, 비지도학습, 강화학습 외에도 여러 학습 방법이 존재합니다. 대표적으로는 레이블이 부족한 데이터를 학습하는 준지도학습semi-supervised learning, 학습법 자체를 연구하는 메타학습meta learning, 반복 없이 데이터를 한 번 혹은 몇 번만 보고 학습하는 원샷학습one-shot learning, 한 문제를 위해 학습한 후 다른 문제에도 바로 적용하는 전이학습transfer learning 등 방법이 활발하게 연구되고 있습니다.

1.3 딥러닝과 신경망

데이터 사이의 복잡한 관계를 스스로 학습한다는 점에서 수많은 컴퓨터 과학자가 매료되어 이 분야에 뛰어들었고, 의사결정 나무decision tree[1], 서포트 벡터 머신support vector machine, SVM, 랜덤 포레스트random forest 등 수많은 알고리즘이 개발되었습니다.

머신러닝 알고리즘 중 인공 신경망이라는 알고리즘이 있습니다. 인공 신경망의

---

1   의사결정 트리, 디시전 트리라고도 부른다.

층을 여러 겹 쌓아 학습한다면 심층 인공 신경망$^{deep\ neural\ network}$, 즉 딥러닝$^{deep\ learning}$

이 됩니다.

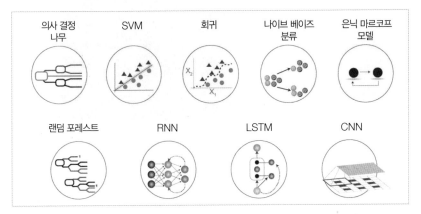

그림 1-3 다양한 활용 목적에 따른 여러 가지 머신러닝 알고리즘　　출처 : pwc.com/nextintech

　정제되지 않은 데이터를 머신러닝 알고리즘에 입력하려면 데이터의 특징을 사람이 직접 추출해야 합니다. 예를 들어 입체적인 컬러 이미지는 너무 복잡하기 때문에 이미지의 테두리만 따는 윤곽선 검출$^{edge\ detection}$ 등의 과정을 거쳐 머신러닝 모델이 소화하기 쉽게 만들어야 합니다. 이렇게 특징을 추출하는 작업을 특징 추출$^{feature\ extraction}$ 또는 특징 공학$^{feature\ engineering}$이라고 합니다.

　아래는 대표적인 특징 추출 방식의 하나인 윤곽선 검출을 보여주는 사진입니다.

그림 1-4 그림 윤곽선 검출

윤곽선 검출 등으로 데이터를 단순하게 만들면 학습하기 쉬워집니다. 하지만 사람의 개입이 필요한 단계이므로 설정이 잘못되면 오른쪽 그림처럼 턱이 없어지는 등 중요한 데이터를 잃어버리기도 합니다. 그러므로 분석하려는 데이터에 대한 경험과 노하우가 매우 중요합니다.

초기엔 특징 추출과 관련한 다양한 기술이 인공지능의 발전을 이끌었습니다. 그러나 특징 추출은 시간이 오래 걸리고 사람 손이 많이 필요했습니다. 그래서 특징 추출 단계마저 자동화하려는 노력이 계속되었고, 딥러닝 기술이 등장하면서 상당 부분 해결되었습니다. 즉, 딥러닝은 사람의 개입을 더욱 줄이는 머신러닝 알고리즘이라고 볼 수 있습니다.

인공 신경망은 그 이름에서 알 수 있듯이 사람 뇌와 이를 구성하는 신경세포의 동작 원리에서 아이디어를 빌려온 겁니다. 여러 겹의 신경세포로 구성된 뇌가 복잡한 지식을 학습할 수 있듯이, 인공 신경망도 간단한 수식 여러 개를 겹침으로써 복잡한 일을 처리할 수 있게 됩니다.

NOTE 인공 신경망을 이해하려고 실제 신경세포의 동작 방식을 깊게 이해할 필요는 없습니다. 인공 신경망은 신경세포와 신경세포 사이의 정보 전달을 벡터 연산으로 표현한 수학 모델일 뿐입니다. 그렇지만 뇌 기능을 관찰하여 새로운 알고리즘을 만들어내는 경우도 있습니다. 이 분야를 이끄는 딥마인드[DeepMind]에서는 머신러닝 학자들과 뇌과학자들이 연계하여 새로운 아이디어를 낸다고 합니다.

딥러닝에도 제약은 있습니다. 그중 첫 번째는 데이터양입니다. 일반적으로 딥러닝 알고리즘이 높은 정확도를 내려면 엄청난 양의 학습 데이터가 필요합니다. 두 번째는 시간과 하드웨어입니다. 딥러닝 알고리즘은 대량의 데이터로 수식을 수백만 번 이상 계산하면서 학습하므로 높은 사양의 컴퓨팅 자원과 시간이 듭니다.

그러나 오늘날 폭발적으로 증가하는 데이터와 하드웨어 발전을 고려한다면 이 제약은 딥러닝의 약점이라기보단 오히려 딥러닝이 필요한 이유라고 할 수 있습니다.

이메일, 텍스트 메시지, 전자책, 각종 문서, 위치정보, 오디오, 비디오 등 데이터가 하루 평균 약 227만 테라바이트가 쌓이고 있고, 그 속도는 매년 40% 이상씩 증가한다고 합니다. 대부분 데이터는 체계가 없는 비정형[unstructured] 데이터이기 때문에 지금까지의 알고리즘으로는 효율적인 처리가 힘들고 확장성이 떨어졌습니다. 그러나 딥러닝 덕분에 음성과 시각 분야에서 인간 수준까지 도달했다는 보고가 이어지고 있습니다. 예전엔 생각하기도 어려웠던 음성인식 비서들이 최근 들어 쓸 만해진 이유이기도 합니다.

더불어 높은 사양의 게임이 인기를 얻으면서 한꺼번에 많은 계산을 처리할 수 있는 GPU가 발전하고 널리 보급되어 이제는 일반 데스크톱에서도 딥러닝 모델을 효율적으로 학습시킬 수 있습니다. 이렇게 딥러닝의 제약이 해결되자 많은 학자와 회사가 딥러닝 연구에 뛰어들었고, 머신러닝과 인공지능은 전성기를 맞이하게 되었습니다.

1.4 파이토치가 개발되기까지

딥러닝 알고리즘들은 행렬연산을 반복하게 되는데, 기존 어느 영역의 알고리즘에서도 쉽게 볼 수 없던 많은 계산량입니다. 실제 데이터를 이용해 학습할 때는 며칠은 기본이고 몇 달 이상 걸리는 경우도 있습니다.

이 연산량 문제를 해결하려고 딥러닝 초기 발전을 이끌던 MILA 연구실에서 GPU를 사용하여 행렬연산을 가속하는 테아노Theano라는 딥러닝 프레임워크를 발표했습니다.

이후 케라스Keras 같은 오픈소스 라이브러리들이 테아노를 기반으로 탄생하였고, 많은 연구자와 개발자가 테아노에 의존하여 딥러닝 발전에 기여했습니다. 하지만 테아노는 직관적이지 않은 사용법과 잦은 버그, 대형 모델에 적용하기 어려운 점 때문에 2017년 가을 개발이 중단되었습니다.

테아노를 개발하며 익힌 개발 노하우는 이후 여러 딥러닝 프레임워크의 개발에 지대한 영향을 끼쳤습니다. 여러 기여자가 오픈소스 도구들을 개발한 덕분에 딥러닝은 더 이상 대학교나 고등 연구기관에서만 접할 수 있는 어려운 주제가 아니게 되었습니다. 익히 들어보았을 텐서플로TensorFlow를 비롯한 카페Caffe, MXNet, CNTK 등이 그 예입니다. 특히 텐서플로는 딥러닝의 저변을 대중까지 넓히는 데 혁혁한 공을 세웠습니다.

파이토치PyTorch는 텐서플로 이후 탄생한 비교적 새로운 딥러닝 프레임워크입니다. 그래서 기존 딥러닝 프레임워크에서 아쉬웠던 부분을 채워주는 기능들을 제공합니다.

그림 1-5 파이토치 로고

1.5 왜 파이토치인가?

파이토치는 페이스북 주도로 여러 회사와 대학이 합심해 개발한 오픈소스 소프트웨어로, 머신러닝과 딥러닝 모델을 쉽게 구현할 수 있도록 많은 편의 기능을 제공하는 프레임워크입니다. 물론 이러한 기능들을 파이토치에서만 제공하는 것은 아닙니다. 하지만 파이토치는 가장 간결하고 직관적이고, 코드가 의미하는 바를 그대로 나타내기 때문에 '파이썬다움'을 가장 잘 살린 딥러닝 프레임워크라고 생각합니다.

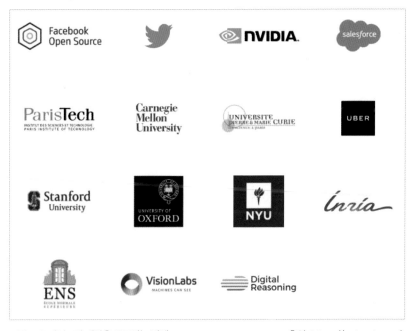

그림 1-6 파이토치 개발을 주도하는 단체   출처: https://pytorch.org/

파이토치의 개발 철학 중 하나는 '하고자 하는 일이 눈에 잘 보이도록' 하는 겁니다. 그래서인지 다른 사람의 코드를 읽을 때도 파이토치는 한눈에 잘 들어오고 이해가 잘 되는 편입니다. 텐서플로는 구글의 딥러닝 연구 외에도 여러 구글 서비스의 인프라를 떠받드는 엔지니어링을 위해서도 만들어졌기 때문에 일반인과 딥러닝 연구자들이 사용하기는 약간 어렵고 딱딱한 감이 있습니다. 반면, 연구를 위해 탄생한 파이토치는 파이썬과 넘파이^{Numpy}의 기초를 익힌 사람이면 누구나 아주 쉽게 적응하고 사용할 수 있습니다.

텐서플로를 비롯한 대부분의 딥러닝 프레임워크가 파이썬을 사용하지만, 변수들이 지나가는 길인 '그래프'를 미리 정해두고 실행 중에는 바꿀 수 없기 때문에 마치 C를 사용하는 느낌을 줍니다. 이것을 정적 계산 그래프$^{static\ computational\ graph}$ 방식이라고 부릅니다. 정적 계산 그래프는 그래프 계산 방식을 최초에 정해두기 때문에 최적화하기 쉽다는 장점이 있습니다. 하지만 유연함을 추구하는 인터프리터 언어인 파이썬과 정적 계산 그래프 방식은 어색한 조합일 수밖에 없습니다.

반면 파이토치는 실행 중에 그래프를 바꿀 수 있습니다. 이것을 동적 계산 그래프$^{dynamic\ computational\ graph}$ 방식이라고 합니다. 동적 계산 그래프 방식은 데이터에 유연한 모델을 만들 수 있다는 장점이 있습니다.

현재의 딥러닝 트렌드에 맞춰 제작된 다른 프레임워크들과 다르게 파이토치는 미래의 연구 트렌드에도 대응할 수 있도록 제작되었습니다. 인공지능은 현재 문서 분류, 기계번역, 추천시스템, 이미지 인식 등에 사용됩니다. 이 서비스들은 모델 학습과 배포라는 2가지 파이프라인으로 관리됩니다. 즉, 많은 딥러닝 프레임워크들은 정적인 데이터셋으로 학습하고 정적인 모델을 배포하여 쓰는 오프라인 학습$^{offline\ learning}$에 최적화되어 있습니다. 미래에는 자율주행차, 게임, 인터넷 등 쌓이는 데이터에 실시간으로 대응하는 동적인 학습 방법이 중요해질 전망입니다. 파이토치는 실행 도중 모델을 유연하게 관리할 수 있어 미래지향적이라고 할 수 있습니다.

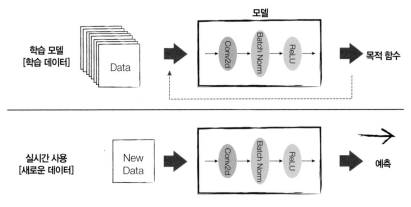

그림 1-7 현재의 머신러닝 파이프라인　　　　　　　　출처: http://bit.ly/2D144Nq

NOTE 텐서플로를 비롯한 다른 프레임워크들도 서로 영향을 주고받으며 진화하고 있습니다.

파이토치는 유연하면서도 빠릅니다. 다음 차트를 보면 대표적인 데이터셋과 모델을 사용하는 당시 실험에서는 타이탄^{Titan} GPU를 사용한 파이토치가 가장 빠른 것을 볼 수 있습니다. 버전 1.0 이후의 신버전은 아직 비교 데이터가 없으나 성능은 계속 좋아지고 있습니다.

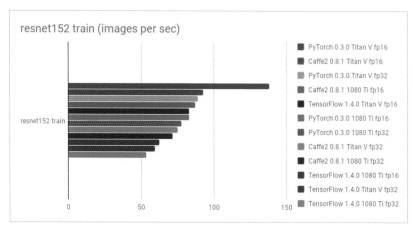

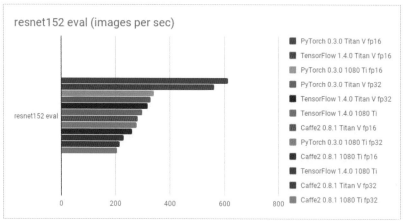

그림 1-8 ResNet 152 모델을 학습(위)하고 예측(아래)할 때의 성능입니다. 막대는 초당 처리되는 이미지 수이며, 값이 클수록 성능이 좋음을 나타냅니다.

파이토치를 둘러싼 커뮤니티 활동도 활발합니다. 파이토치용 각종 비전 및 텍스트 데이터셋과 데이터 관리용 도구를 모아둔 토치비전torchvision과 토치텍스트torchtext, 학습용 코드 프로토타이핑을 편하게 해주는 이그나이트Ignite가 대표적이며, 새로운 논문이 나올 때마다 항상 파이토치로 된 구현이 올라오고 있습니다.

그림 1-9 파이토치와 같이 사용할 수 있는 각종 라이브러리들

한국에도 한국 파이토치 사용자 그룹인 PyTorch KR[2]가 있어 정보 교류가 활발히 이뤄지고 있습니다.

NOTE 재미로 보는 파이토치 관련 숫자

2019년 8월 25일 기준으로 파이토치와 관련된 숫자는 다음과 같습니다.

- 2016년 8월 12일 첫 공개
- 공개된 깃허브에서 파이토치를 이용한 파이썬 코드는 약 166,860줄
- 26,862개의 깃허브 프로젝트가 파이토치를 언급함

---

2 www.facebook.com/groups/PyTorchKR/

- 깃허브에서 약 31,000개의 스타와 7,600개의 포크를 받음
- 한 달 평균 약 150명의 개발자가 600여 커밋을 기여하고 1,000여 파일에서 50,000줄의 코드를 더하고 20,000줄의 코드를 삭제함
- 약 11,100개의 논문에서 파이토치가 언급됨 (같은 기간 텐서플로는 29,100번 언급)
- ICLR 2019에 제출된 252개의 연구논문에 사용됐고 전년 대비 채택률이 189% 증가함. 같은 기간 텐서플로는 266번 사용됐고 전년 대비 채택률은 17% 증가함

파이토치를 사용하면 딥러닝 이외의 지식을 공부해야 할 수고를 덜 수 있습니다. 그래서 저는 딥러닝을 처음 공부하는 분께 파이토치를 적극 권해드립니다.

1.6 마치며

지금까지 머신러닝과 딥러닝의 간단한 분류와 딥러닝을 위한 프레임워크 중 하나인 파이토치의 장점에 대해 다루었습니다. 이어지는 장들에서 간단하고 직관적인 코드를 쓸 수 있게 해주는 파이토치의 진정한 가치를 느껴보기 바랍니다.

CHAPTER **2**

파이토치
시작하기

파이토치 시작하기

파이토치 환경 설정과 사용법을 익혀봅니다.

- 파이토치 설치 & 환경 구성
- 파이토치 예제 내려받고 실행 확인하기
- 주피터 노트북

학습 목표
파이토치 실습 환경을 설치합시다.

2.1 파이토치 설치 & 환경 구성

이 책은 파이썬 3.7과 파이토치 버전 1.3을 사용합니다. 파이썬 3.6과 파이토치 버전 0.4 이상이면 문제 없이 사용할 수 있지만, 되도록이면 파이토치 버전 1.0 이상을 권장합니다. 이 장에서는 파이토치와 그 주변 도구들을 설치해서 뒤에 이어질 튜토리얼들을 위한 환경을 설정합니다.

2.1.1 파이썬 설치

파이썬 설치와 환경 설정에 관련된 자료는 OS마다 약간씩 차이가 있고, 구글에 검색하면 많이 나오니 간단히 다루겠습니다.

윈도우 사용자일 때

❶ 현재 파이썬이 설치되어 있지 않다면 다음 주소에서 설치 파일을 받을 수 있습니다.

- https://www.python.org/downloads

❷ 인스톨러 실행 후에 〈Install Now〉를 클릭하면 설치가 시작됩니다. 이때, 'Add Python 3.7 to Path' 옵션을 선택합니다.

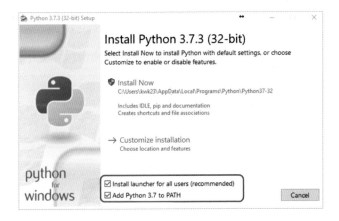

❸ 파이썬이 설치되었다면 명령 프롬프트^{CMD}에서 다음과 같이 파이썬 버전을 확인할 수 있습니다.

```
> python --version
```

맥 사용자일 때

❶ 맥을 이용하여 설치하려면 간단하게 터미널^{Terminal}에서 아래 명령을 입력해주면 됩니다.

```
$ brew install python
```

❷ 파이썬이 설치되었다면 터미널에서 다음과 같이 파이썬 버전을 확인 할 수 있습니다.

```
$ python --version
```

우분투 리눅스 사용자일 때

❶ 17.10 버전 이후의 최신 우분투 리눅스는 파이썬이 기본 내장입니다. 하지만 최신 3.7 버전을 설치하고 싶다면 다음과 같은 명령을 입력합니다.

```
$ sudo apt update
$ sudo apt install software-properties-common
$ sudo add-apt-repository ppa:deadsnakes/ppa
```

❷ 그리고 다음 명령을 입력하여 파이썬 3.7 버전을 설치합니다.

```
$ sudo apt install python3.7
```

❸ 파이썬이 설치되었다면 터미널에서 다음과 같이 파이썬 버전을 확인할 수 있습니다.

```
$ python --version
```

2.1.2 파이토치 설치

❶ 파이썬을 설치했다면 터미널이나 명령 프롬프트를 열고, 'python --version'과 'pip --version' 명령을 수행하여 제대로 된 버전이 설치됐는지 확인하기 바랍니다.

❷ 파이토치 공식 홈페이지에 접속합니다.

• https://pytorch.org

❸ 파이토치 메인 페이지에서 아래로 조금 스크롤하면 다음 그림과 같은 설치 옵션이 나옵니다. 'Your OS', 'Language' 항목을 현재 운영체제와 환경에 맞춰 선택하길 바랍니다. 앞으로 다룰 예제에서는 CUDA 설정을 사용하지 않습니다. 'CUDA' 항목은 None으로 지정해주세요.

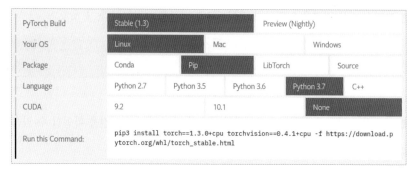

그림 2-1 파이토치 설치 옵션

> **NOTE** CUDA는 파이토치에서 GPU를 사용하게 해주는 도구입니다. CUDA를 사용하지 않으면 모든 연산을 CPU에서 처리합니다. 하지만 CUDA는 설치 방식이 OS마다 다르고 문제가 생기면 해결이 번거로우니 신경망 자체에 집중하고자 불가피하게 CUDA를 사용하지 않습니다. 책에서 다룰 딥러닝 모델은 비교적 가벼운 모델이니 GPU를 사용하지 않아도 큰 지장은 없습니다.
>
> CUDA를 지원하는 엔비디아 GPU를 소유하고 있다면 예제들을 훨씬 빠르게 돌릴 수 있습니다. 설치 방법은 CUDA 툴킷 문서인 http://docs.nvidia.com/cuda를 참고하기 바랍니다. CUDA 설치가 끝나면 파이토치 페이지의 옵션 중 알맞은 버전을 선택하면 됩니다.

❹ 옵션을 모두 선택하면 'Run this Command'에 터미널이나 명령 프롬프트에 복사해 파이토치를 설치할 수 있는 명령이 나타납니다. 파이토치와 이미지 처리용 툴인 토치비전^{torchvision}을 동시에 설치하는 명령입니다. 이를 복사해 실행하세요. CUDA 등을 선택했거나 OS가 다르다면 선택한 옵션에 따라 명령이 달라질 수 있습니다.

```
pip install torch==1.3.0+cpu torchvision==0.4.1+cpu -f https://
download.pytorch.org/whl/torch_stable.html
```

정상적으로 설치가 진행되면 다음과 같이 "Successfully installed

numpy-1.17.2 pillow-6.2.0 six-1.12.0 torch-1.3.0+cpu torchvision-0.4.1+cpu"라는 글이 나옵니다. 컴퓨터에 이미 다른 라이브러리들이 설치된 상태거나 다른 파이토치 버전을 설치한다면 다른 글이 나올 수 있지만 일단 설치가 된다면 걱정하지 않아도 됩니다.

```
Looking in links: https://download.pytorch.org/whl/torch_stable.
html
Collecting torch==1.3.0+cpu
  Downloading https://download.pytorch.org/whl/cpu/torch-
1.3.0%2Bcpu-cp37-cp37m-linux_x86_64.whl (111.6MB)
    100% |████████████████████████████████| 111.6MB 5.7MB/s
Collecting torchvision==0.4.1+cpu
  Downloading https://download.pytorch.org/whl/cpu/torchvision-
0.4.1%2Bcpu-cp37-cp37m-linux_x86_64.whl (13.5MB)
    100% |████████████████████████████████| 13.5MB 62.2MB/s
Collecting numpy (from torch==1.3.0+cpu)
  Downloading https://files.pythonhosted.org/packages/ba/e0/46e2f05
40370f2661b044647fa447fef2ecbcc8f7cdb4329ca2feb03fb23/numpy-1.17.2-
cp37-cp37m-manylinux1_x86_64.whl (20.3MB)
    100% |████████████████████████████████| 20.3MB 40.4MB/s
Collecting pillow>=4.1.1 (from torchvision==0.4.1+cpu)
  Downloading https://files.pythonhosted.org/packages/34/b7/fb24ad3
52b747340ec1975c84c30cca37bb93a0079e037d1f0930afd65ad/Pillow-6.2.0-
cp37-cp37m-manylinux1_x86_64.whl (2.1MB)
    100% |████████████████████████████████| 2.1MB 16.9MB/s
Collecting six (from torchvision==0.4.1+cpu)
  Downloading https://files.pythonhosted.org/packages/73/fb/00a976
f728d0d1fecfe898238ce23f502a721c0ac0ecfedb80e0d88c64e9/six-1.12.0-
py2.py3-none-any.whl
Installing collected packages: numpy, torch, pillow, six,
torchvision
Successfully installed numpy-1.17.2 pillow-6.2.0 six-1.12.0 torch-
1.3.0+cpu torchvision-0.4.1+cpu
```

❺ 자연어 처리 도구인 토치텍스트torchtext를 설치할 차례입니다. 토치비전과 토치

텍스트 두 라이브러리 모두 토치와 연계하여 데이터셋 관리를 편리하게 해줍니다. 토치비전은 이미지 처리용 데이터셋 처리를, 토치텍스트는 글과 같은 데이터셋 처리를 도와주는 도구입니다. 토치텍스트의 사용자가 비교적 적은 탓에 공식 사이트에선 설치 과정에서 생략되어 있습니다.

```
$ pip install torchtext
```

설치가 제대로 진행되면 다음과 같이 여러 라이브러리도 설치됩니다.

```
Collecting torchtext
  Downloading https://files.pythonhosted.org/packages/43/94/929d6b
d236a4fb5c435982a7eb9730b78dcd8659acf328fd2ef9de85f483/torchtext-
0.4.0-py3-none-any.whl (53kB)
    100% |■■■■■■■■■■■■■■■■■■■■■■■■■■■■■■■■| 61kB 1.5MB/s
Collecting requests (from torchtext)
  Downloading https://files.pythonhosted.org/packages/51/bd/23c92
6cd341ea6b7dd0b2a00aba99ae0f828be89d72b2190f27c11d4b7fb/requests-
2.22.0-py2.py3-none-any.whl (57kB)
    100% |■■■■■■■■■■■■■■■■■■■■■■■■■■■■■■■■| 61kB 3.1MB/s
Requirement already satisfied: numpy in /usr/local/lib/python3.7/
dist-packages (from torchtext) (1.17.2)
Collecting tqdm (from torchtext)
  Downloading https://files.pythonhosted.org/packages/e1/c1/bc1dba3
8b48f4ae3c4428aea669c5e27bd5a7642a74c8348451e0bd8ff86/tqdm-4.36.1-
py2.py3-none-any.whl (52kB)
    100% |■■■■■■■■■■■■■■■■■■■■■■■■■■■■■■■■| 61kB 16.7MB/s
Requirement already satisfied: six in /usr/local/lib/python3.7/
dist-packages (from torchtext) (1.12.0)
Requirement already satisfied: torch in /usr/local/lib/python3.7/
dist-packages (from torchtext) (1.3.0+cpu)
Requirement already satisfied: chardet<3.1.0,>=3.0.2 in /home/
keon/.local/lib/python3.7/site-packages (from requests->torchtext)
(3.0.4)
Collecting certifi>=2017.4.17 (from requests->torchtext)
  Downloading https://files.pythonhosted.org/packages/18/b0/8146a
```

```
4f8dd402f60744fa380bc73ca47303cccf8b9190fd16a827281eac2/certifi-
2019.9.11-py2.py3-none-any.whl (154kB)
    100% |■■■■■■■■■■■■■■■■■■■■■■■■■■■■■■■■| 163kB 4.1MB/s
Collecting urllib3!=1.25.0,!=1.25.1,<1.26,>=1.21.1 (from requests-
>torchtext)
    Downloading https://files.pythonhosted.org/packages/e0/da/55f51
ea951e1b7c63a579c09dd7db825bb730ec1fe9c0180fc77bfb31448/urllib3-
1.25.6-py2.py3-none-any.whl (125kB)
    100% |■■■■■■■■■■■■■■■■■■■■■■■■■■■■■■■■| 133kB 48.6MB/s
Collecting idna<2.9,>=2.5 (from requests->torchtext)
    Downloading https://files.pythonhosted.org/packages/14/2c/cd551d8
1dbe15200be1cf41cd03869a46fe7226e7450af7a6545bfc474c9/idna-2.8-py2.
py3-none-any.whl (58kB)
    100% |■■■■■■■■■■■■■■■■■■■■■■■■■■■■■■■■| 61kB 19.4MB/s
Installing collected packages: certifi, urllib3, idna, requests,
tqdm, torchtext
Successfully installed certifi-2019.9.11 idna-2.8 requests-2.22.0
torchtext-0.4.0 tqdm-4.36.1 urllib3-1.25.6
```

설치가 끝나면 파이토치는 물론 이미지 데이터를 관리하는 도구인 토치비전과 텍스트 데이터 관리 모듈인 토치텍스트를 사용할 수 있습니다.

⑥ 넘파이^{Numpy}, 맷플롯립^{Matplotlib}, 사이킷런$^{Scikit-learn}$을 설치합니다.

```
$ pip install numpy matplotlib scikit-learn
```

2.2 파이토치 예제 내려받고 실행 확인하기

이 책의 모든 예제는 깃허브 저장소에 제공합니다. 예제를 내려받고 실행을 확인해보겠습니다.

- https://github.com/keon/3-min-pytorch

❶ git 명령어를 사용해 언제든 받을 수 있습니다.

```
$ git clone https://github.com/keon/3-min-pytorch.git
```

혹은 오른쪽 위의 〈Clone or download〉 버튼을 눌러 저장소를 복제하거나 압축 파일 형태로 내려받을 수 있습니다.

그림 2-2 깃허브 저장소 복제 혹은 내려받기

❷ 이제 터미널에서 예제를 내려받은 폴더로 들어간 후 다음 위치로 이동합니다.

```
3-min-pytorch/02-파이토치_시작하기
```

❸ check_installation.py를 실행하여 필요한 모든 라이브러리가 설치되었는지 확인합니다. 설치 확인에 성공하면 다음 메시지가 나옵니다.

```
$ python check_installation.py
축하합니다! 3분 딥러닝 파이토치맛 예제 실행을 위한 환경설정이 끝났습니다.
설치된 라이브러리 정보:
 * 파이토치(torch) 버전:1.3.0+cpu
 * 토치비전(torchvision) 버전:0.4.1+cpu
 * 토치텍스트(torchtext) 버전:0.4.0
 * 넘파이(numpy) 버전:1.17.2
 * 맷플롯립(matplotlib) 버전:3.0.3
 * 사이킷런(sklearn) 버전:0.20.3
```

설치가 제대로 되지 않았다면 문제의 원인을 알려주는 에러 메시지가 나옵니다.

```
$ python check_installation.py
미설치된 라이브러리가 있습니다.
설치된 라이브러리 정보:
 * 파이토치(torch) 버전:1.3.0+cpu
 * 토치비전(torchvision) 버전:0.4.1+cpu
 * 토치텍스트(torchtext) 버전:0.4.0
 * 넘파이(numpy) 버전:1.17.2
 * 사이킷런(sklearn) 버전:0.20.3
미설치된 라이브러리 정보:
 * 맷플롯립(matplotlib)
```

2.3 주피터 노트북

코드를 짜서 실습해보면 한 번에 잘되는 경우는 거의 없습니다. 결국 코드를 반복해서 여러 번 돌려보게 되는데, 성공한 코드까지 함께 반복해서 돌리면 시간이 꽤 낭비될 겁니다. 다행히도 우리에겐 이 문제를 해결해주는 주피터 노트북Jupyter Notebook이 있습니다. 분석하고 싶은 코드만 골라서 여러 번 돌려볼 수 있고, 맷플롯립을 이용한 차트까지 한 번에 시각화할 수 있도록 해주는 프로그램입니다.

❶ 주피터 노트북을 설치합니다.

```
$ pip install jupyter
```

❷ 설치가 끝난 후엔 'jupyter notebook' 명령어로 실행할 수 있습니다. 이때 끝에 점(.)을 붙이면 현재 디렉터리에서 실행하라는 뜻입니다. 앞에서 예제들을 내려받은 디렉터리로 들어가 다음 명령어로 주피터 노트북을 실행해봅시다.

```
$ jupyter notebook .
```

그러면 웹브라우저에 새로운 탭이 열리며 주피터 노트북이 실행됩니다. 환경에 따라 새로운 탭이 열리지 않고 http 주소가 생성될 때도 있습니다. 이때는 해당 주소를 클릭해서 들어가면 됩니다.

주피터 노트북은 직관적이어서 다루기 쉽습니다. 실행하고 싶은 프로젝트로 들어가면 코드가 블록으로 나뉘어 있는 것을 볼 수 있습니다. 전체 코드 실행 없이 블록 단위로 실행할 수 있으며, 반복해서 실행할 수도 있습니다. 이 책의 예제들은 주피터 노트북과 터미널 버전을 모두 포함하고 있으므로 취향에 따라 사용하기 바랍니다. 주피터 노트북용 파일은 확장자가 'ipynb', 파이썬용 파일은 'py'입니다.

그림 2-3 주피터 노트북 실행 화면

2.4 마치며

파이토치를 본격적으로 배우기 위한 설치 과정을 다루었습니다. 책에 관련된 문제나 질문이 있다면 깃허브 저장소에 이슈를 남겨주세요. 새로 업데이트되는 버전 정보에 대해서도 계속 업데이트할 예정입니다.

CHAPTER **3**

파이토치로
구현하는 ANN

파이토치로 구현하는 ANN

파이토치를 이용하여 가장 기본적인 인공 신경망artificial neural network, ANN을 만들어봅니다.

- 텐서와 Autograd 패키지
- 경사하강법으로 이미지 복원하기
- 신경망 모델 구현하기

파이토치는 기본적인 수학 계산용 라이브러리를 바탕으로 그 위에 딥러닝에 필요한 그래프 형태 계산 방식을 추가한 라이브러리입니다. 파이토치가 개발자에게 편리하도록 설계되었더라도 행렬 계산이 많은 딥러닝의 특성 때문에 파이토치의 자료구조는 기존 파이썬과는 사뭇 다릅니다. 가장 기본적인 자료구조인 **텐서**tensor 가 대표적인 예입니다.

학습 목표

텐서와 텐서를 이용한 연산, 그리고 Autograd 패키지와 같은 유용한 기능을 배웁니다. 더불어 이들을 이용해 간단한 신경망을 구현하고 모델을 저장 및 재사용하는 방법을 익힙시다.

3.1 텐서와 Autograd

프로그래밍 언어를 배울 때와 마찬가지로 파이토치 또한 직접 코딩하면서 배우는 것이 가장 효율적입니다. 간단한 파이토치 코드 예제를 함께 코딩해보겠습니다.

3.1.1 텐서의 차원 자유자재로 다루기

❶ 가장 먼저 파이토치를 임포트합니다.

```
import torch
```

❷ 텐서는 파이토치에서 다양한 수식을 계산하는 데 사용하는 가장 기본적인 자료 구조입니다. 수학의 벡터나 행렬을 일반화한 개념으로서, 숫자들을 특정한 모양으로 배열한 겁니다. 텐서에는 '차원' 또는 '랭크rank'라는 개념이 있습니다. 예를 들어, 랭크가 0이면 숫자가 하나인 스칼라scalar, 랭크 1 텐서는 일렬로 숫자를 나열한 벡터vector, 랭크 2 텐서는 2차원 행렬matrix, 랭크 3 텐서는 정육면체 같은 3차원 행렬을 떠올리면 됩니다. 3차원 이상은 랭크 n 텐서라고 합니다.

- 1 -〉 스칼라, 모양은 []
- [1,2,3] -〉 벡터, 모양은 [3]
- [[1,2,3]] -〉 행렬, 모양은 [1,3]
- [[[1,2,3]]] -〉 n랭크 텐서, 모양은 [1,1,3]

그럼 다음과 같은 그림의 첫 번째 텐서를 만들어보겠습니다.

그림 3-1 텐서

```
x = torch.tensor([[1,2,3], [4,5,6], [7,8,9]])
print(x)
```

```
tensor([[1,  2,  3], [ 4,  5,  6], [7, 8, 9]])
```

위의 코드에서 x는 1부터 9까지의 숫자를 가로 3줄, 세로 3줄로 배열한 텐서입니다. 그리고 가로와 세로 2 차원으로만 이뤄진 랭크 2 텐서라고 할 수 있습니다.

텐서의 구체적인 형태는 size() 함수 또는 shape 키워드를 사용해 각 차원의 크기를 확인할 수 있습니다. 이 키워드들을 사용하면 모든 차원의 원소 개수를 볼 수 있습니다. 단순히 텐서의 랭크를 확인하려면 ndimension() 함수를 사용하면 됩니다.

```
print("Size:", x.size())
print("Shape:", x.shape)
print("랭크(차원):", x.ndimension())
```

```
Size: torch.Size([3, 3])
Shape: torch.Size([3, 3])
랭크(차원): 2
```

❸ unsqueeze(), squeeze(), view() 함수로 텐서의 랭크와 shape를 인위적으로 바꿀 수도 있습니다. 먼저, unsqueeze() 함수로 텐서 x의 랭크를 늘려보겠습니다.

```
# 랭크 늘리기
x = torch.unsqueeze(x, 0)
print(x)
print("Size:", x.size())
print("Shape:", x.shape)
print("랭크(차원):", x.ndimension())
```

```
tensor([[[1, 2, 3],
         [4, 5, 6],
         [7, 8, 9]]])
Size: torch.Size([1, 3, 3])
Shape: torch.Size([1, 3, 3])
랭크(차원): 3
```

이 코드는 [3, 3] 형태의 랭크 2 텐서의 첫 번째(0번째) 자리에 1이라는 차원값을 추가해 [1, 3, 3] 모양의 랭크 3 텐서로 변경합니다. 랭크는 늘어나도 텐서 속 원소의 수는 유지됩니다.

❹ squeeze() 함수를 이용하면 텐서의 랭크 중 크기가 1인 랭크를 삭제하여 다시 랭크 2 텐서로 되돌릴 수 있습니다. [1, 3, 3] 모양의 텐서 x를 다시 [3, 3] 모양으로 되돌려보겠습니다.

```
# 랭크 줄이기
x = torch.squeeze(x)
print(x)
print("Size:", x.size())
```

```
print("Shape:", x.shape)
print("랭크(차원):", x.ndimension())
```

```
tensor([[1, 2, 3],
        [4, 5, 6],
        [7, 8, 9]])
Size: torch.Size([3, 3])
Shape: torch.Size([3, 3]) # 2개의 차원에 각각 3개의 원소를 가진 텐서
랭크(차원): 2
```

x는 이제 랭크 2의 텐서가 되었지만, 이번에도 텐서의 총 원소 수는 계속 9로 영향을 받지 않았습니다.

❺ view() 함수를 이용하면 이와 같은 작업을 더 쉽게 할 수 있을 뿐 아니라, 직접 텐서의 모양을 바꿀 수도 있습니다. 랭크 2의 [3, 3] 모양인 x를 랭크 1의 [9] 모양으로 바꿔보겠습니다.

```
x = x.view(9)
print(x)
print("Size:", x.size())
print("Shape:", x.shape)
print("랭크(차원):", x.ndimension())
```

```
tensor([1, 2, 3, 4, 5, 6, 7, 8, 9])
Size: torch.Size([9])
Shape: torch.Size([9])
랭크(차원): 1
```

이제 x는 [9] 모양인 랭크 1 텐서가 되었습니다.

❻ 이처럼 squeeze(), unsqueeze(), view() 함수는 텐서의 원소 수를 그대로 유지하면서 모양과 차원을 조절합니다. 이 말은 view() 함수로는 텐서의 원소 개수를 바꿀 수 없다는 뜻입니다. 예를 들어 view() 함수를 이용해 x의 모양이 [2, 4]가 되도록 시도하면 에러가 발생합니다. 에러를 예상하므로 try … except … 문 안에서 실행해보겠습니다

```
try:
    x = x.view(2,4)
except Exception as e:
    print(e) # 에러 출력
```

```
shape '[2, 4]' is invalid for input of size 9
```

이처럼 원소가 9개인 텐서를 2 × 4, 즉 원소가 8개인 텐서로 바꿀 수는 없습니다.

전체 코드

이 책의 깃허브에서 이번 예제를 내려받을 수 있습니다.

• 깃허브 파일명 : /03-파이토치로_구현하는_ANN/tensor_basic.py

다음과 같이 명령창에서 실행하거나 노트북 파일을 열어서 사용합니다.

• 윈도우, 맥OS, 우분투 : $python tensor_basic.py
• 주피터 노트북 파일 이름 : tensor_basic.ipynb

```
❶ import torch

❷ x = torch.tensor([[1,2,3], [4,5,6], [7,8,9]])
  print(x)
  print("Size:", x.size())
  print("Shape:", x.shape)
  print("랭크(차원):", x.ndimension())


❸ x = torch.unsqueeze(x, 0)
  print(x)
  print("Size:", x.size())
  print("Shape:", x.shape)
  print("랭크(차원):", x.ndimension())

❹ x = torch.squeeze(x)
  print(x)
  print("Size:", x.size())
  print("Shape:", x.shape) #[3, 3] 2개의 차원에 각 3개의 원소를 가진 텐서
  print("랭크(차원):", x.ndimension())

❺ x = x.view(9)
  print(x)
  print("Size:", x.size())
  print("Shape:", x.shape)
  print("랭크(차원):", x.ndimension())


❻ try:
      x = x.view(2,4)
  except Exception as e:
      print(e) #에러 출력
```

3.1.2 텐서를 이용한 연산과 행렬곱

기본적으로 행렬과 행렬곱 개념은 모든 딥러닝 알고리즘에 사용되므로 꼭 짚고

넘어가면 좋습니다. 앞서 말씀드렸듯이 행렬은 랭크 2 텐서와 같은 개념이고, 숫자들을 네모꼴로 배치한 2차원 배열입니다. 행렬의 높이를 '행', 너비를 '열'이라고 합니다. 만약, A, B라는 두 행렬로 행렬곱을 하려면 다음 조건이 성립해야 합니다.

- A의 열 수와 B의 행 수는 같아야 한다.
- 행렬곱 $A \cdot B$의 결과 행렬의 행 개수는 A와 같고, 열의 개수는 B와 같다.

$$\begin{bmatrix} a & b & c \\ d & e & f \end{bmatrix} \begin{bmatrix} a* & b* \\ c* & d* \\ e* & f* \end{bmatrix} = \begin{bmatrix} aa*+bc*+ce* & ab*+bd*+cf* \\ da*+ec*+fe* & db*+ed*+ff* \end{bmatrix}$$

$\qquad$ 2x3 $\qquad\qquad$ 3x2 $\qquad$ = $\qquad\qquad$ 2x2

그림 3-2 행렬곱

❶ 직접 파이토치를 이용해 행렬곱을 구현해보겠습니다. 우선 행렬곱에 사용될 두 행렬을 정의합니다.

- **행렬 w** : 정규분포$^{normal\ distribution}$에서 무작위로 값을 뽑아 텐서를 생성하는 randn() 함수에 5 와 3을 인수로 전달하여 5x3의 shape를 가진 텐서를 만듭니다. 처음 두 인수는 행과 열의 개수이고, 세 번째 인수는 값의 타입입니다. 무작위로 값을 뽑을 때 실수의 범위 내에서 뽑도록 randn() 함수의 인수 dtype에 torch.float를 지정합니다.
- **행렬 x** : 직접 실수형 원소들을 넣어 3x3의 shape를 가진 텐서를 정의합니다.

```
import torch

w = torch.randn(5,3, dtype=torch.float)
x = torch.tensor([[1.0,2.0], [3.0,4.0], [5.0,6.0]])
print("w size:", w.size())
print("x size:", x.size())
print("w:", w)
print("x:", x)
```

```
w size: torch.Size([5, 3])
x size: torch.Size([3, 2])
w: tensor([[ 0.3919, -0.0612, -0.8053],
        [ 0.2988,  0.3126, -1.2023],
        [-0.7396,  0.5328,  0.2620],
        [-0.4982, -0.8574,  0.5958],
        [ 0.4210, -0.1324, -0.7847]])
x: tensor([[1., 2.],
        [3., 4.],
        [5., 6.]])
```

이번 예제에서는 랜덤 함수를 사용하기 때문에 실행 때마다 다른 결괏값이 나올 수 있다는 점을 유의하기 바랍니다.

❷ 행렬곱 외에도 다른 행렬 연산에 쓰일 b라는 텐서도 추가로 정의해보겠습니다.

```
b = torch.randn(5,2, dtype=torch.float)
print("b size:", b.size())
print("b:", b)
```

```
b: torch.Size([5, 2])
b: tensor([[ 0.0527, -0.6271],
        [ 2.0694, -0.1230],
        [-0.0547, -1.9402],
        [ 1.5693,  0.8898],
        [ 0.2837,  1.1724]])
```

❸ 행렬곱은 torch.mm() 함수를 사용해 수행합니다.

```
wx = torch.mm(w,x) # w의 행은 5, x의 열은 2, 즉 shape는 [5, 2]입니다.
print("wx size:", wx.size())
print("wx:", wx)
```

```
wx size: torch.Size([5, 2])
wx: tensor([[-3.8183, -4.2929],
        [-4.7751, -5.3661],
        [ 2.1691,  2.2244],
        [-0.0916, -0.8514],
        [-3.8995, -4.3956]])
```

❹ wx 행렬의 원소에 b 행렬의 원소를 더해보겠습니다.

```
result = wx + b
print("result size:", result.size())
print("result:", result)
```

```
result size: torch.Size([5, 2])
result: tensor([[-3.7656, -4.9200],
        [-2.7057, -5.4891],
        [ 2.1144,  0.2841],
        [ 1.4777,  0.0384],
        [-3.6158, -3.2231]])
```

  지금까지 출력한 텐서들을 보면 x는 [3, 2], w는 [5, 3], 그리고 나머지 b, wx, result는 [5, 2] 형태임을 확인할 수 있습니다.

전체 코드

이 책의 깃허브에서 이번 예제를 내려받을 수 있습니다.

- 깃허브 파일명 : /03-파이토치로_구현하는_ANN/tensor_operation.py

다음과 같이 명령창에서 실행하거나 노트북 파일을 열어서 사용합니다.

- 윈도우, 맥OS, 우분투 : $ python tensor_operation.py
- 주피터 노트북 파일 이름 : tensor_operation.ipynb

```python
import torch
```

❶
```python
w = torch.randn(5,3, dtype=torch.float)
x = torch.tensor([[1.0,2.0], [3.0,4.0], [5.0,6.0]])
print("w size:", w.size())
print("x size:", x.size())
print("w:", w)
print("x:", x)
```

❷
```python
b = torch.randn(5,2, dtype=torch.float)
print("b:", b.size())
print("b:", b)
```

❸
```python
wx = torch.mm(w,x) # w의 행은 5, x의 열은 2, 즉 shape는 [5, 2]입니다.
print("wx size:", wx.size())
print("wx:", wx)
```

❹
```python
result = wx + b
print("result size:", result.size())
print("result:", result)
```

3.1.3 Autograd

Autograd를 직역하면 '자동 기울기' 정도가 됩니다. 말 그대로 수식의 기울기를 자동으로 계산한다는 뜻이지만, 왜 이러한 계산이 머신러닝이나 딥러닝에 관련이 있는 걸까요? 이것을 설명하기에 앞서 머신러닝의 일반적인 학습 방법에 대한 이해가 필요합니다.

앞 장에서 배웠듯, 머신러닝 모델은 입력된 데이터를 기반으로 학습합니다. 아직 충분한 데이터를 보지 못해서 학습이 끝나지 않은 모델은 정답이 아닌 결과를 출력할 가능성이 큽니다. 이처럼 데이터에 대한 정답$^{ground\ truth}$과 머신러닝 모델이 예측한 결과의 차이를 산술적으로 표현한 것을 **거리**^{distance}라고 합니다. 그리고 학습 데이터로 계산한 거리들의 평균을 **오차**^{loss}라고 일컫습니다. 즉, 오차가 작은 머신러닝 모델일수록 주어진 데이터에 대해 더 정확한 답을 낸다고 볼 수 있습니다.

오차를 최소화하는 데는 여러 알고리즘이 쓰이지만, 가장 유명하고 많이 쓰이는 알고리즘은 **경사하강법**$^{gradient\ descent}$입니다. 경사하강법이란, 오차를 수학 함수로 표현한 후 미분하여 이 함수의 기울기^{gradient}를 구해 오차의 최솟값이 있는 방향을 찾아내는 알고리즘입니다. 복잡하지 않은 모델에서의 경사하강법은 넘파이 같은 라이브러리만 사용해서 직접 구현할 수도 있지만, 복잡한 인공 신경망 모델에서는 어렵고 머리 아픈 계산을 여러 번 해줘야 합니다.

> **NOTE** 경사하강법에 대해 더 자세히 알고싶다면 이찬우님이 만드신 영상 '[딥러닝] 2. 선형회귀와 Gradient Descent'를 보는 것을 추천합니다.
> • https://youtu.be/GmtqOlPYB84

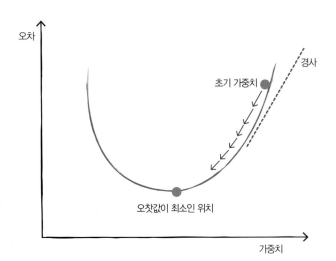

그림 3-3 경사하강법의 개념도

다행히도 파이토치의 Autograd는 미분 계산을 자동화하여 경사하강법을 구현하는 수고를 덜어줍니다.

그럼 본격적으로 Autograd를 어떻게 사용하는지 함께 알아봅시다.

❶ 값이 1.0인 스칼라 텐서 w를 정의하고, 수식을 w에 대해 미분하여 기울기를 계산해보겠습니다. w의 requires_grad를 True로 설정하면, 파이토치의 Autograd 기능이 자동으로 계산할 때 w에 대한 미분값을 w.grad에 저장합니다.

```
w = torch.tensor(1.0, requires_grad=True)
```

❷ 다음으로 수식 a = w × 3을 정의했습니다.

```
a = w*3
```

❸ 이번엔 조금 더 복잡한 연산을 해보겠습니다. 앞서 텐서 w에 3을 곱한 a를 제곱하여 l을 만들었습니다.

```
l = a**2
```

이를 수식으로 표현하면 다음과 같습니다.

$$l = a^2 = (3w)^2 = 9w^2$$

이제 l을 w로 미분하려면 연쇄법칙$^{chain\ rule}$을 이용하여 a와 w로 차례대로 미분해야 합니다. backward() 함수를 사용하면 됩니다.

```
l.backward()
print('l을 w로 미분한 값은 {}'.format(w.grad))
```

```
l을 w로 미분한 값은 tensor(18.0)
```

l에 backward() 함수를 호출함으로써 w.grad는 w가 속한 수식을 w로 미분한 값, 즉 18을 반환했습니다.

전체 코드

이 책의 깃허브에서 이번 예제를 내려받을 수 있습니다.

• 깃허브 파일명 : /03-파이토치로_구현하는_ANN/autograd_basic.py

다음과 같이 명령창에서 실행하거나 노트북 파일을 열어서 사용합니다.

- 윈도우, 맥OS, 우분투 : $ python autograd_basic.py
- 주피터 노트북 파일 이름 : autograd_basic.ipynb

```
import torch
```
❶ w = torch.tensor(1.0, requires_grad=True)
❷ a = w*3
❸ l = a**2

```
l.backward()
print('l을 w로 미분한 값은 {}'.format(w.grad))
```

3.2 경사하강법으로 이미지 복원하기

파이토치는 대부분의 학습과 최적화 알고리즘을 제공해주지만, 이번 예제에선 파이토치의 도움을 살짝 배제하고 머신러닝에 기초 중 하나인 최적화를 직접 구현하게 됩니다. 아주 간단한 모델을 만들어 오염된 이미지를 복원하는 문제를 풀어보겠습니다.

3.2.1 오염된 이미지 문제

이번 프로젝트에서 우리가 풀 문제는 다음과 같습니다.

이미지 처리를 위해 만들어 두었던 weird_function() 함수에 실수로 버그가 들어가 100×100 픽셀의 오염된 이미지가 만들어졌습니다. 이 오염된 이미지와 오염되기 전 원본 이미지를 동시에 파일로 저장하려고 했으나, 모종의 이유로 원본 이미지 파일은 삭제된 상황입니다. 다행히도 weird_function() 함수의 소스코드는 남아 있습니다. 오염된 이미지와 weird_function() 함수를 활용해 원본 이미지를 복원해봅시다.

NOTE 이 프로젝트는 뉴욕대학교 조경현 교수님의 머신러닝 개론 수업에서 사용 허락을 받아 참고했습니다.

• NYU 머신러닝 개론 수업 노트
https://github.com/nyu-dl/Intro_to_ML_Lecture_Note

3.2.2 오염된 이미지를 복원하는 방법

대부분의 프로그래머는 다음과 같이 문제에 접근할 겁니다.

1 weird_function() 함수의 소스코드를 분석한다.
2 분석을 토대로 weird_function() 함수의 동작을 반대로 이행하는 함수를 구현한다.
3 2에서 구현한 함수에 오염된 이미지를 입력해서 복구된 이미지를 출력한다.

꽤 합리적인 해결책입니다. 하지만 weird_function() 함수의 모든 동작을 되돌리려면 모든 동작을 세밀하게 파악해야 하는데, 이는 코드에 관한 자세한 설명이나 사전지식이 없으면 시간이 오래 걸리는 까다로운 작업입니다.

우리가 택할 해결책은 좀 더 머신러닝과 수학적 최적화에 가까운 방법입니다. 다음과 같은 사고 과정을 거쳐야 합니다.

1 오염된 이미지(broken_image)와 크기가 같은 랜덤 텐서(random_tensor)를 생성한다. (랜덤 텐서는 오염된 이미지와 크기가 같은 무작위 이미지 텐서를 의미합니다)
2 랜덤 텐서를 weird_function() 함수에 입력해 똑같이 오염된 이미지를 가설hypothesis이라고 부른다.
   a [사실] 원본 이미지가 weird_function() 함수에 입력되어 오염된 이미지를 출력했다.
   b [사실] 인위적으로 생성한 무작위 이미지가 weird_function() 함수에 입력되어 가설을 출력했다.
3 가설과 오염된 이미지가 같다면, 무작위 이미지와 원본 이미지도 같을 것이다.
4 그러므로 weird_function(random_tensor) = broken_image 관계가 성립하도록 만든다.

머신러닝 모델이 학습한다는 것은 모델이 출력한 결괏값과 정답의 차이, 즉 오차가 최소화된다는 뜻이기도 합니다. 이 문제에서 오차는 위에 언급한 '가설'과 원본 이미지가 weird_function( ) 함수를 통해 오염되기 전의 이미지(정답) 사이의 거리입니다. 이 오찻값이 최솟값이 되도록 랜덤 텐서(random_tensor)를 바꿔주는 것이 우리의 최종적인 목표입니다.

파이토치의 Autograd 패키지를 이용하면 오차를 출력하는 함수의 기울기(미분값)에 해당하는 값을 찾을 수 있습니다. 미분을 통해 구한 기울기의 반대 방향으로 가면 오찻값이 줄어듭니다. 이것을 계속 반복하다 보면 오찻값이 최소가 되는데, 오찻값이 최소가 되었을 때는 랜덤 텐서는 오염되기 전의 이미지와 같아졌을 겁니다. 이렇게 랜덤 텐서를 미분값의 반대 방향으로 조금씩 이동하면서 모델을 최적화하는 것이 경사하강법 알고리즘입니다.

3.2.3 문제 해결과 코드 구현

지금까지 이 문제의 해결법, 접근법, 경사하강법 원리에 대해서 알아봤습니다. 지금부터는 이 문제의 답안 코드를 함께 코딩해보고, 결과를 확인해보겠습니다.

먼저 오염된 이미지인 broken_image_t.p 파일이 있는 '3-min-pytorch/03-파이토치로_구현하는_ANN/' 예제 폴더로 이동합니다.

• https://bit.ly/2m2xQt8

❶ 그다음 파이토치를 임포트합니다. 그리고 오염된 이미지와 복원된 이미지를 출력하는 데 맷플롯립^Matplotlib 라이브러리를 이용하겠습니다. 맷플롯립 라이브러리에서 플롯를 생성해주는 pyplot 모듈을 plt로 이름지어 임포트합니다. (matplotlib.pyplot 모듈은 관행적으로 plt로 축약해서 사용합니다)

또한, 오염된 이미지 파일을 로딩하는 데 사용할 피클pickle 라이브러리도 임포트
합니다. 피클은 파이썬 객체를 파일 형태로 저장할 때 쓰는 파이썬에서 제공하는
기본 패키지입니다. 별도의 설치 없이 사용할 수 있습니다.

```
import torch
import pickle
import matplotlib.pyplot as plt
```

❷ 오염된 이미지를 파이토치 텐서의 형태로 읽은 후, 어떻게 보이는지 확인해보
겠습니다. 컴퓨터는 이미지를 픽셀값들을 숫자로 늘어놓은 행렬로 표현됩니다.
앞으로 우리가 복원해야 할 이미지인 broken_image 역시 이미지 행렬을 랭크
1의 벡터로 표현한 텐서 데이터입니다. 10,000개의 원소를 지닌 [100, 100] 모
양의 행렬이 [10000] 모양의 벡터로 표현된 형식입니다. 맷플롯립을 이용해
[100, 100]의 형태로 바꾼 후 시각화해보겠습니다.

```
broken_image =  torch.FloatTensor( pickle.load(open('./broken_
image_t.p', 'rb'),encoding='latin1' ) )

plt.imshow(broken_image.view(100,100))
```

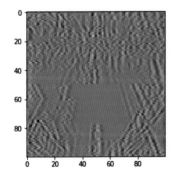

그림 3-4 오염된 이미지 = 복원할 이미지

❸ 이미지를 오염시키는 weird_function() 함수의 코드는 다음과 같습니다. 코드가 복잡해 보이겠지만 걱정마세요. 이를 이해할 필요는 없습니다. 아래의 코드를 이해하고 반대로 실행시키기보다는 머신러닝을 이용하여 복원할 것이기 때문입니다.

```
def weird_function(x, n_iter=5):
    h = x
    filt = torch.tensor([-1./3, 1./3, -1./3])
    for i in range(n_iter):
        zero_tensor = torch.tensor([1.0*0])
        h_l = torch.cat((zero_tensor, h[:-1]), 0)
        h_r = torch.cat((h[1:], zero_tensor), 0)
        h = filt[0] * h + filt[2] * h_l + filt[1] * h_r
        if i % 2 == 0:
            h = torch.cat( (h[h.shape[0]//2:],h[:h.shape[0]//2]), 0)
    return h
```

❹ 다음으로 무작위 텐서(random_tensor)를 weird_function() 함수에 입력해 얻은 가설^{hypothesis} 텐서와 오염된 이미지 사이의 오차를 구하는 함수를 구현합니다.

```
def distance_loss(hypothesis, broken_image):
    return torch.dist(hypothesis, broken_image)
```

torch.dist()는 두 텐서 사이의 거리를 구하는 함수입니다. 이번 예제에서는 이렇게 단순한 거리를 오찻값으로 설정하겠습니다.

❺ 다음으로 무작위 값을 가진 텐서를 생성합니다. 이 텐서는 경사하강법을 통해 언젠가는 원본 이미지의 형상을 하게 될 겁니다. 이 무작위 텐서 역시 broken_ image와 같은 모양과 랭크를 지녀야 합니다. 즉, [100, 100] 모양의 행렬이 [10000] 모양의 벡터로 표현된 텐서입니다.

```
random_tensor = torch.randn(10000, dtype = torch.float)
```

❻ 경사하강법은 여러 번 반복해서 이뤄집니다. 이때 한 반복에서 최솟점으로 얼마나 많이 이동하는지, 즉 학습을 얼마나 급하게 진행하는가를 정하는 매개변수를 학습률learning rate이라고 합니다. 이번 예제에서는 0.8로 설정하겠습니다.

```
lr = 0.8
```

NOTE 학습률이 너무 크면 오차 함수(손실 함수)의 최솟점을 찾지 못하고 지나치게 되고, 값이 너무 작으면 학습 속도가 느려집니다.

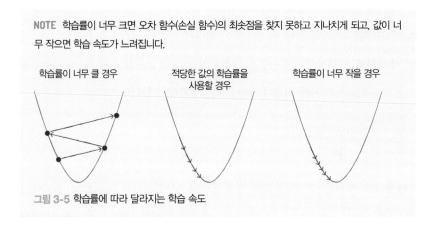

그림 3-5 학습률에 따라 달라지는 학습 속도

❼ 이제 경사하강법에 필요한 준비가 모두 끝났습니다. 본격적으로 경사하강법의 몸체인 for 반복문을 구현하겠습니다.

먼저, 오차 함수를 random_tensor로 미분해야 하니 requires_grad를 True로 설정합니다.

```
for i in range(0,20000):
    random_tensor.requires_grad_(True)
```

❽ 무작위 텐서(random_tensor)를 weird_function() 함수에 통과시켜 가설(hypothesis)을 구합니다. 그리고 앞에서 정의한 distance_loss() 함수에 hypothesis와 broken_image를 입력해 오차를 계산합니다. 그 후 loss.backward() 함수를 호출해 loss를 random_tensor로 미분합니다.

```
hypothesis = weird_function(random_tensor)
loss = distance_loss(hypothesis, broken_image)
loss.backward()
```

❾ 파이토치는 신경망 모델 속 변수들이 지나가는 길인 그래프를 생성합니다. 이번 예제에서는 직접 경사하강법을 구현하기 때문에 torch.no_grad() 함수를 이용해 파이토치의 자동 기울기 계산을 비활성화해야 합니다.

```
with torch.no_grad():
```

다음 코드에서는 경사하강법의 핵심 동작을 코딩합니다. random_tensor.grad에는 loss.backward() 함수에서 계산한 loss의 기울기, 즉 loss가 최댓점이 되는 곳의 방향이 들어있습니다. 이 방향의 반대쪽으로 random_tensor를 학습률(lr)만큼 이동시킵니다.

```
random_tensor = random_tensor - lr*random_tensor.grad
```

⑩ for 문이 1,000번 반복될 때마다 오차를 출력하겠습니다.

```
if i % 1000 == 0:
    print('Loss at {} = {}'.format(i, loss.item()))
```

⑪ 마지막으로 반복문이 다 돌았다면 random_tensor가 제대로 복원되었는지 확인합니다.

```
plt.imshow(random_tensor.view(100,100).data)
```

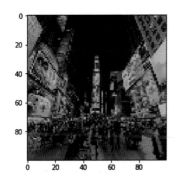

그림 3-6 경사하강법을 20,000번 반복해 복원한 이미지

원본 이미지는 다름 아닌 뉴욕 타임스퀘어의 풍경이었습니다!

NOTE 참고로 [그림 3-7]은 경사하강법을 5,000번
만 반복한 후의 이미지입니다. 보다시피 5,000번 정
도로는 이미지를 충분히 복원하지 못하지만, 어렴풋하
게나마 최종 이미지의 윤곽은 확인할 수 있습니다.

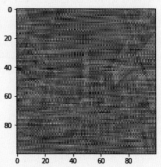

그림 3-7 경사하강법을 5,000번 반복한 후의
이미지(충분히 복원되지 않음)

경사하강법을 좀 더 구체적으로 설명하기 위해 이번 프로젝트에서는 파이토치
의 편의성을 다소 배제했습니다. 머신러닝과 딥러닝에 대한 안목을 키우는 데는
이렇게 살짝 귀찮은 방법으로 코딩해보는 것도 좋은 공부법이라고 생각합니다.

전체 코드

이 책의 깃허브에서 이번 예제를 내려받을 수 있습니다.

- 깃허브 파일명 : /03-파이토치로_구현하는_ANN/image_recovery.py

다음과 같이 명령창에서 실행하거나 노트북 파일을 열어서 사용합니다.

- 윈도우, 맥OS, 우분투 : $ python image_recovery.py
- 주피터 노트북 파일 이름 : image_recovery.ipynb

```
❶ import torch
   import pickle
   import matplotlib.pyplot as plot
   ## 오염된 이미지(복원해야 할 이미지) 로딩 및 시각화
❷ broken_image =  torch.FloatTensor( pickle.load(open('./broken_
```

```
    image_t.p', 'rb'),encoding='latin1' ) )

    plot.imshow(broken_image.view(100,100))
    ## 이미지를 오염시키는 함수
❸ def weird_function(x, n_iter=5):
      h = x
      filt = torch.tensor([-1./3, 1./3, -1./3])
      for i in range(n_iter):
          zero_tensor = torch.tensor([1.0*0])
          h_l = torch.cat( (zero_tensor, h[:-1]), 0)
          h_r = torch.cat((h[1:], zero_tensor), 0 )
          h = filt[0] * h + filt[2] * h_l + filt[1] * h_r
          if i % 2 == 0:
              h = torch.cat((h[h.shape[0]//2:],h[:h.shape[0]//2]), 0)
      return h
    ## 가설 텐서와 오염된 이미지 사이의 오차 계산 함수
❹ def distance_loss(hypothesis, broken_image):
      return torch.dist(hypothesis, broken_image)


    ## 무작위 텐서 생성과 학습률 설정
❺ random_tensor = torch.randn(10000, dtype = torch.float)
❻ lr = 0.8
    ## 경사하강법 구현
❼ for i in range(0,20000):
      random_tensor.requires_grad_(True)
      hypothesis = weird_function(random_tensor)
❽     loss = distance_loss(hypothesis, broken_image)
      loss.backward()
❾     with torch.no_grad():
          random_tensor = random_tensor - lr*random_tensor.grad
❿     if i % 1000 == 0:
          print('Loss at {} = {}'.format(i, loss.item()))
⓫ ## 복원된 이미지 시각화
    plot.imshow(random_tensor.view(100, 100).data)
```

3.3 신경망 모델 구현하기

이번 프로젝트에서는 지금까지 배운 개념을 토대로 간단한 신경망을 구현하겠습니다. 코딩을 시작하기에 앞서 신경망 구현에 필요한 내용이 많아서 딥러닝을 처음 접하는 분은 다소 어렵게 느껴질 수도 있습니다. 하지만 설명을 읽어가며 함께 코딩해보고, 그 결과를 곱씹어가며 학습하면 딥러닝과 신경망 코딩에 금세 익숙해질 겁니다.

3.3.1 인공 신경망(ANN)

이름에서 알 수 있듯이 인공 신경망artificial neural network, ANN은 인간의 뇌, 혹은 신경계의 작동 방식에서 영감을 받았습니다. 신경계가 작동하려면 가장 먼저 눈이나 혀 같은 감각 기관을 통해 자극을 입력받아야 합니다. 이런 자극이 첫 번째 신경세포로 전달되고, 이 신경세포는 자극을 처리해 인접한 신경세포로 전달합니다. 이러한 자극 처리와 전달 과정을 반복하다 보면 신경계는 자극에 따라 다른 반응을 하게 되고, 언젠가는 맛을 판별하거나 손가락을 움직이는 등 다양하고 복잡한 작업도 할 수 있게 됩니다.

> NOTE 비행기가 새에서 영감을 받았지만 날개를 펄럭이진 않듯, 인공 신경망은 뇌에서 영감을 받았지만 생물학적인 구조를 그대로 따르지는 않습니다.

인공 신경망에서 자극을 입력받는 감각기관에 해당하는 부분을 **입력층**input layer이라고 합니다. 입력층을 거친 자극은 **은닉층**hidden layer(혹은 중간층)을 지나, 마지막 뉴런인 **출력층**output layer으로 전달됩니다. 각 층에 존재하는 한 단위의 인공뉴런을 노드node라고 합니다.

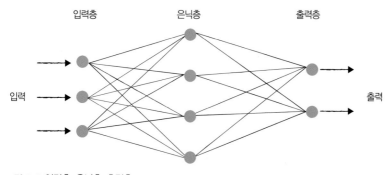

입력층   은닉층   출력층

입력   출력

그림 3-8 입력층, 은닉층, 출력층

하나의 생물학적 신경세포는 인접한 신경세포로 자극을 전달하기 전, 입력받은 자극에 여러 화학적 처리를 가한다고 합니다. 이와 비슷하게 인공 신경망의 각 노드 역시 입력된 자극에 화학적 처리 대신 특정한 수학 연산을 실행합니다. 바로 각 층에 존재하는 매개변수인 **가중치**^{weight}에 행렬곱시키고 **편향**^{bias}을 더해주는 것이죠.

가중치는 입력 신호가 출력에 주는 영향을 계산하는 매개변수이고, 편향은 각 노드가 얼마나 데이터에 민감한지 알려주는 매개변수입니다.

그리고 이 행렬곱의 결과는 **활성화 함수**^{activation function}를 거쳐 인공뉴런의 결괏값을 산출하게 됩니다. 활성화 함수는 입력에 적절한 처리를 해서 출력 신호로 변환하는 함수입니다. 활성화 함수는 입력 신호의 합이 활성화를 일으키는지 아닌지를 정하는 역할을 합니다.

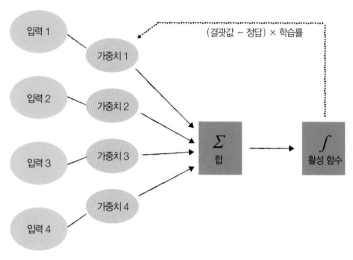

그림 3-9 가중치, 편향, 그리고 활성화 함수

이 결괏값은 잇닿은 은닉층의 인공뉴런으로 전달되고, 다시 한번 가중치 곱과 활성화 함수를 거치게 됩니다. 이러한 뉴런 간의 자극 처리와 전달 과정을 몇 겹에 걸쳐 반복한 후 마지막 출력층에서 결괏값을 만들어내는 것이 인공 신경망의 기본적인 작동 원리입니다.

물론 이것이 끝이 아닙니다. 우리는 인공 신경망의 출력층이 낸 결괏값과 정답을 비교해 오차를 계산해야 합니다. 이 오차를 기반으로 신경망 전체를 학습시키려면 출력층의 가중치부터 입력층의 가중치까지 모두 경사하강법을 활용해 변경해줘야 합니다. 이렇게 겹겹이 쌓인 가중치를 뒤에서부터 차례대로 조정하고 최적화하는 알고리즘이 바로 그 유명한 **역전파**Backpropagation 알고리즘입니다.

실제로 층이 많은 인공 신경망의 역전파 알고리즘을 구현하기란 복잡하고 어렵습니다. 다행히 파이토치는 역전파 기법을 기본으로 제공하기 때문에 우리가 직접 구현할 일은 없습니다. 그래도 딥러닝에서 가장 중요한 알고리즘인 만큼 이 책을 마친 후 머신러닝을 더 깊게 공부하고자 한다면 꼭 다시 살펴보길 권합니다.

NOTE 역전파에 대해 더 자세히 알고싶다면 김성훈 교수님이 만드신 영상 'lec9-2: 딥넷트웍 학습시키기(backpropagation)'를 보는 것을 추천합니다.

• https://youtu.be/573EZkzfnZ0

3.3.2 간단한 분류 모델 구현하기

이번 프로젝트에서는 1장에서 설명한 지도학습, 그중에서도 분류^{classification}를 하는 간단한 인공 신경망을 구현해보겠습니다.

분류의 목적은 '정답'을 맞추는 겁니다. 기본적인 분류에 사용할 0과 1로 된 정답을 가진 비교적 단순한 데이터셋을 생성해보고, 신경망 모델을 학습하여 입력된 데이터를 0과 1 중 알맞은 카테고리로 분류합시다.

❶ 우선 파이토치와 필요한 다른 라이브러리를 임포트합니다. 구체적으로는 넘파이^{Numpy}, 사이킷런$^{Scikit-learn}$, 맷플롯립입니다. 넘파이는 유명한 수치해석용 라이브러리입니다. 행렬과 벡터 연산에 아주 유용하며, 파이토치도 이 넘파이를 활용해 개발됐을 정도로 머신러닝에 긴밀하게 사용됩니다. 사이킷런은 파이썬의 대표적인 머신러닝 라이브러리입니다. 딥러닝을 제외한 머신러닝은 거의 이 라이브러리를 쓴다고 봐도 됩니다. 이번 프로젝트에서는 학습 데이터를 만드는 데 넘파이와 사이킷런을 사용하겠습니다. 마지막으로 맷플롯립은 학습 데이터의 분포와 패턴을 시각화하는 데 이용하겠습니다.

```
import torch
import numpy
from sklearn.datasets import make_blobs
import matplotlib.pyplot as plt
```

❷ 먼저 신경망의 학습과 평가에 사용할 데이터셋을 만들어줍니다. 다음 코드에서 x_train과 y_train 데이터셋은 신경망 학습에 쓰이는 데이터와 레이블입니다. 반대로 x_test와 y_test 데이터셋은 학습이 끝난 신경망의 성능을 평가하고 실험하는 데 쓰입니다.

```
n_dim = 2
x_train, y_train = make_blobs(n_samples=80, n_features=n_dim,
                              centers=[[1,1],[-1,-1],[1,-1],[-1,1]],
                              shuffle=True, cluster_std=0.3)
x_test, y_test = make_blobs(n_samples=20, n_features=n_dim,
                            centers=[[1,1],[-1,-1],[1,-1],[-1,1]],
                            shuffle=True, cluster_std=0.3)
```

사이킷런의 make_blobs() 함수를 이용하여 데이터를 2차원 벡터 형태로 만들었습니다. 학습 데이터셋training dataset에는 80개, 실험 데이터셋test dataset에는 20개의 2차원 벡터 데이터를 담았습니다. make_blobs() 함수가 만들어내는 레이블 데이터는 각 데이터 한 점 한 점이 몇 번째 클러스터에 속해 있는지 알려주는 인덱스입니다. 이번 예제에서는 4개의 클러스터를 만들어냈습니다. 즉, 이 시점에 y_train과 y_test 속 모든 데이터는 0, 1, 2, 3으로 인덱싱이 되어 있습니다.

NOTE 사이킷런의 make_blobs() 함수는 예제용 데이터셋을 만들어주는 함수입니다. 이 함수는 실행 때마다 랜덤한 데이터셋을 생성하기 때문에 실행 결과물이 약간씩 다를 수 있다는 점을 유의하기 바랍니다.
• 함수 명세 주소 : https://scikit-learn.org/stable/modules/generated/sklearn.datasets.make_blobs.html

데이터를 만든 후, 각 데이터에 정답 레이블을 달아줍니다. 앞서 소개한 make_blobs() 함수는 각 데이터 한 점이 몇 번째 클러스터에 속해 있는지 알려주는 인덱스 레이블을 만들어냅니다. 이번에 우리가 학습시킬 신경망은 두 가지 레이블만 예측하는 매우 기본적인 모델이기에 4개의 레이블을 2개로 합쳐보겠습니다.

 label_map()이라는 함수를 구현해 0번이나 1번을 레이블로 가진 데이터는 전부 0번 레이블을 갖도록 바꿔줍니다. 그리고 2번이나 3번을 레이블로 가진 데이터는 전부 1번 레이블을 갖도록 바꿔줍니다. 이 동작을 하고 나면 왼쪽 아래와 오른쪽 위의 데이터는 0을 레이블로, 그리고 왼쪽 위와 오른쪽 아래의 데이터는 1을 레이블로 갖게 됩니다.

```python
def label_map(y_, from_, to_):
    y = numpy.copy(y_)
    for f in from_:
        y[y_ == f] = to_
    return y

y_train = label_map(y_train, [0, 1], 0)
y_train = label_map(y_train, [2, 3], 1)
y_test = label_map(y_test, [0, 1], 0)
y_test = label_map(y_test, [2, 3], 1)
```

❸ 데이터가 제대로 만들어지고 레이블링되었는지 확인하기 위해 맷플롯립으로 시각화해보겠습니다. 레이블이 0인 데이터는 점(●)으로, 1인 데이터는 십자가(+)로 표시했습니다.

```python
def vis_data(x,y = None, c = 'r'):
    if y is None:
        y = [None] * len(x)
    for x_, y_ in zip(x,y):
        if y_ is None:
```

```
            plt.plot(x_[0], x_[1], '*',markerfacecolor='none',
                markeredgecolor=c)
        else:
            plt.plot(x_[0], x_[1], c+'o' if y_ == 0 else c+'+')

plt.figure()
vis_data(x_train, y_train, c='r')
plt.show()
```

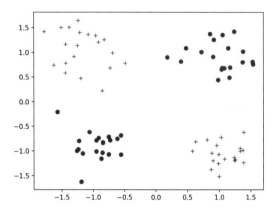

그림 3-10 직접 생성한 학습 데이터

실행할 때마다 각자 고유한 학습 데이터셋을 갖게 되므로 이 그래프와 유사한
형태를 갖되 똑같지는 않습니다.

NOTE 대부분의 신경망 학습은 대량의 학습 데이터를 사용합니다. 그러나 이렇게 거대한 학습 데
이터를 매번 전부 이용해서 오차를 구하고 학습하는 것은 비효율적입니다. 그러므로 신경망 모델
을 학습시킬 때는 전체 데이터셋을 배치batch라는 몇 개의 작은 세트로 나누는 게 보통입니다. 한 번
오차를 구할 때 모든 데이터를 사용하지 말고 하나의 배치만을 쓰도록 말이죠. 이번 예제는 80개
뿐인 작은 학습 데이터를 이용하므로 데이터를 특별히 배치대로 나누지 않았습니다. 즉, 모든 학습
데이터가 한 배치에 들어가 있다고 볼 수 있습니다.

❹ 방금 생성한 넘파이 벡터 형식 데이터를 파이토치 텐서로 바꿔줍니다.

```
x_train = torch.FloatTensor(x_train)
x_test = torch.FloatTensor(x_test)
y_train = torch.FloatTensor(y_train)
y_test = torch.FloatTensor(y_test)
```

❺ 이제 데이터를 준비했으니 본격적으로 신경망 모델을 구현해보겠습니다. 파이토치에서 신경망은 보통 다음과 같이 신경망 모듈(torch.nn.Module)을 상속받는 파이썬 클래스로 정의합니다. nn.Module을 상속받으면 파이토치 프레임워크에 있는 각종 도구를 쉽게 적용할 수 있습니다.

```
class NeuralNet(torch.nn.Module):
```

❻ 신경망의 구조와 동작을 정의하는 생성자를 모델 클래스에 정의합니다. __init__() 함수는 파이썬에서 객체가 갖는 속성값을 초기화하는 역할로, 객체가 생성될 때 자동으로 호출됩니다. super() 함수를 부르면 우리가 만든 NeuralNet 클래스는 파이토치의 nn.Module 클래스의 속성들을 가지고 초기화됩니다.

```
def __init__(self, input_size, hidden_size):
    super(NeuralNet, self).__init__()
```

이번 예제에서는 NeuralNet 클래스의 객체를 만들 때 input_size와 hidden_size를 입력받도록 했습니다. input_size는 신경망에 입력되는 데이터의 차원입니다.

```
self.input_size = input_size
self.hidden_size = hidden_size
```

다음은 입력된 데이터가 인공 신경망을 통과하면서 거치는 연산들을 정의하겠습니다.

```
self.linear_1 = torch.nn.Linear(self.input_size, self.hidden_size)
self.relu = torch.nn.ReLU()
self.linear_2 = torch.nn.Linear(self.hidden_size, 1)
self.sigmoid = torch.nn.Sigmoid()
```

torch.nn.Linear() 함수는 앞서 설명한 행렬곱과 편향을 포함하는 연산을 지원하는 객체를 반환합니다. 이 함수가 반환한 linear_1과 linear_2 객체는 나중에 함수로 쓰일 수 있습니다. relu()와 sigmoid()는 각 단계에서 수행할 활성화 함수입니다.

❼ 다음은 init() 함수에서 정의한 동작들을 차례대로 실행하는 forward() 함수를 구현하겠습니다.

```
def forward(self, input_tensor):
    linear1 = self.linear_1(input_tensor)
    relu = self.relu(linear1)
    linear2 = self.linear_2(relu)
    output = self.sigmoid(linear2)
    return output
```

linear_1은 입력 데이터에 [input_size, hidden_size] 크기의 가중치를 행렬곱하고 편향을 더하여 [1, hidden_size] 꼴의 텐서를 반환합니다. 그런 다음이 텐서에 torch.nn.ReLU() 활성화 함수를 적용합니다. ReLU는 입력값이 0 보다 작으면 0을, 0보다 크면 입력값을 그대로 출력합니다. 예를 들어 텐서 [-1, 1, 3, -5, -7]이 ReLU() 함수를 거치면 텐서 [0, 1, 3, 0, 0]이 반환됩니다.

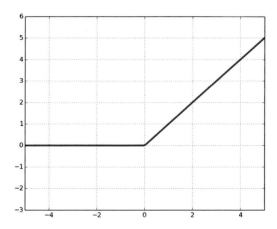

그림 3-11 ReLU() 함수

ReLU() 함수를 통과한 텐서는 다시 한번 linear_2로 정의된 행렬곱을 거쳐 [1,1] 꼴로 변환됩니다. 마지막으로 이 텐서를 sigmoid() 활성화 함수에 입력합니다. 시그모이드sigmoid 함수는 다음 그림처럼 0과 1 사이의 값을 반환합니다. 여기서 시그모이드 함수를 사용하는 것은 매우 중요합니다. linear_2를 거친 텐서는 사실상 그 어느 값이라도 취할 수 있을 겁니다. 하지만 이 결괏값만으로 입력 데이터가 0과 1 중 어느 카테고리에 속할 것인지 분류하는 것은 불가능합니다. 하지만 이를 0과 1 사이의 임의의 수로 제한해주는 시그모이드 함수에 통과시키면 결괏값이 얼마나 0이나 1 중 어디에 가까운지 알 수 있습니다.

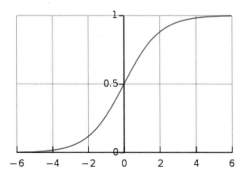

그림 3-12 시그모이드 함수

이로써 인공 신경망 구현이 끝났습니다.

❽ 이제 실제로 신경망 객체를 생성하고 학습에 필요한 여러 변수와 알고리즘을
정의하겠습니다.

```
model = NeuralNet(2, 5)
learning_rate = 0.03
criterion = torch.nn.BCELoss()
```

input_size를 2로, hidden_size를 5로 설정한 신경망 객체 model을 만들
었습니다. 그런 다음 학습률을 설정하고 오차 함수를 준비합니다. 오차 함수를 직
접 코딩해도 되지만, 파이토치가 제공하는 여러 오차 함수를 바로 사용할 수도 있
습니다. 이번에는 이진 교차 엔트로피binary cross entropy를 뜻하는 BCELoss() 함수를
사용하겠습니다.

```
epochs = 2000
```

이폭epochs은 전체 학습 데이터를 총 몇 번 모델에 입력할지 결정하는 변수입니

다. 이번 예제에서는 2,000으로 설정합니다. 이폭은 너무 작게 설정하면 모델이 충분히 학습되지 않을 수 있으나, 너무 크게 설정하면 모델 학습이 오래 걸린다는 단점이 있습니다.

학습에 사용할 최적화 알고리즘으로는 확률적 경사하강법^{stochastic gradient} ^{descent}(SGD)을 선택했습니다. 확률적 경사하강법은 이전 예제에서 이미지 복원에 사용한 최적화 방법과 크게 다르지 않습니다(새 가중치 = 가중치 – 학습률 × 가중치에 대한 기울기). 이번에는 파이토치에서 제공하는 optim.SGD 클래스를 이용해서 optimizer 인스턴스를 만들었습니다.

```
optimizer = torch.optim.SGD(model.parameters(), lr = learning_rate)
```

optimizer는 step() 함수를 부를 때마다 가중치를 학습률만큼 갱신합니다. 그래서 model.parameter() 함수로 추출한 모델 내부의 가중치와 학습률을 입력했습니다.

❾ 이제 아무 학습도 하지 않은 모델의 성능을 시험해보겠습니다. 모델의 결괏값과 레이블값의 차원을 맞춰야 하므로 squeeze() 함수를 호출한 후 오차를 구해보겠습니다.

```
model.eval()
test_loss_before = criterion(model(x_test).squeeze(), y_test)
print('Before Training, test loss is {}'.format(test_loss_before.
                                                             item()))
```

```
Before Training, test loss is 0.7301096916198730
```

item() 함수는 텐서 속의 숫자를 스칼라 값으로 반환합니다. test_loss_
before 역시 텐서의 형태이므로 실제 오차를 스칼라값으로 출력하기 위해
.item() 함수를 호출하여 텐서 속 오차를 나타내보겠습니다.

오차가 0.73이 나왔습니다. 100번 찍어 73번은 틀린다는 뜻이니 이 정도의 오
차라면 사실상 분류하는 능력이 없다고 봐도 무방합니다.

❿ 자, 이제 드디어 신경망을 학습시켜 성능을 개선해보겠습니다.

우선 이폭만큼 반복하는 for 문을 만들어줍니다.

```
for epoch in range(epochs):
```

모델에 train() 함수를 호출해 학습 모드로 바꿔줍니다. 이폭마다 새로운 경삿
값을 계산할 것이므로 zero_grad() 함수를 호출해 경삿값을 0으로 설정합니다.

```
model.train()
optimizer.zero_grad()
```

앞서 생성한 모델에 학습 데이터를 입력해 결괏값을 계산합니다.

```
train_output = model(x_train)
```

NOTE 여기서 잠깐, 신경망 모델 클래스에 정의한 forward() 함수가 신경망의 결괏값을 내는 함
수인 것은 맞지만, torch.nn.module이 forward() 함수 호출을 대신 해주므로 우리가 직접 호
출할 필요는 없습니다.

이이서 결괏값의 차원을 레이블의 차원과 같게 만들고 오차를 계산합니다.

```
train_loss = criterion(train_output.squeeze(), y_train)
```

100이폭마다 오차를 출력해 학습이 잘 되는지 확인하겠습니다.

```
if epoch % 100 == 0:
    print('Train loss at {} is {}'.format(epoch, train_loss.item()))
```

그다음 단계로, 오차 함수를 가중치로 미분하여 오차가 최소가 되는 방향을 구하고, 그 방향으로 모델을 학습률만큼 이동시킵니다. 다시 말해 다음 두 줄이 신경망 학습의 핵심인 역전파를 행하는 코드입니다.

```
train_loss.backward()
optimizer.step()
```

이 코드를 실행하면 오차가 점차 줄어드는 것을 볼 수 있습니다.

```
Train loss at   0 is  0.7301096916198730
Train loss at 100 is 0.658166229724884
Train loss at 200 is 0.6178612112998962
Train loss at 300 is 0.5754465460777283
Train loss at 400 is 0.5307614803314209
Train loss at 500 is 0.4719066023826599
Train loss at 600 is 0.3966965079307556
Train loss at 700 is 0.32281494140625
Train loss at 800 is 0.2628057897090912
Train loss at 900 is 0.219133660197258
Train loss at 1000 is 0.18626829981803894
Train loss at 1100 is 0.16145861148834229
Train loss at 1200 is 0.14216551184654236
```

```
Train loss at 1300 is 0.12660416960716248
Train loss at 1400 is 0.11386562883853912
Train loss at 1500 is 0.10336694866418839
Train loss at 1600 is 0.09465157985687256
Train loss at 1700 is 0.08729730546474457
Train loss at 1800 is 0.08096645772457123
Train loss at 1900 is 0.07546254992485046
```

⓫ 첫 인공 신경망 학습이 끝났습니다. 이제 학습된 신경망의 성능을 시험할 차례입니다. 모델을 평가 모드로 바꾸고 실험 데이터인 x_test와 y_test를 이용해 오차를 구해보겠습니다.

```
model.eval()
test_loss = criterion(torch.squeeze(model(x_test)), y_test)
print('After Training, test loss is {}'.format(test_loss.item()))
```

```
After Training, test loss is 0.09030517935752869
```

학습 전과 비교했을 때 오차가 현저하게 줄어든 것을 확인할 수 있습니다.

⓬ 이제 학습된 모델을 state_dict() 함수 형태로 바꾸어 준 후 .pt 파일로 저장해보겠습니다. state_dict() 함수는 모델 내 가중치들이 딕셔너리 형태로 {연산이름: 가중치 텐서와 편향 텐서}와 같이 표현된 데이터입니다.

다음 코드를 실행하면 학습된 신경망의 가중치를 담은 model.pt 파일이 생성됩니다.

```
torch.save(model.state_dict(), './model.pt')
print('state_dict format of the model: {}'
    .format(model.state_dict()))
```

```
state_dict format of the model: OrderedDict([('linear_1.weight',
tensor([[ 1.4299,  1.3190],
        [ 0.7423,  0.6791],
        [-1.7717, -1.6493],
        [ 0.8419,  0.7718],
        [ 0.3132,  0.2865]])), ('linear_1.bias', tensor([-0.4443,
-0.2294, -0.7156, -0.2365, -0.0914])), ('linear_2.weight',
tensor([[-1.8220, -1.0740, -2.4704, -0.8479, -0.3453]])),
('linear_2.bias', tensor([ 2.7510]))])
```

⑬ 이제 언제든 이 파일을 읽어들여 새로운 신경망 객체에 이미 학습된 모델의 가중치를 곧바로 적용할 수 있습니다. 실제로 새로운 모델인 new_model을 생성하고 앞서 학습한 모델의 가중치를 입력해보겠습니다. 즉, 새 모델 객체인 new_model은 시작부터 학습된 가중치를 가지고 있습니다.

```
new_model = NeuralNet(2, 5)
new_model.load_state_dict(torch.load('./model.pt'))
```

새로운 모델에 벡터 [-1,1]을 입력해보면 레이블이 1일 확률이 94%나 되는 것을 확인할 수 있습니다. 첫 번째 신경망 모델인데 분류 정확도가 꽤 믿을 만한 수준이네요.

```
new_model.eval()
print('벡터 [-1, 1]이 레이블 1을 가질 확률은 {}'.format(new_model
    (torch.FloatTensor([-1,1])).item()))
```

```
벡터 [-1, 1]이 레이블 1을 가질 확률은 0.9855850338935852
```

전체 코드

이 책의 깃허브에서 이번 예제를 내려받을 수 있습니다.

- 깃허브 파일명 : /03-파이토치로_구현하는_ANN/basic_neural_network.py

다음과 같이 명령창에서 실행하거나 노트북 파일을 열어서 사용합니다.

- 윈도우, 맥OS, 우분투 : $ python basic_neural_network.py
- 주피터 노트북 파일 이름 : basic_neural_network.ipynb

❶ import torch
   import numpy
   from sklearn.datasets import make_blobs
   import matplotlib.pyplot as plt

   ## 데이터셋 생성
❷ n_dim = 2
   x_train, y_train = make_blobs(n_samples=80, n_features=n_dim,
                       centers=[[1,1],[-1,-1],[1,-1],[-1,1]],
                       shuffle=True, cluster_std=0.3)
   x_test, y_test = make_blobs(n_samples=20, n_features=n_dim,
                      centers=[[1,1],[-1,-1],[1,-1],[-1,1]],
                      shuffle=True, cluster_std=0.3)

```
```

```
def label_map(y_, from_, to_):
    y = numpy.copy(y_)
    for f in from_:
        y[y_ == f] = to_
    return y


y_train = label_map(y_train, [0, 1], 0)
y_train = label_map(y_train, [2, 3], 1)
y_test = label_map(y_test, [0, 1], 0)
y_test = label_map(y_test, [2, 3], 1)

## 생성된 데이터셋 시각화
```
❸
```
def vis_data(x,y = None, c = 'r'):
    if y is None:
        y = [None] * len(x)
    for x_, y_ in zip(x,y):
        if y_ is None:
            plt.plot(x_[0], x_[1], '*',markerfacecolor='none',
                        markeredgecolor=c)
        else:
            plt.plot(x_[0], x_[1], c+'o' if y_ == 0 else c+'+')

plt.figure()
vis_data(x_train, y_train, c='r')
plt.show()

## 데이터셋을 파이토치 텐서로 변환
```
❹
```
x_train = torch.FloatTensor(x_train)
x_test = torch.FloatTensor(x_test)
y_train = torch.FloatTensor(y_train)
y_test = torch.FloatTensor(y_test)

## 신경망 모델 정의
```
❺
```
class NeuralNet(torch.nn.Module):
```
❻
```
    def __init__(self, input_size, hidden_size):
        super(NeuralNet, self).__init__()
        self.input_size = input_size
        self.hidden_size  = hidden_size
```

```python
        self.linear_1 = torch.nn.Linear(self.input_size, self.
                                        hidden_size)
        self.relu = torch.nn.ReLU()
        self.linear_2 = torch.nn.Linear(self.hidden_size, 1)
        self.sigmoid = torch.nn.Sigmoid()

❼    def forward(self, input_tensor):
        linear1 = self.linear_1(input_tensor)
        relu = self.relu(linear1)
        linear2 = self.linear_2(relu)
        output = self.sigmoid(linear2)
        return output

## 신경망 모델 생성 및 관련 변수와 알고리즘 정의
❽ model = NeuralNet(2, 5)
  learning_rate = 0.03
  criterion = torch.nn.BCELoss()
  epochs = 2000
  optimizer = torch.optim.SGD(model.parameters(),
                              lr = learning_rate)

## 학습 전 모델 성능 평가
❾ model.eval()
  test_loss = criterion(model(x_test).squeeze(), y_test)
  print('Before Training, test loss is {}'
        .format(test_loss_before.item()))

## 신경망 학습
❿ for epoch in range(epochs):
      model.train()
      optimizer.zero_grad()
      train_output = model(x_train)
      train_loss = criterion(train_output.squeeze(), y_train)
      if epoch % 100 == 0:
          print('Train loss at {} is {}'
                .format(epoch, train_loss.item()))
      train_loss.backward()
      optimizer.step()
```

```
   ## 학습 후 모델 성능 평가
⑪ model.eval()
   test_loss = criterion(model(x_test).squeeze(), y_test)
   print('After Training, test loss is {}'.format(test_loss.item()))

   ## 학습된 가중치 저장
⑫ torch.save(model.state_dict(), './model.pt')
   print('state_dict format of the model: {}'
         .format(model.state_dict()))

   ## 저장된 가중치를 불러와 새로운 모델에 적용(전이 학습)
⑬ new_model = NeuralNet(2, 5)
   new_model.load_state_dict(torch.load('./model.pt'))
   new_model.eval()
   print('벡터 [-1, 1]이 레이블 1을 가질 확률은 {}'
         .format(new_model(torch.FloatTensor([-1,1])).item()))
```

3.4 마치며

지금까지 파이토치의 필수 기능 몇 가지와 머신러닝의 핵심 개념을 알아보았습니다. 이미지 복원 예제와 인공 신경망 예제를 거치며 경사하강법 등 머신러닝에 사용되는 기술을 다루었습니다.

이 장은 개념 소개가 많은 탓에 사전지식이 없는 분들에게는 조금 어려웠을 수도 있습니다. 하지만 이번 장을 소화했다면 다음 장부터 조금 더 수월하게 읽을 수 있을 겁니다.

패션 아이템을 구분하는 DNN

패션 아이템을 구분하는 DNN

앞서 배운 인공 신경망을 이용하여 Fashion MNIST 데이터셋 안의 패션 아이템을 구분해봅니다.

- Fashion MNIST 데이터셋 알아보기
- 인공 신경망으로 패션 아이템 분류하기
- 성능 측정하기
- 과적합과 드롭아웃

드디어 딥러닝을 본격적으로 배우는 장입니다. 인공 신경망을 깊게 쌓아 Fashion MNIST 데이터셋으로 패션 아이템을 분류하는 딥러닝 모델을 만들어보겠습니다.

학습 목표
데이터셋을 다루는 법과 성능 측정법, 과적합, 정규화 등 머신러닝의 핵심 개념을 익힙시다.

어려운 주제는 아니지만 여기서 나오는 개념을 제대로 소화하지 못하면 다음 장을 이해하기 어려울 수 있으니 차근차근 읽고 따라와주길 바랍니다.

4.1 Fashion MNIST 데이터셋 알아보기

딥러닝에서 어쩌면 모델보다 중요한 것이 바로 좋은 데이터셋입니다. 영미권에서도 '콩 심은 데 콩 나고 팥 심은 데 팥 난다'는 뜻인 'Garbage In Garbage Out'이라는 표현을 많이 사용합니다. 데이터셋은 우리가 풀고자 하는 문제를 정의합니다. 문제 정의가 잘못되면 아무리 풀이를 잘해도 별 의미가 없기 때문에 데이터셋을 관찰하고 관리하는 기술도 매우 중요합니다.

딥러닝에 입문하면서 흔히 만나는 데이터셋이 바로 MNIST라는 손글씨 숫자 데이터셋입니다. 숫자를 인식하는 것은 이제 식상하다고 생각하여, 패션 아이템을 모아놓은 데이터셋인 Fashion MNIST를 준비해보았습니다.

Fashion MNIST는 28 × 28픽셀 70,000개의 흑백 이미지로 구성되며 신발, 드레스, 가방 등 총 10가지 카테고리가 존재합니다. 다음 그림은 이 데이터셋 안의 이미지를 무작위로 모아본 모습입니다.

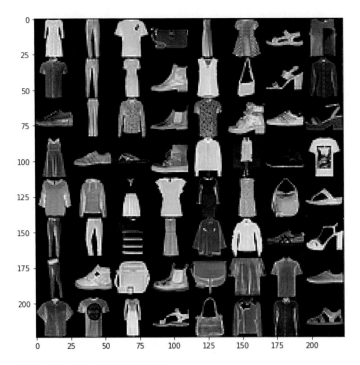

그림 4-1 Fashion MNIST 데이터셋

딥러닝 모델을 만들고 학습하기에 앞서 데이터를 모아서 가공하는 재미없는 일부터 시작해야 합니다. 실제 서비스를 만들 때, 엔지니어 시간의 대부분은 데이터를 가공하고 파이프라인을 만드는 데 쓰입니다. 다행히도 토치비전이 Fashion MNIST 데이터셋을 자동으로 내려받고 학습 데이터를 나누는 일까지 해주니 걱정할 필요는 없습니다. 파이썬 코드 몇 줄이면 해결됩니다.

일단 토치비전과 맷플롯립을 이용하여 데이터셋을 관찰해보겠습니다. 데이터를 관찰할 때는 주피터 노트북이 편리하므로 주피터 노트북을 이용하는 것을 추천합니다.

❶ 이 예제에서는 본격적으로 학습용 데이터를 다룹니다. 이미지 데이터를 다루기 위한 파이토치와 토치비전의 몇 가지 모듈을 알아보겠습니다.

- **torch.utils.data** : 데이터셋의 표준을 정의하고 데이터셋을 불러오고 자르고 섞는 데 쓰는 도구들이 들어있는 모듈입니다. 파이토치 모델을 학습시키기 위한 데이터셋의 표준을 torch. utils.data.**Dataset**에 정의합니다. Dataset 모듈을 상속하는 파생 클래스는 학습에 필요한 데이터를 로딩해주는 torch.utils.data.**DataLoader** 인스턴스의 입력으로 사용할 수 있습니다.

- **torchvision.datasets** : torch.utils.data.Dataset을 상속하는 이미지 데이터셋의 모음입니다. 패션 아이템 데이터셋이 바로 여기에 들어있습니다.

- **torchvision.transfoms** : 이미지 데이터셋에 쓸 수 있는 여러 가지 변환 필터를 담고 있는 모듈입니다. 예를 들어 텐서로 변환한다든지, 크기 조절(resize)과 크롭(crop)으로 이미지를 수정할 수도 있고, 밝기(brightness), 대비(contras)t 등을 조절하는 데 사용될 수도 있습니다.

- **torchvision.utils** : 이미지 데이터를 저장하고 시각화하기 위한 도구가 들어있는 모듈입니다.

토치비전의 datasets, transforms, utils, 그리고 파이토치의 utils.data 패키지들을 가져와 Fashion MNIST 데이터셋을 다뤄보겠습니다.

```
from torchvision import datasets, transforms, utils
from torch.utils import data
```

보통 맷플롯립^{Matplotlib}은 plt로, 넘파이^{Numpy}는 np로 줄여 쓰는 것이 관행입니다. 아래와 같이 임포트하면 줄여서 쓸 수 있고 코드가 옆으로 길어지는 걸 조금이나마 완화해줍니다.

```
import matplotlib.pyplot as plt
import numpy as np
```

이 예제에서는 학습용 데이터셋 준비 과정을 단계별로 쪼개서 준비했습니다.

❷ 먼저 이미지를 텐서로 바꿔주는 코드입니다. 토치비전의 transforms는 입력을 변환시키는 도구입니다. 이 예제에서는 텐서로 바꿔주는 ToTensor() 함수만 사용하고 있지만, 이미지 크기를 조정해주는 Resize(), 정규화해주는 Normalize() 등 편리한 함수가 많습니다. 기능을 추가하고 싶다면 transforms. Compose() 함수 안의 리스트에 넣어주면 순서대로 변환이 이뤄집니다.

```
transform = transforms.Compose([
    transforms.ToTensor()
])
```

NOTE 다음은 토치비전 Transforms에서 자주 쓰이는 기능들입니다. Normalize가 무엇이고 RandomHorizontalFlip과 RandomCrop이 왜 필요한지는 4.4절 '과적합과 드롭아웃'에서 다루겠습니다.
- ToTensor : 이미지를 파이토치 텐서로 변환
- Resize : 이미지 크기 조정
- Normalize : 주어진 평균과 표준편차를 이용하여 정규화
- RandomHorizontalFlip : 무작위로 이미지의 오른쪽과 왼쪽을 뒤집는 기능
- RandomCrop : 이미지를 무작위로 자르는 기능

다음으로는 FashionMNIST 데이터셋을 가져올 차례입니다. 토치비전의 datasets 패키지는 데이터셋을 내려받고, Compose로 만들어 둔 이미지 변환 설정을 적용하는 데 쓰입니다. 번거롭게 내려받을 필요도 없고 'download =True' 한 줄만 넣고 실행하면 현재 'root'로 지정한 폴더에 데이터셋이 존재하는지 확인한 후, 없다면 자동으로 저장됩니다.

❸ FashionMNIST 데이터셋은 학습용 트레이닝셋과 성능 평가용 테스트셋으로 나뉘어 있습니다. 어느 것을 받을지는 'train' 매개변수에 'True'나 'False'를 주어 선택하면 됩니다.

```
trainset = datasets.FashionMNIST(
    root      = './.data/',
    train     = True,
    download  = True,
    transform = transform
)
testset = datasets.FashionMNIST(
    root      = './.data/',
    train     = False,
    download  = True,
    transform = transform
)
```

torchvision.datasets로 생성된 객체는 파이토치 내부 클래스 'torch.utils.data.Dataset'을 상속합니다. 그러므로 파이토치의 'DataLoader', 즉 데이터셋을 로딩하는 클래스에 넣어 바로 사용할 수 있습니다. 'DataLoader'는 데이터셋을 배치[batch]라는 작은 단위로 쪼개고 학습 시 반복문 안에서 데이터를 공급해주는 클래스입니다.

❹ 배치 크기는 한 번에 처리하는 데이터 개수를 뜻합니다. 예를 들어 다음과 같이 배치 크기(batch_size)가 16이면 반복마다 이미지를 16개씩 읽어줍니다. 컴퓨터의 메모리 공간에 여유가 있다면 더 크게 해도 되고, 여유가 없다면 적게 해도 좋습니다.

데이터로더(DataLoader)의 매개변수에 앞서 불러온 데이터셋을 넣어주고 배치 크기를 지정해줍니다.

```
batch_size = 16

train_loader = data.DataLoader(
    dataset    = trainset,
    batch_size = batch_size
)
test_loader = data.DataLoader(
    dataset    = testset,
    batch_size = batch_size
)
```

❺ 데이터로더가 준비되었으므로 이제부터는 편리하게 데이터를 뽑아 쓸 수 있습니다. 보통은 for 문 안에 넣어서 사용하면 되지만, 배치 1개만 뽑아 데이터가 어떻게 생겼는지 보겠습니다. iter() 함수를 이용하여 반복문 안에서 이용할 수 있도록 만들어준 다음 next() 함수를 이용하여 배치 1개를 가져옵니다. 배치 1개의 images와 labels에는 앞서 설정한 배치 크기만큼 각각 이미지 16개와 레이블 16개가 들어 있게 됩니다.

```
dataiter      = iter(train_loader)
images, labels = next(dataiter)
```

❻ 일단 숲을 먼저 보고 나무를 보겠습니다. 앞서 가져온 배치의 이미지들을 전체적으로 살펴보면 어떤 느낌인지 알 수 있을 겁니다. 토치비전의 utils.make_grid() 함수를 이용하면 여러 이미지를 모아 하나의 이미지로 만들 수 있습니다. 이때, img는 파이토치 텐서이기 때문에 numpy() 함수로 맷플롯립과 호환이 되는 넘파이 행렬로 바꿔줍니다. 그리고 맷플롯립이 인식하는 차원의 순서가 다

르므로 np.transpose() 함수를 이용해 첫 번째 (0번째) 차원을 맨 뒤로 보냅니다.

아까 matplotlib을 줄여 plt라고 부르기로 했습니다. plt.figure() 함수로 이미지가 들어갈 자리를 만들고 plt.imshow() 함수와 plt.show() 함수를 순서대로 부르면 주피터 노트북에서 이미지를 확인할 수 있습니다.

```
img   = utils.make_grid(images, padding=0)
npimg = img.numpy()
plt.figure(figsize=(10, 7))
plt.imshow(np.transpose(npimg, (1,2,0)))
plt.show()
```

다음 그림에서 보다시피 여러 개의 패션 아이템이 나열되는 것을 볼 수 있습니다. 화질이 좋지 않고 흑백이지만 프로토타입용 예제로는 좋은 데이터셋입니다. 단순한 학습 데이터로 먼저 빠르게 인공 신경망을 만들어 실험해볼 수 있기 때문입니다.

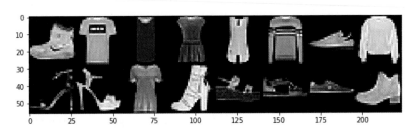

그림 4-2 직접 확인하는 Fashion MNIST 데이터셋

레이블을 출력해보면 각 클래스를 뜻하는 숫자 16개가 나열된 것을 볼 수 있습니다.

```
print(labels)
```

```
tensor([9, 0, 0, 3, 0, 2, 7, 2, 5, 5, 0, 9, 5, 5, 7, 9])
```

❼ 이미지들의 클래스들은 '티셔츠/윗옷', '바지', '스웨터', '드레스', '코트', '샌들', '셔츠', '운동화', '가방', '앵클부츠', 이렇게 10가지입니다. 앞서 보았듯 데이터셋에서는 이름 대신에 숫자 번호로 레이블이 주어집니다. 다음과 같이 우리가 해석하기 편하게 딕셔너리를 만들어두겠습니다.

```
CLASSES = {
    0: 'T-shirt/top',
    1: 'Trouser',
    2: 'Pullover',
    3: 'Dress',
    4: 'Coat',
    5: 'Sandal',
    6: 'Shirt',
    7: 'Sneaker',
    8: 'Bag',
    9: 'Ankle boot'
}
```

이 딕셔너리를 이용하면 데이터 시각화할 때 사람이 알아보기 편리합니다. 앞에서 사용한 labels의 영문 텍스트를 출력해보겠습니다.

```
for label in labels:
    index = label.item()
    print(CLASSES[index])
```

```
Ankle boot
T-shirt/top
T-shirt/top
Dress
T-shirt/top
Pullover
Sneaker
Pullover
Sandal
Sandal
T-shirt/top
Ankle boot
Sandal
Sandal
Sneaker
Ankle boot
```

이미지의 데이터는 가로, 세로, 색상으로 구성된 3차원 행렬로 표현됩니다. 가로세로는 각각의 픽셀 수, 그리고 색상값은 흑백 사진이니 1가지 숫자로 나타낼 수 있습니다.

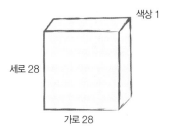

그림 4-3 Fashion MNIST 데이터셋 이미지 크기

각 픽셀은 0부터 255까지 값을 갖습니다. Fashion MNIST에서 이미지의 크기는 28 × 28, 색상 채널은 흑백 1가지입니다. 그러므로 입력 x의 특징값 총개수는 28 × 28 × 1개, 즉 784개입니다.

❽ 개별 이미지를 꺼내 보기 위해서 다음과 같은 코드를 작성합니다. Fashion MNIST 데이터셋에서 첫 번째 이미지를 꺼내고 squeeze()와 numpy() 함수를 적용하여 맷플롯립에서 이용이 가능한 넘파이 행렬을 만듭니다. 그리고 앞서 만들어둔 딕셔너리를 이용하여 레이블 번호를 사람이 알아볼 수 있는 문자로 바꿉니다. 마지막으로 plt.show() 함수를 불러 이미지를 확인합니다.

```
idx = 1
item_img = images[idx]
item_npimg = item_img.squeeze().numpy()
plt.title(CLASSES[labels[idx].item()])
plt.imshow(item_npimg, cmap='gray')
plt.show()
```

개별 이미지를 조금 더 자세히 보면 다음처럼 생겼습니다. 그저 픽셀의 모임입니다. (데이터셋을 무작위로 섞었으므로 다른 이미지가 보일 수 있습니다.)

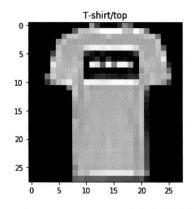

그림 4-4 Fashion MNIST 개별 이미지 생김새 (티셔츠)

다른 이미지들이 어떻게 생겼는지 궁금하다면, idx 변수를 바꾸어가며 개별 이미지가 어떻게 생겼는지 확인해보길 바랍니다.

전체 코드

이 책의 깃허브에서 이번 예제를 내려받을 수 있습니다.

- 깃허브 파일명 : /04-패션_아이템을_구분하는_DNN/fashion_mnist.py

다음과 같이 명령창에서 실행하거나 노트북 파일을 열어서 사용합니다.

- 윈도우, 맥OS, 우분투 : $ python fashion_mnist.py
- 주피터 노트북 파일 이름 : fashion_mnist.ipynb

```python
❶ from torchvision import datasets, transforms, utils
  from torch.utils import data

  import matplotlib.pyplot as plt
  import numpy as np

❷ transform = transforms.Compose([
      transforms.ToTensor()
  ])

❸ trainset = datasets.FashionMNIST(
      root      = './.data/',
      train     = True,
      download  = True,
      transform = transform
  )
  testset = datasets.FashionMNIST(
      root      = './.data/',
      train     = False,
      download  = True,
      transform = transform
  )


❹ batch_size = 16
  train_loader = data.DataLoader(
```

```
        dataset    = trainset,
        batch_size = batch_size
    )
    test_loader = data.DataLoader(
        dataset    = testset,
        batch_size = batch_size
    )
```

❺
```
dataiter      = iter(train_loader)
images, labels = next(dataiter)
```

❻
```
img   = utils.make_grid(images, padding=0)
npimg = img.numpy()
plt.figure(figsize=(10, 7))
plt.imshow(np.transpose(npimg, (1,2,0)))
plt.show()
```

❼
```
CLASSES = {
    0: 'T-shirt/top',
    1: 'Trouser',
    2: 'Pullover',
    3: 'Dress',
    4: 'Coat',
    5: 'Sandal',
    6: 'Shirt',
    7: 'Sneaker',
    8: 'Bag',
    9: 'Ankle boot'
}

for label in labels:
    index = label.item()
    print(CLASSES[index])
```

```
# 개별 이미지 확인하기
```
❽
```
idx = 1
```

```
item_img = images[idx]
item_npimg = item_img.squeeze().numpy()
plt.title(CLASSES[labels[idx].item()])
plt.imshow(item_npimg, cmap='gray')
plt.show()
```

4.2 인공 신경망으로 패션 아이템 분류하기

앞서 Fashion MNIST 데이터셋에 대해 살펴보았습니다. 이번 예제에서는 패션 아이템 이미지를 인식하여 레이블을 예측하는 기본적인 심층 인공 신경망^{deep} neural network, DNN을 만들어보겠습니다.

4.2.1 환경 설정하기

❶ 먼저 파이토치, 인공 신경망 모델의 재료들을 담고 있는 nn 모듈, 최적화를 위한 optim 모듈, nn 모듈의 함수 버전인 functional을 F로 불러 옵니다. 그다음 토치비전의 데이터셋을 다루기 위해 transforms와 datasets를 임포트합니다.

```
import torch
import torch.nn as nn
import torch.optim as optim
import torch.nn.functional as F
from torchvision import transforms, datasets
```

torch.cuda.is_available() 함수는 현재 컴퓨터에서 CUDA를 이용할 수 있는지 알아보는 함수입니다. CUDA용 PyTorch를 설치하고 CUDA도 제대로 설치했다면 True를 반환하고, CUDA를 설치하지 않았거나 오류가 있다면 False를 반환할 겁니다.

이 값을 기준으로 CUDA를 지원하면 "cuda"를, 아니면 "cpu"를 torch.device에 설정한 후 변수에 저장해놓으면 여러 환경에서 돌아가야 하는 코드를 공유해야 할 때 유용하게 쓸 수 있습니다. 이 예제에서는 이 문자열을 DEVICE라는 변수에 저장해두겠습니다. 이 변수는 나중에 텐서와 가중치에 대한 연산을 CPU와 GPU 중 어디서 실행할지 결정할 때 쓰입니다. CUDA용 파이토치를 설치하지 않았더라도 나중에 GPU를 가진 누군가가 돌려볼 수 있도록 항상 이 코드를 포함하는 것을 추천합니다. 그 누군가가 미래의 자신이 될 수도 있습니다!

```
USE_CUDA = torch.cuda.is_available()
DEVICE = torch.device("cuda" if USE_CUDA else "cpu")
```

❷ Fashion MNIST부터는 데이터가 본격적으로 많아집니다. 이미지가 수만 개이므로 전체 데이터를 한꺼번에 사용하는 것은 효율적이지 않으니, 여러 개의 배치로 잘라 사용할 겁니다. 각 미니배치의 크기는 64개로 하겠습니다. 이폭은 (앞 장에서 다뤘지만) 학습 데이터 전체를 총 몇 번이나 볼 것인가에 대한 설정입니다. 30으로 하겠습니다.

```
EPOCHS = 30
BATCH_SIZE = 64
```

NOTE 깃허브를 돌아다니다 보면 배치 크기와 모델 가중치가 2의 거듭제곱으로 설정된 경우를 많이 볼 수 있습니다. CPU와 GPU의 메모리 크기가 2의 배수이기 때문에 배치 크기가 2의 n승이면 메모리에서 데이터를 주고받는 효율을 높일 수 있다고 합니다. 그런 뜻도 있지만, 컴퓨터 과학 전공자로서 2의 거듭제곱을 보면 마음이 편안해지는 이유도 있는 것 같습니다.

4.2.2 이미지 분류 문제

이미지 분류$^{image\ classification}$는 한 장의 이미지를 받아 이 이미지가 어느 클래스(레이블)에 속하는지 알려주는 문제입니다. 상대적으로 단순한 문제지만 상업적으로 가장 영향력이 있는 문제라고 생각합니다. 인공 신경망을 이용한 이미지 분류 알고리즘들은 이미 여러 서비스에서 이미지 기반 검색, 추천, 광고 등에 사용되고 있습니다.

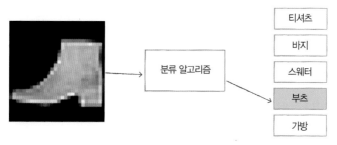

그림 4-5 이미지 분류 문제

연속된 이미지라고 할 수 있는 비디오 분류 모델들도 결국 기본적인 이미지 분류 방식에서 크게 벗어나지 않습니다.

4.2.3 이미지 분류를 위한 인공 신경망 구현

이제 신경망 모델을 구현해볼 차례입니다. 모델은 입력 x와 레이블 y를 받아 학습한 다음, 새로운 x가 왔을 때 어떤 패션 아이템인지 예측할 겁니다.

우리가 사용할 모델은 레이어가 3개인 3층 인공 신경망입니다.

❸ 먼저 생성자에 우리 모델의 가중치 변수들이 들어가는 연산을 선언해야 합니다. nn.Linear 클래스는 선형결합을 수행하는 객체를 만듭니다. 함수 fc1 ()은 픽셀값 784개를 입력받아 가중치를 행렬곱하고 편향을 더해 값 256개를 출력합

니다. 그리고 똑같은 과정으로 fc2()와 fc3() 함수를 거쳐 마지막에 값 10개를 출력할 겁니다. 출력값 10개 각각은 클래스를 나타내며 10개 중 값이 가장 큰 클래스가 이 모델의 예측값이 될 겁니다.

> **NOTE** fc는 'fully connected'의 약자로 이전 레이어의 모든 노드가 다음 레이어의 모든 노드에 연결된 층을 뜻합니다. 다른 말로 Dense 층이라고도 합니다(케라스에서 주로 활용).

```
class Net(nn.Module):
    def __init__(self):
        super(Net, self).__init__()
        self.fc1 = nn.Linear(784, 256)
        self.fc2 = nn.Linear(256, 128)
        self.fc3 = nn.Linear(128, 10)
```

❹ 더 자세한 데이터 흐름은 forward() 함수에 정의됩니다. 입력을 받아 view() 함수를 이용하여 1차원 행렬로 만든 후, fc1()과 fc2() 함수를 거친 데이터는 ReLU() 활성화 함수를 거칩니다. 이전 장에서는 torch.nn.ReLU() 함수를 이용했지만, 가중치가 없는 연산은 torch.nn.functional에 있는 함수를 직접 사용하기도 합니다. 이 예제에서는 F.relu() 함수를 사용했지만, 취향에 따라 같은 기능을 하는 객체를 생성하는 nn.ReLU 클래스를 사용해도 무방합니다. 단 nn.Linear() 함수와 같은 연산은 가중치가 있는 연산이기 때문에 생성자에 선언해주는 것이 좋습니다.

마지막으로 fc3() 함수까지 거쳐 나온 값 10개는 이 모델의 출력이 됩니다.

```
def forward(self, x):
    x = x.view(-1, 784)
    x = F.relu(self.fc1(x))
    x = F.relu(self.fc2(x))
    x = self.fc3(x)
    return x
```

모델의 설계가 끝났으므로 모델을 선언해보겠습니다. 선언과 동시에 to() 함수로 연산을 어디서 수행할지 정할 수 있습니다. to() 함수는 모델의 파라미터들을 지정한 장치의 메모리로 보내는 역할을 합니다. 일반적으로 CPU만 사용한다면 필요 없지만, GPU를 사용하려면 to("cuda")로 지정하여 GPU의 메모리로 보내야 합니다. 아무것도 지정하지 않으면 CPU에서 처리됩니다.

❺ 우리는 앞서 준비해 둔 DEVICE 변수 덕분에 자동으로 CUDA를 사용할 경우 GPU로, 아닐 경우 CPU로 보낼 수 있습니다.

```
model = Net().to(DEVICE)
```

❻ 최적화 알고리즘으로는 파이토치 내장 모듈인 optim.SGD를 사용하겠습니다. SGD^stochastic gradient descent는 모델 최적화를 위한 확률적 경사하강법입니다. 여기에 모델 내부의 정보를 넘겨주는 model.parameters() 함수와 임의로 설정한 학습률(lr)인 0.01을 입력하겠습니다.

```
optimizer = optim.SGD(model.parameters(), lr=0.01)
```

❼ 학습은 데이터를 보고 모델의 가중치를 조절하는 작업을 반복하며 이뤄집니

다. 학습에 들어가는 모든 연산은 train () 함수 안에서 해결할 겁니다. 학습에 필요한 요소는 학습할 model, 데이터를 공급해주는 train_loader, 최적화를 담당할 optimizer가 전부입니다.

```
def train(model, train_loader, optimizer):
```

❽ 먼저 모델을 학습 모드로 바꿔놓습니다. 지금은 모드가 큰 상관은 없지만, 학습/평가 모드에 따라 동작이 다른 파이토치 모듈(드롭아웃 등)이 있으므로 습관을 들이는 것이 좋습니다.

```
model.train()
```

❾ 모델에 입력할 data의 모양shape은 [배치크기, 색, 높이, 넓이]로 이뤄졌습니다. data.size () 함수로 출력해보면 [64, 1, 28, 28]이라고 표시되는 것을 볼 수 있습니다. 앞서 모델의 가중치를 GPU로 보냈다면 학습 데이터도 같은 장치로 보내야 연산을 수행할 수 있습니다. 앞에서와 같이 to () 함수를 이용하여 같은 DEVICE로 보내겠습니다.

```
for batch_idx, (data, target) in enumerate(train_loader):
    # 학습 데이터를 DEVICE의 메모리로 보냄
    data, target = data.to(DEVICE), target.to(DEVICE)
```

그 이후 학습 단계는 앞 장과 비슷합니다. 반복 때마다 기울기를 새로 계산하므로 optimizer.zero_grad () 함수를 호출해주고, 학습 데이터에 대한 모델의 예측값인 output을 받아옵니다.

output과 레이블인 target의 오차를 구해야 합니다. 앞 장에서는 클래스가 2개뿐이라서 이진 교차 엔트로피binary cross entropy를 이용했지만, 이번엔 10개가 존재하므로 교차 엔트로피cross entropy를 사용해야 합니다. 일반 파이토치 모듈과 같이 nn.CrossEntropyLoss를 이용하여 앞 장에서처럼 criterion() 함수를 만들 수 있지만, 가중치를 보관할 필요가 없으므로 torch.nn.functional(줄여서 F)에 있는 cross_entropy() 함수를 직접 사용하기로 합니다. 결괏값인 loss는 미니배치 64개의 오차 평균인 하나의 숫자입니다.

> NOTE 크로스엔트로피를 좀더 자세히 알아보고 싶다면 김성훈 교수님의 'ML lec 6-2: Softmax classifier의 cost 함수' 강의를 참고하시기 바랍니다.
> • https://youtu.be/jMU9G5WEtBc

❿ 오차에서 backward() 함수를 실행하면 기울기gradient가 계산되고 optimizer.step() 함수는 계산한 기울기를 앞서 정의한 알고리즘에 맞추어 가중치를 수정합니다.

```
optimizer.zero_grad()
output = model(data)
loss = F.cross_entropy(output, target)
loss.backward()
optimizer.step()
```

4.3 성능 측정하기

학습 데이터를 아무리 잘 구분하더라도 본 적이 없는 새로운 데이터를 만났을 때 성능이 낮다면 쓸모없는 모델일 겁니다. 우리가 원하는 것은 학습 데이터에 최적화한 모델이 아니라 모든 데이터에서 높은 성능을 보이는 모델이기 때문입니다. 세상에 존재하는 모든 데이터에 최적화하는 것을 '일반화generalization'라 하고 학습 데이터를 기반으로 한 모델이 학습하지 않은 데이터에 얼마나 적응하는지를 수치로 나타낸 것을 '일반화 오류generalization error'라고 합니다. 일반화 오류는 학습과 실제 성능의 괴리를 뜻하므로 작을수록 좋습니다. 일반화에 대한 더 자세한 설명은 4.4절에서 다루겠습니다.

현실적으로 세상에 존재하는 데이터를 전부 모을 순 없습니다. 그러므로 보통 학습 데이터의 일부를 떼어내어 평가용 데이터셋을 마련합니다. 평가용 데이터셋을 보통 테스트셋test set이라고도 하며, 모델이 학습 과정에서 본 적이 없는 '실제 세상의 모든 데이터'를 대표합니다.

Fashion MNIST는 비교적 규모가 작은 데이터셋이므로 학습과 테스트 두 가지로 나뉘어 있습니다. 하지만 일반적인 머신러닝 데이터셋은 학습train, 검증validation, 테스트test 3단계로 나뉩니다. 학습용 데이터셋은 가중치를 조절하고, 검증용 데이터셋은 배치 크기와 모델 설계 같은 하이퍼파라미터hyperparameter를 조절하는 데 사용합니다. 테스트용 데이터셋은 성능 보고에 사용합니다.

> **NOTE** 예시에서 사용하는 모델 층의 종류와 크기, 배치 크기, 학습률 등 머신러닝 모델이 배우지 않고 사용자가 직접 지정해주는 값을 '하이퍼파라미터'라고 합니다. 모델의 가중치(파라미터parameter)를 최적화하는 데 많은 영향을 주게 됩니다. 따라서 이 하이퍼파라미터를 최적화하는 것도 딥러닝에서 데이터를 모으는 과정만큼이나 중요합니다.

⑪ 모델이 일반화를 얼마나 잘하는지 알아보고, 학습을 언제 멈추어야 할지 알아내는 용도로 평가한다는 뜻인 evaluate() 함수를 만들어 이폭이 끝날 때마다 테

스트셋으로 모델의 성능을 측정해보겠습니다. 모델 평가가 목적이므로 최적화는 필요가 없습니다. 모델과 테스트셋만 불러오도록 합니다.

```
def evaluate(model, test_loader):
```

먼저 모델을 평가 모드로 바꿉니다. 그리고 테스트 오차와 예측이 맞은 수를 담을 변수를 0으로 초기화합니다.

```
model.eval()
test_loss = 0
correct = 0
```

⓬ 앞서 말했듯이 평가 과정에서는 기울기를 계산하지 않아도 됩니다. 그러므로 다음과 같이 torch.no_grad를 명시해줍니다. 그리고 학습 때와 같이 데이터를 DEVICE로 보내고 모델의 예측값인 output을 받아옵니다.

```
with torch.no_grad():
    for data, target in test_loader:
        data, target = data.to(DEVICE), target.to(DEVICE)
        output = model(data)
```

⓭ 평가를 위해서는 교차 엔트로피를 거칠 때 reduction='sum'을 지정해주어 미니배치의 평균 대신 합을 받아와야 합니다. 테스트셋을 모두 돌고 나면 test_loss는 모든 테스트셋의 오차의 합이 될 겁니다.

```
# 모든 오차 더하기
test_loss += F.cross_entropy(output, target,
                             reduction='sum').item()
```

오차 정보도 유용하게 쓰이지만 사람에게 더 직관적인 정보는 '테스트셋에서 모델이 얼마나 맞혔느냐'입니다. 모델의 성적표를 만들기 위해 일단 맞힌 개수를 모두 모아보겠습니다.

output.max() 함수는 2개의 값을 출력합니다. 가장 큰 값과 그 값이 있는 자리, 즉 인덱스입니다. 우리는 가장 큰 값보다는 인덱스에 더 관심이 있습니다. 인덱스가 바로 모델이 출력한 예측 클래스이기 때문입니다. Fashion MNIST 데이터셋에서 0부터 9까지의 레이블이 각각 패션 아이템의 종류를 나타내는 것을 떠올리기 바랍니다.

⑭ 이렇게 추출한 모델의 예측 패션 아이템과 레이블이 일치하는지는 .eq() 함수를 이용해 판단합니다. eq() 함수는 값이 일치하면 1을, 아니면 0을 출력합니다. 우리가 배치를 다루고 있다는 사실을 잊지 마세요. eq() 함수를 거치면 배치 크기의 배열이 0이나 1로 채워져 있을 겁니다. .sum() 함수로 배열 내의 값을 모두 더하면 현재 배치에서 모델이 정답을 맞힌 개수를 구할 수 있습니다. view_as() 함수는 target 텐서를 view_as() 함수 안에 들어가는 인수(여기서는 pred)의 모양대로 다시 정렬합니다.

NOTE 배열에서 가장 큰 값이 있는 인덱스를 출력하는 함수를 다른 말로 argmax 함수라고 부릅니다.

```
# 가장 큰 값을 가진 클래스가 모델의 예측입니다.
# 예측과 정답을 비교하여 일치할 경우 correct에 1을 더합니다.
pred = output.max(1, keepdim=True)[1]
correct += pred.eq(target.view_as(pred)).sum().item()
```

⓯ 모델의 전체 데이터셋에 대한 오차와 맞힌 개수의 합이 구해졌습니다. 이 값들을 테스트셋의 데이터 수로 나눠 평균을 구합니다. 총 정답 평균에는 100을 곱하여 정확도^{accuracy}를 구하도록 합니다.

```
test_loss /= len(test_loader.dataset)
test_accuracy = 100. * correct / len(test_loader.dataset)
return test_loss, test_accuracy
```

⓰ 자, 이제 모든 준비가 끝났습니다. 코드를 돌려서 실제로 학습이 되는지 확인해봅시다! 이폭마다 학습과 테스트셋을 이용한 검증을 반복하고 결과를 출력합니다.

```
for epoch in range(1, EPOCHS + 1):
    train(model, train_loader, optimizer)
    test_loss, test_accuracy = evaluate(model, test_loader)

    print('[{}] Test Loss: {:.4f}, Accuracy: {:.2f}%'.format(
        epoch, test_loss, test_accuracy))
```

```
[1] Test Loss: 0.8590, Accuracy: 66.35%
[2] Test Loss: 0.6650, Accuracy: 76.13%
[3] Test Loss: 0.5793, Accuracy: 79.65%
[4] Test Loss: 0.5551, Accuracy: 79.98%
[5] Test Loss: 0.5078, Accuracy: 81.94%
[6] Test Loss: 0.5034, Accuracy: 81.98%
[7] Test Loss: 0.4809, Accuracy: 82.69%
[8] Test Loss: 0.4705, Accuracy: 83.18%
[9] Test Loss: 0.4763, Accuracy: 82.70%
[10] Test Loss: 0.4589, Accuracy: 83.51%
[11] Test Loss: 0.4757, Accuracy: 83.19%
[12] Test Loss: 0.4604, Accuracy: 83.60%
[13] Test Loss: 0.4404, Accuracy: 84.24%
[14] Test Loss: 0.4320, Accuracy: 84.77%
[15] Test Loss: 0.4221, Accuracy: 85.01%
[16] Test Loss: 0.4199, Accuracy: 84.99%
[17] Test Loss: 0.4195, Accuracy: 84.92%
[18] Test Loss: 0.4150, Accuracy: 85.56%
[19] Test Loss: 0.4073, Accuracy: 85.79%
[20] Test Loss: 0.4183, Accuracy: 84.82%
[21] Test Loss: 0.4107, Accuracy: 85.39%
[22] Test Loss: 0.3920, Accuracy: 86.17%
[23] Test Loss: 0.4022, Accuracy: 85.70%
[24] Test Loss: 0.3948, Accuracy: 86.06%
[25] Test Loss: 0.3875, Accuracy: 86.23%
[26] Test Loss: 0.3788, Accuracy: 86.66%
[27] Test Loss: 0.3930, Accuracy: 86.23%
[28] Test Loss: 0.3810, Accuracy: 86.25%
[29] Test Loss: 0.3768, Accuracy: 86.73%
[30] Test Loss: 0.3706, Accuracy: 86.79%
```

아주 높은 성능은 아니지만 아주 간단한 모델로 86.79%라는 쓸만한 정확도를 얻을 수 있었습니다.

전체 코드

이 책의 깃허브에서 이번 예제를 내려받을 수 있습니다.

- 깃허브 파일명 : /04-패션_아이템을_구분하는_DNN/neural_network.py

다음과 같이 명령창에서 실행하거나 노트북 파일을 열어서 사용합니다.

- 윈도우, 맥OS, 우분투 : $ python neural_network.py
- 주피터 노트북 파일 이름 : neural_network.ipynb

```python
import torch
import torch.nn as nn
import torch.optim as optim
import torch.nn.functional as F
from torchvision import transforms, datasets
```
❶
```python
USE_CUDA = torch.cuda.is_available()
DEVICE = torch.device("cuda" if USE_CUDA else "cpu")
```
❷
```python
EPOCHS = 30
BATCH_SIZE = 64

transform = transforms.Compose([
    transforms.ToTensor()
])

trainset = datasets.FashionMNIST(
    root      = './.data/',
    train     = True,
    download  = True,
    transform = transform
)
testset = datasets.FashionMNIST(
    root      = './.data/',
    train     = False,
```

```
        download  = True,
        transform = transform
    )

    train_loader = torch.utils.data.DataLoader(
        dataset    = trainset,
        batch_size = BATCH_SIZE,
        shuffle    = True,
    )
    test_loader = torch.utils.data.DataLoader(
        dataset    = testset,
        batch_size = BATCH_SIZE,
        shuffle    = True,
    )

❸ class Net(nn.Module):
    def __init__(self):
        super(Net, self).__init__()
        self.fc1 = nn.Linear(784, 256)
        self.fc2 = nn.Linear(256, 128)
        self.fc3 = nn.Linear(128, 10)

❹    def forward(self, x):
        x = x.view(-1, 784)
        x = F.relu(self.fc1(x))
        x = F.relu(self.fc2(x))
        x = self.fc3(x)
        return x

❺ model      = Net().to(DEVICE)
❻ optimizer  = optim.SGD(model.parameters(), lr=0.01)

❼ def train(model, train_loader, optimizer):
❽    model.train()
❾    for batch_idx, (data, target) in enumerate(train_loader):
        data, target = data.to(DEVICE), target.to(DEVICE)
❿        optimizer.zero_grad()
        output = model(data)
```

```
            loss = F.cross_entropy(output, target)
            loss.backward()
            optimizer.step()

⑪ def evaluate(model, test_loader):
        model.eval()
        test_loss = 0
        correct = 0
⑫      with torch.no_grad():
            for data, target in test_loader:
                data, target = data.to(DEVICE), target.to(DEVICE)
                output = model(data)

⑬              # 모든 오차 더하기
                test_loss += F.cross_entropy(output, target,
                                            reduction='sum').item()

⑭              # 가장 큰 값을 가진 클래스가 모델의 예측입니다.
                # 예측과 정답을 비교하여 일치할 경우 correct에 1을 더합니다.
                pred = output.max(1, keepdim=True)[1]
                correct += pred.eq(target.view_as(pred))
                                    .sum().item()

⑮      test_loss /= len(test_loader.dataset)
        test_accuracy = 100. * correct / len(test_loader.dataset)
        return test_loss, test_accuracy


⑯ for epoch in range(1, EPOCHS + 1):
        train(model, train_loader, optimizer)
        test_loss, test_accuracy = evaluate(model, test_loader)

        print('[{}] Test Loss: {:.4f}, Accuracy: {:.2f}%'
                .format(epoch, test_loss, test_accuracy))
```

4.4 과적합과 드롭아웃

학교에서 시험을 보고 있다고 가정해보겠습니다. 여러분은 어제 교수님이 나눠준 연습용 문제지를 통째로 외우고 와서 자신감이 넘치는 상태입니다. 문제지를 외우면서 이해를 하기보다는 대략적인 풀이 방식과 답만 외워왔습니다. 시험이 문제지와 똑같이 나온다고 선배들이 귀띔해줬기 때문입니다. 시험지를 받아 든 순간 머릿속이 하애집니다. 풀 수 있는 문제가 하나도 없습니다. 매년 점수가 조금씩 오르는 현상을 이상하게 여긴 교수님이 5년 만에 시험 유형을 바꿨기 때문입니다. 아무래도 좋은 점수를 받기는 힘들 것 같습니다. 머신러닝에서도 비슷한 일이 일어납니다.

앞서 성능 측정법과 데이터셋을 나누는 이유를 알아보았습니다. 머신러닝 모델을 만들면 학습 성능은 잘 나오지만, 테스트셋이나 실제 상황에서는 성능이 나오지 않을 때가 있습니다. 이것을 과적합^{overfitting} 현상이라고 합니다. 너무 학습 데이터에만 치중되어 유연성이 부족해지고, 그 결과 새로운 데이터에서는 성능이 잘 나오지 않는 상황입니다. 앞에서 설명한 예시 상황도 원리에 대한 이해 없이 연습 문제만 외웠기 때문에 연습문제지에 과적합되었다고 할 수 있습니다.

과적합과는 반대로 학습을 제대로 진행하지 않은 상황을 과소적합^{underfitting} 현상이라고 부릅니다. 이 경우는 학습 데이터도 제대로 학습하지 않은 경우라고 할 수 있습니다.

우리가 원하는 상태는 바로 과소적합과 과적합의 중간입니다. 학습 데이터와 학습하지 않은 실제 데이터에서 동시에 높은 성능을 내는 상태를 바로 앞에서 다룬 일반화^{generalization} 라고 합니다.

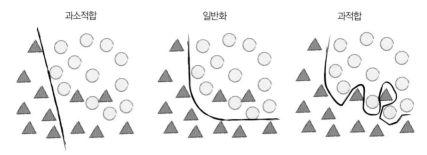

그림 4-6 과소적합, 일반화, 그리고 과적합

분류용 모델의 결과는 중간 이미지처럼 나와야 합니다. 왼쪽 그림은 '과소적합', 오른쪽은 '과적합'의 예입니다.

과적합을 해결하는 일은 머신러닝 전반에서 중요한 문제입니다. 그런데 과적합이 일어났는지는 어떻게 알 수 있을까요?

데이터셋을 학습, 검증, 테스트셋으로 나누는 것도 과적합을 탐지하려는 노력의 일환입니다. 학습 데이터셋만 이용해서 학습하면 오차는 무한정 내려갈 수밖에 없습니다. 실제로 학습을 멈추지 않고 계속 진행해보면 학습 성능은 계속 좋아지지만, 검증/테스트 성능이 오히려 떨어지는 것을 확인할 수 있습니다. 따라서 학습 중간중간 검증용 데이터셋으로 모델이 학습 데이터에만 과적합되지 않았는지 확인하는 겁니다.

검증 데이터셋에 대한 성능이 나빠지기 시작하기 직전이 가장 적합한 모델이라고 할 수 있습니다. 이 타이밍에 모델을 저장하여 이용하는 것을 조기 종료^{early stopping}라고 합니다.

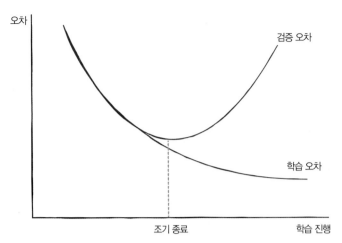

그림 4-7 학습과 검증 오차, 그리고 조기 종료

학습을 무한히 진행하다 보면 학습 오차는 꾸준히 내려가 0으로 수렴하지만, 검증 오차는 어느 순간부터 올라가게 됩니다. 너무 학습 데이터셋에 과적합되므로 검증 오차가 올라가는 겁니다. 검증 오차가 올라가는 순간을 포착하여 학습을 종료하는 것이 바로 조기 종료입니다.

과적합은 학습 데이터를 늘리는 방법과 과적합 방지 기능을 하는 드롭아웃을 모델 구조에 적용하는 방법이 있습니다. 이번 장에서 공부한 패션 아이템 구분용 인공 신경망 코드의 몇몇 부분을 수정하며 하나씩 알아보겠습니다.

4.4.1 데이터 늘리기

과적합을 방지하는 궁극적인 방법은 세상의 모든 데이터를 모으는 겁니다. 이건 당연히 불가능하므로 이미 가진 데이터를 최대한 늘리는 방법^{data augmentation}을 찾아야 합니다. 이미지 데이터라면 보통 이미지 일부분을 자르거나, 돌리고, 노이즈를 더하고, 색상을 변경하는 등 여러 방법을 사용할 수 있습니다. 우리는 간단히 오른쪽과 왼쪽을 뒤집는 가로 대칭이동 전략을 사용하겠습니다.

❶ 데이터를 직접 조작하는 것은 귀찮은 일이나, 토치비전의 transforms 패키지를 사용하면 간단합니다. 다음은 데이터로더에 토치비전 데이터셋을 직접 넣어주어 좀 더 간결하게 만든 코드입니다.

```
train_loader = torch.utils.data.DataLoader(
    datasets.FashionMNIST('./.data',
                    train=True,
                    download=True,
                    transform=transforms.Compose([
                    transforms.RandomHorizontalFlip(),
                    transforms.ToTensor(),
                    transforms.Normalize((0.1307,), (0.3081,))
                    ])),
    batch_size=BATCH_SIZE, shuffle=True)
test_loader = torch.utils.data.DataLoader(
    datasets.FashionMNIST('./.data',
                    train=False,
                    transform=transforms.Compose([
                    transforms.ToTensor(),
                    transforms.Normalize((0.1307,),
                    (0.3081,))
                    ])),
    batch_size=BATCH_SIZE, shuffle=True)
```

주목해야 할 것은 transforms.Compose() 함수를 호출하며 사용한 transforms.RandomHorizontalFlip() 함수입니다. 이 함수는 이미지를 무작위로 수평 뒤집기 합니다. 이미지를 뒤집는 것만으로 학습 예제의 수가 2배로 늘었습니다.

직접 데이터로더에서 나오는 이미지를 시각화해보면 몇몇 이미지의 좌우가 뒤바뀐 것을 확인할 수 있습니다.

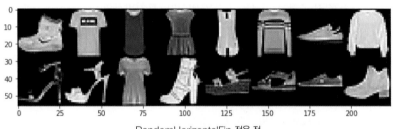

RandomHorizontalFlip 적용 전

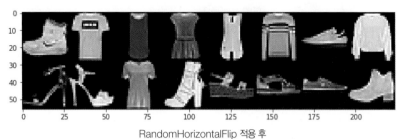

RandomHorizontalFlip 적용 후

그림 4-8 좌우를 뒤바꾸어 학습 데이터 늘리기

4.4.2 드롭아웃

데이터도 중요하지만, 모델에 직접 영향을 주어 과적합을 해결하는 좋은 방법으로 드롭아웃^{dropout}이 있습니다. 드롭아웃은 학습 진행 과정에서 신경망의 일부를 사용하지 않는 방법입니다. 예를 들어 50% 드롭아웃이면 학습 단계마다 절반의 뉴런만 사용합니다. 검증과 테스트 단계에서는 모든 뉴런을 사용합니다. 학습을 방해하는 기능을 왜 추가하는지 의아하겠지만, 학습에서 배제된 뉴런 외에 다른 뉴런들에 가중치를 분산시키고 개별 뉴런이 특징에 고정되는 현상을 방지하는 기능을 합니다.

쉬운 예를 보겠습니다. 학교에서 선생님이 아이들을 가르치고 있다고 생각해봅시다. 선생님의 목표는 반 평균 성적을 올리는 겁니다. 하지만 무엇을 물어보면 항상 앞줄의 2명 정도의 아이가 고정으로 답을 해서 나머지 아이들의 학습을 이

끌어내기가 힘듭니다. 선생님은 반 전체의 참여를 끌어내고 싶어서 다음 질문은 앞줄을 조용히 시킵니다. 뒷줄의 아이가 말한 답변이 틀릴 수 있지만, 선생님이 고쳐줌(가중치 조절)으로써 반 전체(신경망)의 이해도를 올립니다.

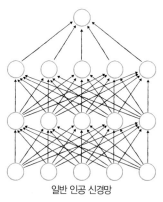 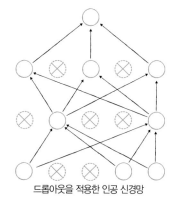

일반 인공 신경망　　　　　　드롭아웃을 적용한 인공 신경망

그림 4-9　드롭아웃

　드롭아웃 적용은 생각보다 쉽습니다. 기존 코드에 몇 줄만 추가하면 됩니다. 먼저 (필수는 아니지만) 모델 클래스의 생성자에 드롭아웃 비율을 결정하는 dropout_p 파라미터를 추가하겠습니다.

❷ 드롭아웃 확률의 기본값을 0.2로 설정했습니다. 학습 시 20%의 뉴런을 사용하지 않겠다는 이야기입니다.

```
class Net(nn.Module):
    def __init__(self, dropout_p=0.2):
        super(Net, self).__init__()
        self.fc1 = nn.Linear(784, 256)
        self.fc2 = nn.Linear(256, 128)
        self.fc3 = nn.Linear(128, 10)
        # 드롭아웃 확률
        self.dropout_p = dropout_p
```

그리고 forward() 함수에 F.dropout() 함수만 추가해주면 드롭아웃 구현이 완성됩니다. F.dropout() 함수는 가중치가 없으므로 torch.nn.functional 패키지에서 바로 가져와서 사용할 수 있으며, 취향에 따라 nn.Dropout 클래스를 사용해도 무방합니다. nn.Dropout은 내부적으로 F.dropout() 함수를 쓰며 self.training 등 몇 가지 내부 변수를 자동으로 적용해주는 모듈입니다. nn.Dropout과 F.dropout()은 같은 기능의 클래스를 쓰느냐 함수를 쓰느냐의 차이입니다.

모델에는 학습과 평가 모드가 있던 것을 기억하길 바랍니다. F.dropout() 함수는 모델의 모드에 따라 동작이 달라집니다. 학습 모드에서만 드롭아웃을 하고 평가 모드에서는 모든 뉴런을 사용해야 하기 때문입니다. model.train()과 model.eval() 함수를 호출하여 모드를 바꿀 때마다 모델 내부의 self.training 변숫값이 True나 False로 바뀝니다.

❸ 이 예제에서는 layer1 층을 지나면서 한 번, layer2 층을 지나며 다시 한 번 드롭아웃을 하겠습니다. 신경망 층의 출력 x와 학습인지를 알려주는 self.training, 그리고 드롭아웃 확률인 self.dropout_p를 입력해줍니다.

```
def forward(self, x):
    x = x.view(-1, 784)
    x = F.relu(self.fc1(x))
    # 드롭아웃 추가
    x = F.dropout(x, training=self.training,
                  p=self.dropout_p)
    x = F.relu(self.fc2(x))
    # 드롭아웃 추가
    x = F.dropout(x, training=self.training,
                  p=self.dropout_p)
    x = self.fc3(x)
    return x
```

❹ 마지막으로 모델을 인스턴스화할 때 드롭아웃 확률을 추가해줍니다. 나머지 학습과 평가를 위한 코드는 모두 같습니다.

```
model = Net(dropout_p=0.2).to(DEVICE)
```

데이터셋에 노이즈를 추가하거나 모델에 드롭아웃을 적용할 때 최고 성능에 도달하는 데 까지 걸리는 시간은 길어집니다. 데이터셋이 늘고, 모델이 느리게 학습되기 때문입니다. 그래서 이번 예제에서는 저번보다 이폭을 늘려 학습할 겁니다. 정확도가 꾸준히 오랫동안 증가하는 것을 볼 수 있습니다.

```
[1] Test Loss: 0.6536, Accuracy: 76.92%
[2] Test Loss: 0.5359, Accuracy: 80.72%
[3] Test Loss: 0.4977, Accuracy: 82.18%
[4] Test Loss: 0.4584, Accuracy: 83.49%
[5] Test Loss: 0.4421, Accuracy: 84.22%
[6] Test Loss: 0.4245, Accuracy: 84.91%
[7] Test Loss: 0.4205, Accuracy: 84.82%
[8] Test Loss: 0.4067, Accuracy: 85.32%
[9] Test Loss: 0.4024, Accuracy: 85.54%
[10] Test Loss: 0.3923, Accuracy: 85.82%
[11] Test Loss: 0.3875, Accuracy: 86.22%
[12] Test Loss: 0.3772, Accuracy: 86.19%
[13] Test Loss: 0.3807, Accuracy: 86.11%
[14] Test Loss: 0.3762, Accuracy: 86.33%
[15] Test Loss: 0.3636, Accuracy: 86.70%
[16] Test Loss: 0.3699, Accuracy: 86.29%
[17] Test Loss: 0.3625, Accuracy: 86.92%
[18] Test Loss: 0.3567, Accuracy: 87.06%
[19] Test Loss: 0.3515, Accuracy: 87.41%
[20] Test Loss: 0.3490, Accuracy: 87.50%
[21] Test Loss: 0.3572, Accuracy: 86.86%
[22] Test Loss: 0.3504, Accuracy: 87.10%
[23] Test Loss: 0.3465, Accuracy: 87.48%
```

```
[24] Test Loss: 0.3383, Accuracy: 87.60%
[25] Test Loss: 0.3347, Accuracy: 87.91%
[26] Test Loss: 0.3370, Accuracy: 87.76%
[27] Test Loss: 0.3330, Accuracy: 88.07%
[28] Test Loss: 0.3338, Accuracy: 88.12%
[29] Test Loss: 0.3316, Accuracy: 87.98%
[30] Test Loss: 0.3280, Accuracy: 88.29%
[31] Test Loss: 0.3241, Accuracy: 88.31%
[32] Test Loss: 0.3279, Accuracy: 88.23%
[33] Test Loss: 0.3261, Accuracy: 88.05%
[34] Test Loss: 0.3262, Accuracy: 88.13%
[35] Test Loss: 0.3207, Accuracy: 88.47%
[36] Test Loss: 0.3287, Accuracy: 88.15%
[37] Test Loss: 0.3221, Accuracy: 88.43%
[38] Test Loss: 0.3215, Accuracy: 88.31%
[39] Test Loss: 0.3165, Accuracy: 88.60%
[40] Test Loss: 0.3178, Accuracy: 88.66%
[41] Test Loss: 0.3270, Accuracy: 88.00%
[42] Test Loss: 0.3130, Accuracy: 88.84%
[43] Test Loss: 0.3118, Accuracy: 89.00%
[44] Test Loss: 0.3142, Accuracy: 88.57%
[45] Test Loss: 0.3131, Accuracy: 88.70%
[46] Test Loss: 0.3202, Accuracy: 88.44%
[47] Test Loss: 0.3144, Accuracy: 88.76%
[48] Test Loss: 0.3121, Accuracy: 89.03%
[49] Test Loss: 0.3177, Accuracy: 88.58%
[50] Test Loss: 0.3127, Accuracy: 88.94%
```

전체 코드

이 책의 깃허브에서 이번 예제를 내려받을 수 있습니다.

• 깃허브 파일명 : /04-패션_아이템을_구분하는_DNN/overfitting_and_regularization.
py

다음과 같이 명령창에서 실행하거나 노트북 파일을 열어서 사용합니다.

- 윈도우, 맥OS, 우분투 : $ python overfitting_and_regularization.py
- 주피터 노트북 파일 이름 : overfitting_and_regularization.ipynb

```python
import torch
import torch.nn as nn
import torch.optim as optim
import torch.nn.functional as F
from torchvision import transforms, datasets

USE_CUDA = torch.cuda.is_available()
DEVICE = torch.device("cuda" if USE_CUDA else "cpu")

EPOCHS = 50
BATCH_SIZE = 64
```

❶
```python
train_loader = torch.utils.data.DataLoader(
    datasets.FashionMNIST('./.data',
                   train=True,
                   download=True,
                   transform=transforms.Compose([
                   transforms.RandomHorizontalFlip(),
                   transforms.ToTensor(),
                   transforms.Normalize((0.1307,), (0.3081,))
               ])),
        batch_size=BATCH_SIZE, shuffle=True)
test_loader = torch.utils.data.DataLoader(
    datasets.FashionMNIST('./.data',
                   train=False,
                   transform=transforms.Compose([
                   transforms.ToTensor(),
                   transforms.Normalize((0.1307,), (0.3081,))
               ])),
        batch_size=BATCH_SIZE, shuffle=True)
```

❷
```python
class Net(nn.Module):
    def __init__(self, dropout_p=0.2):
        super(Net, self).__init__()
        self.fc1 = nn.Linear(784, 256)
```

```
            self.fc2 = nn.Linear(256, 128)
            self.fc3 = nn.Linear(128, 10)
            self.dropout_p = dropout_p

❸   def forward(self, x):
            x = x.view(-1, 784)
            x = F.relu(self.fc1(x))

            # 드롭아웃 추가
            x = F.dropout(x, training=self.training,
                          p=self.dropout_p)
            x = F.relu(self.fc2(x))

            # 드롭아웃 추가
            x = F.dropout(x, training=self.training,
                          p=self.dropout_p)
            x = self.fc3(x)
            return x

❹ model     = Net(dropout_p=0.2).to(DEVICE)
  optimizer = optim.SGD(model.parameters(), lr=0.01)

  def train(model, train_loader, optimizer):
      model.train()
      for batch_idx, (data, target) in enumerate(train_loader):
          data, target = data.to(DEVICE), target.to(DEVICE)
          optimizer.zero_grad()
          output = model(data)
          loss = F.cross_entropy(output, target)
          loss.backward()
          optimizer.step()

  def evaluate(model, test_loader):
      model.eval()
      test_loss = 0
      correct = 0
      with torch.no_grad():
          for data, target in test_loader:
              data, target = data.to(DEVICE), target.to(DEVICE)
```

```
        output = model(data)
        test_loss += F.cross_entropy(output, target,
                            reduction='sum').item()

        # 맞힌 개수 계산
        pred = output.max(1, keepdim=True)[1]
        correct += pred.eq(target.view_as(pred)).sum().item()

    test_loss /= len(test_loader.dataset)
    test_accuracy = 100. * correct / len(test_loader.dataset)
    return test_loss, test_accuracy

for epoch in range(1, EPOCHS + 1):
    train(model, train_loader, optimizer)
    test_loss, test_accuracy = evaluate(model, test_loader)

    print('[{}] Test Loss: {:.4f}, Accuracy: {:.2f}%'.format(
        epoch, test_loss, test_accuracy))
```

4.5 마치며

이번 장에서는 패션 데이터 예제를 통해 본격적으로 간단한 딥러닝 모델을 학습
해보았습니다. 딥러닝 모델 학습을 위한 데이터셋 관리법과 성능 측정법을 알아
보았고 일반화라는 개념을 알아보았습니다. 학습 도중 어느 머신러닝 모델에서
나 일어날 수 있는 과적합 문제와 과적합을 해결하는 기술인 데이터 늘리기와 드
롭아웃을 배웠습니다.

NOTE 드롭아웃에 대해 더 배우고 싶다면 김성훈 교수님의 'Dropout과 앙상블' 영상을 보는 것
을 추천합니다.
- 링크 : https://youtu.be/wTxMsp22llc

이미지 처리 능력이 탁월한 CNN

이미지 처리 능력이 탁월한 CNN

영상 처리에 탁월한 성능을 자랑하는 CNN에 대하여 알아봅니다.

- CNN 기초
- CNN 모델 구현하기
- ResNet으로 컬러 데이터셋에 적용하기

요즘 검색 엔진은 이름이나 태그를 달아두지 않은 이미지도 검색해줍니다. 구글 포토를 사용하면 심지어 내 얼굴이나 친구 이름으로도 이미지를 검색할 수 있습니다. 그리고 마음에 드는 신발의 사진을 찍어 올리면 비슷한 스타일의 신발을 검색해주는 앱도 있습니다. 이런 서비스들의 바탕이 되는 인공 신경망의 구조가 바로 CNN입니다.

학습 목표

컴퓨터가 어떻게 이미지를 처리하는지 배우고 이미지를 처리하는 신경망을 구현합시다.

1960년대에 신경과학자인 데이비드 휴벨David Hubel과 토르스텐 비젤Torsten Wiesel은 시각을 담당하는 신경세포를 연구했습니다. 먼저 고양이에게 선 같은 간단한 모양의 이미지를 보여주고 뇌가 어떻게 반응하는지 살폈습니다. 그 결과 서로 비슷한 이미지들은 고양이 뇌의 특정 부위를 지속적으로 자극하며, 서로 다른 이미지는 다른 부위를 자극한다는 사실을 발견했습니다.

그림 5-1 특정 방향이나 모양에만 반응하는 고양이의 시각 신경 세포

이 연구는 이미지의 각 부분에 뇌의 서로 다른 부분이 반응하여 전체 이미지를 인식한다는 결론을 낳았습니다. 이미지가 머리에 들어올 때 특징을 추출하는 부분이 있는 겁니다. 이 현상에 영감을 받아 만든 신경망 모델이 바로 컨볼루션 신경망convolutional neural network, 줄여서 CNN입니다('합성곱 신경망'이라고도 합니다).

CNN은 이미지나 비디오 같은 영상 인식에 특화된 설계로, 병렬 처리가 쉬워서 대규모 서비스에 적용할 수 있습니다. 최근에는 이미지뿐 아니라 자연어 처리와 추천 시스템에 응용되기도 합니다.

이번 장에서는 CNN의 원리를 알아보고 Fashion MNIST에 적용해본 후, CNN을 응용한 ResNet 모델로 좀 더 복잡한 컬러 이미지까지 다뤄보겠습니다.

5.1 CNN 기초

CNN을 배우기에 앞서 컴퓨터가 어떤 식으로 이미지를 학습하는지 더 자세히 알아본 후, 컨볼루션이 무엇인지 알아봅니다. 그리고 이미지의 특징을 추출하는 데 사용하는 몇 가지 컨볼루션 계층을 알아봅니다.

5.1.1 컴퓨터가 보는 이미지

컴퓨터에서 모든 이미지는 픽셀값들을 가로, 세로로 늘어놓은 행렬로 표현할 수 있습니다.

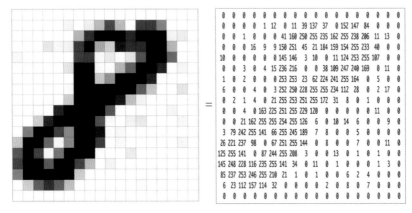

그림 5-2 우리가 보는 이미지 vs 컴퓨터가 보는 이미지   출처: http://bit.ly/2M7ni7c

간단한 Fashion MNIST 같은 데이터셋으로는 문제를 느끼지 못하지만, 일반적인 인공 신경망은 다양한 형태의 입력에 대한 확장성이 떨어집니다. 예를 들어 신발이 중심에 배치된 학습 데이터만 사용하면 신발이 옆으로 조금만 치우쳐져도 예측률이 급격히 떨어집니다. 특징을 추출하는 가중치가 가운데만 집중하도록 학습되었기 때문입니다.

그림 5-3 중심이 이동된 이미지에 대한 일반 인공 신경망의 성능 저하

  그렇다면 앞서 배운 토치비전의 transforms 도구를 사용하여 다양하게 변형된 학습 데이터를 생성해보면 어떨까요? Fashion MNIST만 해도 28 × 28, 즉 784개의 입력이 들어옵니다. 게다가 28픽셀짜리 이미지는 실용적이지 않으므로, 일상에서 실제 쓰이는 고화질 이미지의 크기를 고려하면 각 배치당 처리해야 하는 데이터 개수는 100만 개가 훨씬 넘습니다. 모든 경우의 수를 다 고려해 학습 데이터에 반영하는 것은 불가능합니다.

  또한 신발이 가운데 배치된 이미지와 왼쪽에 배치된 이미지를 따로따로 학습하는 것은 이상적이지 않습니다. 우리가 원하는 인공지능은 하나를 배우면 다른 하나도 자연스럽게 유추하는 그런 똑똑한 인공지능입니다. 새로운 방법을 찾아봐야 합니다.

5.1.2 컨볼루션

  이미지와 사물을 어떻게 인식하는지 다시 고찰해보겠습니다. 사람은 이미지를 보는 순간 이미지 속의 계층적인 특성을 곧바로 인식합니다. 픽셀이나 선 같은 저수준의 특징에 집중하지 않더라도 배경, 질감, 움직임, 인식해야 하는 대상 등을 단번에 알아챕니다. 무의식적으로 이미지 속의 점과 선 등의 특징을 보고 눈, 코, 입을 인식하고, 이 특징들을 모아 그 대상이 얼굴임을 인식하게 되는 식입니다.

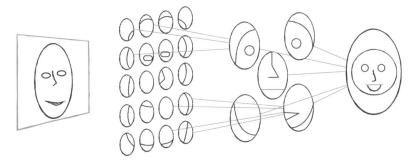

그림 5-4 계층적으로 이미지의 특징을 추출하기

컨볼루션의 목적은 이처럼 계층적으로 인식할 수 있도록 단계마다 이미지의 특징을 추출하는 겁니다. 각 단계에서는 이미지에 다양한 필터를 적용하여 윤곽선, 질감, 털 등 각종 특징을 추출합니다.

예를 들어 다음 원본 그림에 몇 가지 필터를 이용하여 선명한 이미지와 윤곽선을 추출해보겠습니다.

그림 5-5 원본 그림

다음 그림에서 왼쪽은 적용할 필터, 오른쪽은 필터를 적용해 만든 이미지입니다.

0	0	0	0	0
0	0	-1	0	0
0	-1	5	-1	0
0	0	-1	0	0
0	0	0	0	0

그림 5-6 채도를 높이는 필터

	0	1	0	
	1	-4	1	
	0	1	0	

그림 5-7 윤곽선을 검출하는 필터

필터를 적용할때 이미지 왼쪽 위에서 오른쪽 밑까지 밀어가며 곱하고 더하는데, 이 작업을 '컨볼루션convolution'이라고 합니다.

예전에는 특징 추출 전문가가 수작업으로 필터들을 설계했다고 합니다. 하지만 이런 방식은 모든 종류의 이미지로 확장하기 어렵고, 사람의 실력에 따라 모델 성능이 달라집니다. 게다가 크고 복잡한 이미지를 다루는 각 단계 필터를 사람이 일일이 만들기에는 시간과 비용이 너무 많이 듭니다. 그래서 CNN은 이미지를 추출하는 필터를 학습합니다. 필터가 하나의 작은 신경망인 겁니다.

이제 드디어 CNN이란 이름의 의미를 알게 되었습니다. Convolution Neural Network. 이름 그대로 컨볼루션을 하는 인공 신경망입니다.

5.1.3 CNN 모델

CNN 모델은 일반적으로 컨볼루션 계층$^{convolution\ layer}$, 풀링 계층$^{pooling\ layer}$, 특징들을 모아 최종 분류하는 일반적인 인공 신경망 계층으로 구성됩니다.

그림 5-8 CNN 모델의 다양한 계층들

컨볼루션 계층은 이미지의 특징을 추출하는 역할을 하며, 풀링 계층은 필터를 거친 여러 특징 중 가장 중요한 특징 하나를 골라냅니다. 덜 중요한 특징을 버리기 때문에 이미지의 차원이 감소합니다. 풀고자 하는 문제에 따라 계층 구성을 달리 할 수 있으며, 컨볼루션 계층만으로 구성된 모델을 만들 수도 있습니다.

컨볼루션 연산은 이미지를 '겹치는 매우 작은 조각'으로 쪼개어 필터 기능을 하는 작은 신경망에 적용합니다. 이 신경망은 모든 조각에 동일하게 적용되며, 특징을 추출하기 때문에 컨볼루션 필터^{filter} 혹은 커널^{kernel}이라고 부릅니다. 커널은 컨볼루션 계층 하나에 여러 개가 존재할 수 있습니다. 보통 3×3 혹은 5×5 크기의 커널이 쓰입니다. 학습 시 필터 행렬의 값은 특징을 잘 뽑을 수 있도록 최적화됩니다.

컨볼루션은 오른쪽 아래로 움직이며 다음 이미지를 만듭니다. 움직일 때 한 칸 (픽셀)씩 움직일 수도 있고, 여러 칸을 건너뛰게 할 수도 있습니다. 이 움직임을 조절하는 값을 스트라이드[stride]라고 합니다. [그림 5-9]처럼 스트라이드를 올려 여러 칸을 건너뛸수록 출력되는 텐서의 크기가 작아지는 것을 볼 수 있습니다.

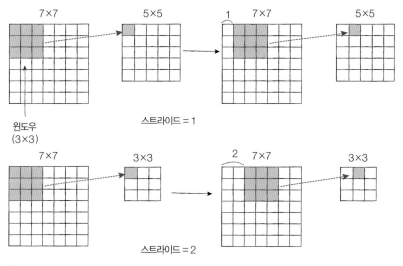

그림 5-9 컨볼루션 커널의 이동

컨볼루션을 거쳐 만들어진 새로운 이미지는 특징 맵[feature map]이라고도 부릅니다. 컨볼루션 계층마다 여러 특징 맵이 만들어지며, 다음 단계인 풀링[pooling] 계층으로 넘어가게 됩니다.

특징 맵의 크기가 크면 학습이 어렵고 과적합의 위험이 증가합니다. 풀링 계층은 앞 계층에서 추출한 특징을 값 하나로 추려내서 특징 맵의 크기를 줄여주고 중요한 특징을 강조하는 역할을 합니다. 풀링 역시 일종의 컨볼루션 연산이며, 필터가 지나갈 때마다 픽셀을 묶어서 평균이나 최댓값을 가져오는 간단한 연산으로 이뤄집니다.

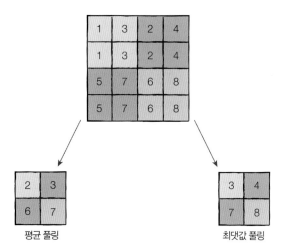

평균 풀링   최댓값 풀링

그림 5-10 풀링 계층

컨볼루션 계층과 풀링 계층을 여러 겹 쌓아, 각 단계에서 만들어진 특징 맵을 관
찰하면 CNN 모델이 이미지를 계층적으로 인식하는 것을 볼 수 있습니다. 특징이
선 같은 저수준에서 눈, 코, 입을 거쳐 얼굴 같은 고수준 특징이 추출되는 것이죠.

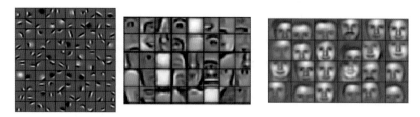

그림 5-11 얼굴의 단계별로 특징을 추출하는 CNN

출처 : https://devblogs.nvidia.com/deep-learning-nutshell-core-concepts/

CNN은 사물이 조금만 치우쳐져도 인식하지 못하던 인공 신경망의 문제를 이
미지 전체에 필터를 적용해 특징을 추출하는 방식으로 해결해줍니다. 게다가 이
미지 크기만큼의 가중치를 가져야 하는 일반 인공 신경망과는 다르게 필터(커널)
만을 학습시키면 되어 훨씬 적은 계산량으로 효율적인 학습이 가능합니다.

5.2 CNN 모델 구현하기

여러 CNN 모델은 컨볼루션, 풀링, 드롭아웃, 그리고 일반적인 신경망 계층의
조합으로 이루어집니다. 이번 예제에서 구현할 모델은 [그림 5-12]와 같습니다.
일반 인공 신경망을 CNN 계층으로 대체만 하면 되기 때문에 전체적인 구현은 앞
장의 신경망 구현법과 매우 비슷합니다.

그림 5-12 이번 예제에서 구현할 CNN 모델

❶ 이제는 조금 익숙해진 필수 도구들을 가져오도록 하겠습니다.

```
import torch
import torch.nn as nn
import torch.optim as optim
import torch.nn.functional as F
from torchvision import transforms, datasets
```

❷ 앞서 설명했지만 USE_CUDA는 계산을 가속해주는 CUDA를 쓸 수 있는지 확인하는 코드이고, DEVICE는 USE_CUDA의 결과에 따라 데이터를 CUDA(GPU) 혹은 CPU로 보내도록 가리키는 역할을 합니다.

```
USE_CUDA = torch.cuda.is_available()
DEVICE = torch.device("cuda" if USE_CUDA else "cpu")
```

❸ 하이퍼파라미터인 이폭과 배치 크기를 정해줍니다.

```
EPOCHS     = 40
BATCH_SIZE = 64
```

❹ 학습용과 테스트용 데이터셋을 불러옵니다. 이번 장에서는 코드를 간결하게 하기 위해 Fashion MNIST 데이터셋을 DataLoader를 부를 때 정의하겠습니다. transforms를 이용한 전처리는 파이토치 텐서화와 정규화normalization만 하겠습니다.

```
train_loader = torch.utils.data.DataLoader(
    datasets.FashionMNIST('./.data',
            train=True,
            download=True,
            transform=transforms.Compose([
                transforms.ToTensor(),
                transforms.Normalize((0.1307,), (0.3081,))
            ])),
    batch_size=BATCH_SIZE, shuffle=True)

test_loader = torch.utils.data.DataLoader(
    datasets.FashionMNIST('./.data',
            train=False,
            transform=transforms.Compose([
                transforms.ToTensor(),
                transforms.Normalize((0.1307,), (0.3081,))
            ])),
    batch_size=BATCH_SIZE, shuffle=True)
```

지금 만드는 CNN 모델은 커널 크기는 5 × 5이고 컨볼루션 계층은 2개입니다.

❺ 파이토치의 nn.Conv2d 모듈은 입력 x를 받는 함수를 반환합니다. 정확히 말하자면 자신을 바로 부를 수 있는 인스턴스지만, 일단 그냥 함수로 생각해도 무방합니다. 즉, self.conv1, self.conv2와 같은 CNN 모델의 내부 변수들은 함수로 취급될 수 있습니다.

nn.Conv2d의 첫 두 파라미터는 입력 채널 수(in_channels)와 출력 채널 수(out_channels)입니다. Fashion MNIST 데이터셋은 흑백 이미지이므로 색상 채널이 1개뿐입니다. 첫 컨볼루션 계층에서는 10개의 특징 맵을 생성하고, 두 번째 컨볼루션 계층에서는 10개의 특징 맵을 받아 20개의 특징 맵을 만들도록 하겠습니다. 각 컨볼루션 계층의 커널(필터) 크기는 kernel_size로 지정할 수 있으며, 숫자를 하나만 지정하면 정사각형으로 간주합니다. (3, 5)와 같은 배열을 입력하여 3 × 5 크기의 직사각형으로 만들 수도 있습니다.

```python
class CNN(nn.Module):
    def __init__(self):
        super(Net, self).__init__()
        self.conv1 = nn.Conv2d(1, 10, kernel_size=5)
        self.conv2 = nn.Conv2d(10, 20, kernel_size=5)
```

❻ 컨볼루션 결과로 나온 출력값에는 드롭아웃을 해줍니다. 이번엔 드롭아웃 함수를 사용하지 않고 nn.Dropout2d 모듈을 이용하여 드롭아웃 인스턴스를 만들어보겠습니다.

```python
self.drop = nn.Dropout2d()
```

❼ 컨볼루션 계층과 드롭아웃을 거친 이미지는 이제 일반 신경망을 거칩니다. 첫 신경망 계층에선 앞 계층의 출력 크기인 320을 입력 크기로 하고 출력 크기를 50으로 합니다. 두 번째 계층에선 입력 크기를 50으로 하고, 출력을 분류할 클래스 개수인 10으로 설정합니다. 각 계층의 출력 크기는 특별한 이유 없이 계층이 진행될수록 작아지도록 임의로 정했습니다.

```python
self.fc1 = nn.Linear(320, 50)
self.fc2 = nn.Linear(50, 10)
```

❽ 모델의 학습 모듈들을 정의해주었으니 이제 입력부터 출력까지 데이터가 지나갈 길을 만들 차례입니다. 먼저, 입력 x를 받아 첫 번째 컨볼루션 계층을 거치게 한

후 F.max_pool2d() 함수를 거치게 합니다. F.max_pool2d() 함수의 두 번째 입력은 커널 크기입니다. 이 연산은 드롭아웃과 같이 학습 파라미터가 없으므로 취향에 따라 F.max_pool2d() 같은 함수형을 사용하거나 nn.MaxPool2d 같이 일반 모듈을 사용해도 좋습니다. 컨볼루션과 맥스 풀링을 통과한 x는 F.relu() 활성화 함수를 거칩니다.

이 과정을 두 번째 컨볼루션 계층에도 똑같이 반복합니다.

```python
def forward(self, x):
    x = F.relu(F.max_pool2d(self.conv1(x), 2))
    x = F.relu(F.max_pool2d(self.conv2(x), 2))
```

❾ x는 이제 컨볼루션 계층 2개를 거친 특징 맵이 됐습니다. x는 아직 이미지처럼 2차원의 모양새를 하고 있습니다. 특징 맵 이후의 출력을 하는 일반 인공 신경망은 1차원의 입력을 받습니다. 2차원의 특징 맵을 바로 입력으로 넣을 수 없으므로 view() 함수를 이용하여 1차원으로 펴주도록 합니다(차원 축소). view() 함수에 들어가는 첫 번째 입력 −1은 '남는 차원 모두'를 뜻하고, 320은 x가 가진 원소 개수를 뜻합니다.

```python
x = x.view(-1, 320)
```

❿ 앞서 추출한 특징들을 입력으로 받아 분류하는 신경망 계층을 구성해보겠습니다. 첫 번째 계층에선 똑같이 ReLU 활성화 함수를 거치도록 하고 과적합을 방지하기 위해 드롭아웃을 사용합니다.

마지막 계층은 0부터 9까지의 레이블을 갖는 10개의 출력값을 가지는 신경망입니다.

```
x = F.relu(self.fc1(x))
x = self.drop(x)
x = self.fc2(x)
return x
```

⑪ 방금 만든 CNN 모델의 인스턴스와 최적화 함수를 만듭니다.

```
model     = CNN().to(DEVICE)
optimizer = optim.SGD(model.parameters(), lr=0.01, momentum=0.5)
```

⑫ 그다음엔 앞에서 본 과정과 100% 같습니다. 모델을 train 모드로 놓은 후, 데
이터셋에서 배치를 가져와 모델에서 출력값을 뽑고, F.cross_entropy( ) 오차
함수를 이용하여 모델 출력값과 정답인 target값 사이의 오찻값을 계산합니다.

역전파 알고리즘을 실행해주는 loss.backward( ) 함수를 통해 기울기를 계산
합니다. 마지막으로 최적화 함수인 optimizer.step( )으로 구한 기울깃값으로
모델의 학습 파라미터를 갱신합니다.

```
def train(model, train_loader, optimizer, epoch):
    model.train()
    for batch_idx, (data, target) in enumerate(train_loader):
        data, target = data.to(DEVICE), target.to(DEVICE)
        optimizer.zero_grad()
        output = model(data)
        loss = F.cross_entropy(output, target)
        loss.backward()
        optimizer.step()

        if batch_idx % 200 == 0:
```

```
        print('Train Epoch: {} [{}/{} ({:.0f}%)]\tLoss:{:.6f}'
              .format(epoch, batch_idx * len(data),
              len(train_loader.dataset),
              100. * batch_idx / len(train_loader),
              loss.item())))
```

❸ 성능을 확인하는 코드도 같습니다. 자세한 설명은 앞 장에서 했으므로 생략하겠습니다.

```
def evaluate(model, test_loader):
    model.eval()
    test_loss = 0
    correct = 0
    with torch.no_grad():
        for data, target in test_loader:
            data, target = data.to(DEVICE), target.to(DEVICE)
            output = model(data)

            # 배치 오차를 합산
            test_loss += F.cross_entropy(output, target,
                                         reduction='sum').item()

            # 가장 높은 값을 가진 인덱스가 바로 예측값
            pred = output.max(1, keepdim=True)[1]
            correct += pred.eq(target.view_as(pred)).sum().item()

    test_loss /= len(test_loader.dataset)
    test_accuracy = 100. * correct / len(test_loader.dataset)
    return test_loss, test_accuracy
```

❹ 드디어 열심히 짠 코드를 실행해볼 차례입니다. 컴퓨터가 열심히 돌아갈 동안 잠시 딴짓을 하고 돌아오도록 합시다.

```
for epoch in range(1, EPOCHS + 1):
    train(model, train_loader, optimizer, epoch)
    test_loss, test_accuracy = evaluate(model, test_loader)

    print('[{}] Test Loss: {:.4f}, Accuracy: {:.2f}%'.format(
        epoch, test_loss, test_accuracy))
```

컨볼루션을 이용하니 정확도가 인공 신경망과 드롭아웃의 조합으로 올라갔던 97.23%에서 99%로 개선되었습니다.

```
...생략...
Train Epoch: 36 [0/60000 (0%)]  Loss: 0.117159
Train Epoch: 36 [12800/60000 (21%)]    Loss: 0.102151
Train Epoch: 36 [25600/60000 (43%)]    Loss: 0.190900
Train Epoch: 36 [38400/60000 (64%)]    Loss: 0.054579
Train Epoch: 36 [51200/60000 (85%)]    Loss: 0.021164
[36] Test Loss: 0.0339, Accuracy: 98.95%
Train Epoch: 37 [0/60000 (0%)]  Loss: 0.067192
Train Epoch: 37 [12800/60000 (21%)]    Loss: 0.146104
Train Epoch: 37 [25600/60000 (43%)]    Loss: 0.141765
Train Epoch: 37 [38400/60000 (64%)]    Loss: 0.072048
Train Epoch: 37 [51200/60000 (85%)]    Loss: 0.098554
[37] Test Loss: 0.0351, Accuracy: 98.92%
Train Epoch: 38 [0/60000 (0%)]  Loss: 0.132066
Train Epoch: 38 [12800/60000 (21%)]    Loss: 0.064540
Train Epoch: 38 [25600/60000 (43%)]    Loss: 0.165645
Train Epoch: 38 [38400/60000 (64%)]    Loss: 0.034884
Train Epoch: 38 [51200/60000 (85%)]    Loss: 0.159410
[38] Test Loss: 0.0323, Accuracy: 99.00%
```

전체 코드

이 책의 깃허브에서 이번 예제를 내려받을 수 있습니다.

- 깃허브 파일명 : /05-이미지_처리능력이_탁월한_CNN/cnn.py

다음과 같이 명령창에서 실행하거나 노트북 파일을 열어서 사용합니다.

- 윈도우, 맥OS, 우분투 : $ python cnn.py
- 주피터 노트북 파일 이름 : cnn.ipynb

```python
❶ import torch
  import torch.nn as nn
  import torch.optim as optim
  import torch.nn.functional as F
  from torchvision import transforms, datasets

❷ USE_CUDA = torch.cuda.is_available()
  DEVICE = torch.device("cuda" if USE_CUDA else "cpu")

❸ EPOCHS     = 40
  BATCH_SIZE = 64

❹ train_loader = torch.utils.data.DataLoader(
      datasets.MNIST('./.data',
                     train=True,
                     download=True,
                     transform=transforms.Compose([
                         transforms.ToTensor(),
                         transforms.Normalize((0.1307,), (0.3081,))
                     ])),
      batch_size=BATCH_SIZE, shuffle=True)
  test_loader = torch.utils.data.DataLoader(
      datasets.MNIST('./.data',
                     train=False,
                     transform=transforms.Compose([
                         transforms.ToTensor(),
```

```
                        transforms.Normalize((0.1307,), (0.3081,))
                     ])),
        batch_size=BATCH_SIZE, shuffle=True)


❺ class Net(nn.Module):
      def __init__(self):
          super(Net, self).__init__()
          self.conv1 = nn.Conv2d(1, 10, kernel_size=5)
          self.conv2 = nn.Conv2d(10, 20, kernel_size=5)
❻         self.conv2_drop = nn.Dropout2d()
❼         self.fc1 = nn.Linear(320, 50)
          self.fc2 = nn.Linear(50, 10)

❽     def forward(self, x):
          x = F.relu(F.max_pool2d(self.conv1(x), 2))
          x = F.relu(F.max_pool2d(self.conv2_drop(self.conv2(x)), 2))
❾         x = x.view(-1, 320)
❿         x = F.relu(self.fc1(x))
          x = F.dropout(x, training=self.training)
          x = self.fc2(x)
          return x


⓫ model     = Net().to(DEVICE)
   optimizer = optim.SGD(model.parameters(), lr=0.01, momentum=0.5)


⓬ def train(model, train_loader, optimizer, epoch):
      model.train()
      for batch_idx, (data, target) in enumerate(train_loader):
          data, target = data.to(DEVICE), target.to(DEVICE)
          optimizer.zero_grad()
          output = model(data)
          loss = F.cross_entropy(output, target)
          loss.backward()
          optimizer.step()

          if batch_idx % 200 == 0:
              print('Train Epoch: {} [{}/{} ({:.0f}%)]\tLoss: {:.6f}'
                    .format(
```

```
                    epoch, batch_idx * len(data), len(train_loader.dataset),
                    100. * batch_idx / len(train_loader), loss.item())))

⑬ def evaluate(model, test_loader):
      model.eval()
      test_loss = 0
      correct = 0
      with torch.no_grad():
          for data, target in test_loader:
              data, target = data.to(DEVICE), target.to(DEVICE)
              output = model(data)

              # 배치 오차를 합산
              test_loss += F.cross_entropy(output, target,
                                           reduction='sum').item()

              # 가장 높은 값을 가진 인덱스가 바로 예측값
              pred = output.max(1, keepdim=True)[1]
              correct += pred.eq(target.view_as(pred)).sum().item()

      test_loss /= len(test_loader.dataset)
      test_accuracy = 100. * correct / len(test_loader.dataset)
      return test_loss, test_accuracy


    test_loss /= len(test_loader.dataset)
    test_accuracy = 100. * correct / len(test_loader.dataset)
    return test_loss, test_accuracy

⑭ for epoch in range(1, EPOCHS + 1):
      train(model, train_loader, optimizer, epoch)
      test_loss, test_accuracy = evaluate(model, test_loader)

      print('[{}] Test Loss: {:.4f}, Accuracy: {:.2f}%'.format(
          epoch, test_loss, test_accuracy))
```

5.3 ResNet으로 컬러 데이터셋에 적용하기

데이터셋이 복잡해질수록 깊게 쌓아 올린 인공 신경망이 더 유리할 수 있습니다. 직관적으로 생각할 때, 디테일이 많은 데이터는 더욱더 많은 분석을 거쳐야 하겠죠. 이번 예제에선 흑백 이미지보다 약간 더 복잡한 컬러 데이터셋을 이용해 분류를 해보겠습니다. 그리고 이를 위해 신경망을 여러 층으로 쌓는 방법을 알아봅니다.

5.3.1 ResNet 소개

이제 좀 더 현실적인 컬러 데이터셋을 사용해보려 합니다. 방금 공부한 모델을 그대로 적용할 수도 있습니다만, 그러면 재미가 없으므로 CNN을 응용한 모델을 하나 소개하겠습니다. 바로 ResNet^{residual network} 모델입니다.

> **NOTE** 컨볼루션과 풀링 계층을 배웠지만 무엇을 어떻게 얼마나 쌓는지는 경험적인 요소가 많이 작용합니다. 이럴 때는 이미 좋은 성적을 낸 모델들을 공부해보면 도움이 됩니다.

ResNet은 이미지 천만 장을 학습하여 이미지 15만 장으로 인식률을 겨루는 이미지넷^{ImageNet} 대회에서 2015년에 우승한 모델입니다. 분류 분야 톱5 오차율이 3.57%로, 약 5%로 알려진 사람보다 좋은 성적을 거뒀습니다. 신경망을 깊게 쌓으면 오히려 성능이 나빠지는 문제를 해결하는 방법을 제시했고, 이후 DenseNet 등의 파생 모델에 영향을 주었습니다.

ResNet은 [그림 5-13]과 같이 생겼습니다. 컨볼루션층의 출력에 전의 전 계층에 쓰였던 입력을 더함(⊕)으로써 특징이 유실되지 않도록 합니다. 자세한 구조는 5.3.3절 'CNN을 깊게 쌓는 방법'에서 다룹니다.

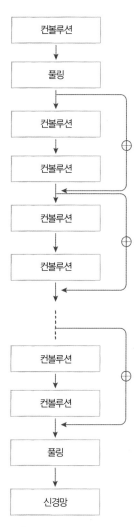

그림 5-13 ResNet

다음은 ResNet이 나오기까지 최고의 기록을 세운 모델들을 다룬 표입니다. 오차율이 획기적으로 줄어드는 것을 볼 수 있습니다.

연도	CNN 모델	오차율	파라미터 수
1998	LeNet		6만
2012	AlexNet	15.3%	6천만
2013	ZFNet	14.8%	
2014	GoogLeNet	6.67%	4백만
2014	VGGNet	7.3%	1억 38백만
2015	ResNet	3.6%	

컬러 데이터셋은 흑백 이미지보다 복잡하므로 학습을 더 많이 해야 합니다.

```
EPOCHS     = 300
BATCH_SIZE = 128
```

5.3.2 CIFAR-10 데이터셋

이번엔 Fashion MNIST 대신 CIFAR-10 데이터셋을 사용하겠습니다. 이미지넷 데이터셋은 너무 방대하고 라이선스 문제 때문에 토치비전에 기본 수록돼 있지 않아 직접 내려받아야 합니다. CIFAR-10 데이터셋은 32 × 32 크기의 이미지 6만 개를 포함하고 있으며 자동차, 새, 고양이, 사슴 등 10가지 분류가 존재합니다. CIFAR-10에서 10이 의미하는 바가 바로 레이블(분류)의 개수입니다. 컬러 데이터셋 중에선 간단한 축에 속하는 데이터셋입니다.

CIFAR-10 데이터셋은 컬러 이미지들을 포함하고 있습니다. 컬러 이미지의 픽셀값은 몇 가지 채널들로 구성됩니다. 여기서 채널channel이란, 이미지의 색상 구성요소를 가리키는데, 예를 들어 일반적인 이미지는 빨강(R), 초록(G), 파랑(B) 세 종류의 광원을 혼합하여 모든 색을 표현합니다. 오늘날 가장 널리 쓰이는 24bit 컬러 이미지는 R, G, B 각각에 8bit(0~255)씩 색상값을 가지는 3가지 채널을 사용합니다.

만약 컬러 이미지라면 RGB 색상값을 고려해서 차원을 늘려야 합니다. 그러면 벌써 이미지 한 개의 입력 크기가 $32 \times 32 \times 3 = 3{,}072$개가 됩니다.

NOTE PNG와 같은 형식의 이미지들은 투명도까지 4종류의 채널을 가집니다.

그림 5-14 CIFAR-10 데이터셋

❶ 데이터셋을 불러오고 전처리하는 과정은 같습니다. 토치비전 덕분에 데이터셋 이름만 바꿔주면 새로운 데이터셋을 사용할 수 있습니다. 앞에서 사용한 datasets.FashionMNIST 대신 datasets.CIFAR10을 사용하면 됩니다. 그리고 과적합을 방지하기 위해 학습용 데이터셋에 RandomCrop과 Random HorizontalFlip 같은 노이즈를 추가하겠습니다.

```python
train_loader = torch.utils.data.DataLoader(
    datasets.CIFAR10('./.data',
                     train=True,
                     download=True,
                     transform=transforms.Compose([
                         transforms.RandomCrop(32, padding=4),
                         transforms.RandomHorizontalFlip(),
                         transforms.ToTensor(),
                         transforms.Normalize((0.5, 0.5, 0.5),
                                              (0.5, 0.5, 0.5))])),
    batch_size=BATCH_SIZE, shuffle=True)
test_loader = torch.utils.data.DataLoader(
    datasets.CIFAR10('./.data',
                     train=False,
                     transform=transforms.Compose([
                         transforms.ToTensor(),
                         transforms.Normalize((0.5, 0.5, 0.5),
                                              (0.5, 0.5, 0.5))])),
    batch_size=BATCH_SIZE, shuffle=True)
```

5.3.3 CNN을 깊게 쌓는 방법

앞서 조금 다루었듯, 무작정 인공 신경망을 여러 개 겹친다고 학습 성능이 무한히 좋아지진 않습니다. 여러 단계의 신경망을 거치며 최초 입력 이미지에 대한 정보가 소실되기 때문인데요, ResNet은 이 문제를 해결하는 방안을 제시합니다.

ResNet의 핵심은 네트워크를 작은 블록인 Residual 블록으로 나누었다는 겁니다. Residual 블록의 출력에 입력이었던 x를 더함으로써 모델을 훨씬 깊게 설계할 수 있도록 했습니다. 입력과 출력의 관계를 바로 학습하기보다 입력과 출력의 차이를 따로 학습하는 게 성능이 좋다는 가설입니다.

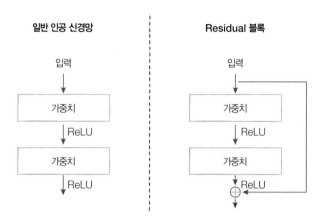

그림 5-15 일반 인공 신경망과 Residual 블록의 차이

　신경망을 깊게 할수록 좋은 이유는 문제를 더 작은 단위로 분해하여 학습 효율이 좋아지기 때문입니다. 하지만 보통은 계층이 깊어짐에 따라 신호의 강도가 감소하는데, ResNet은 입력 데이터를 몇 계층씩 건너뛰어 출력에 더함으로써 이 현상을 완화해줍니다.

　ResNet은 층이 많아 복잡한 모델로 보일 수 있지만 Residual 블록을 반복적으로 쌓은 것일 뿐입니다.

　Residual 블록을 BasicBlock이라는 새로운 파이토치 모듈로 정의해서 사용하겠습니다. 파이토치에서는 nn.Module을 이용하여 모듈 위에 또 다른 모듈을 쌓아 올릴 수 있습니다. 눈치 빠른 분은 짐작했겠지만 Conv2d과 Linear 같은 모듈 모두 nn.Module 클래스를 상속하고 있습니다.

❷ BasicBlock의 코드를 보면 nn.BatchNorm2d라는 새로운 계층이 등장합니다. 배치 정규화batch normalization를 수행하는 계층입니다. 배치 정규화란 학습률learning rate을 너무 높게 잡으면 기울기가 소실되거나 발산하는 증상을 예방하여 학습 과정을 안정화하는 방법입니다. 즉, 학습 중 각 계층에 들어가는 입력을 평균과 분산으로 정규화함으로써 학습을 효율적으로 만들어줍니다. 이 계층은 자체적으로 정규화를 수행해 드롭아웃과 같은 효과를 내는 장점이 있습니다.

> **NOTE** 배치 정규화를 좀 더 자세히 알아보고 싶다면 앤드루 응(Andrew Ng) 교수님의 'Why Does Batch Norm Work?' 영상을 추천합니다. 영어로 설명하는 영상이지만 한국어 자막을 지원합니다.
> • https://youtu.be/nUUqwaxLnWs

드롭아웃은 학습 중 데이터 일부를 배제하여 간접적으로 과적합을 막는 방식이지만, 배치 정규화는 신경망 내부 데이터에 직접 영향을 주는 방식입니다.

```python
class BasicBlock(nn.Module):
    def __init__(self, in_planes, planes, stride=1):
        super(BasicBlock, self).__init__()
        self.conv1 = nn.Conv2d(in_planes, planes, kernel_size=3,
                               stride=stride, padding=1, bias=False)
        self.bn1 = nn.BatchNorm2d(planes)
        self.conv2 = nn.Conv2d(planes, planes, kernel_size=3,
                               stride=1, padding=1, bias=False)
        self.bn2 = nn.BatchNorm2d(planes)
```

❸ ResNet의 두 번째 블록부터는 in_planes를 받아 self.bn2 계층의 출력 크기와 같은 planes와 더해주는 self.shortcut 모듈을 정의하도록 합니다.

```
self.shortcut = nn.Sequential()
if stride != 1 or in_planes != planes:
    self.shortcut = nn.Sequential(
        nn.Conv2d(in_planes, planes,
                kernel_size=1, stride=stride, bias=False),
        nn.BatchNorm2d(planes)
    )
```

NOTE nn.Sequential은 여러 모듈(nn.Module)을 하나의 모듈로 묶는 역할을 합니다. 각 레이어를 데이터가 순차적으로 지나갈 때 사용하면 코드를 간결하게 만들 수 있습니다. 계층과 활성화 함수를 정의해주면 순서대로 값을 전달해 처리합니다.

❹ 데이터의 흐름은 앞에서 한 설명과 같습니다. 입력 x가 들어와 컨볼루션, 배치 정규화, 활성화 함수를 거치게 하고, 다시 입력 x를 self.shortcut을 거치게 하여 크기를 같게 하고 활성화 함수를 거친 값에 더합니다. 그리고 이 값을 ReLU 활성화 함수를 통과시켜 최종 출력을 만듭니다.

```
def forward(self, x):
    out = F.relu(self.bn1(self.conv1(x)))
    out = self.bn2(self.conv2(out))
    out += self.shortcut(x)
    out = F.relu(out)
    return out
```

❺ 이제 모델을 정의해보겠습니다. 이 모델은 이미지를 받아 컨볼루션과 배치정규화 층을 거친 후 여러 BasicBlock 층을 통과하고 평균 풀링과 신경망을 거쳐 예측을 출력합니다.

방금 정의한 BasicBlock 클래스는 self.make_layer() 함수를 통해 하나의 모듈로 객체화되어 우리가 만들 ResNet 모델의 주요 층을 이룹니다. self._make_layer() 함수는 파이토치의 nn.Sequential 도구로 여러 BasicBlock을 모듈 하나로 묶어주는 역할을 합니다. self._make_layer() 함수가 반환한 self.layer1과 같은 객체는 컨볼루션 계층과 마찬가지로 모듈(nn.Module)로 취급하면 됩니다

self.in_plains 변수는 self._make_layers() 함수에서 각 층을 만들 때 전 층의 채널 출력값을 기록하는 데 쓰입니다. layer1 층이 입력받는 채널의 개수가 16개니 16으로 초기화해줍니다.

```python
class ResNet(nn.Module):
    def __init__(self, num_classes=10):
        super(ResNet, self).__init__()
        self.in_planes = 16

        self.conv1 = nn.Conv2d(3, 16, kernel_size=3,
                                stride=1, padding=1, bias=False)
        self.bn1 = nn.BatchNorm2d(16)
        self.layer1 = self._make_layer(16, 2, stride=1)
        self.layer2 = self._make_layer(32, 2, stride=2)
        self.layer3 = self._make_layer(64, 2, stride=2)
        self.linear = nn.Linear(64, num_classes)
```

각 층의 입력과 출력을 보면 첫 self.conv1 층은 3 × 3의 커널 크기를 가지며 이미지가 갖고 있던 RGB 3색의 채널을 16개로 만듭니다. layer1을 지나고 나면 똑같이 16 × 32 × 32 크기의 텐서를 갖게 되고, layer2 이후엔 32 × 16 × 16 크기의 텐서, layer3을 거치곤 64 × 8 × 8 크기의 텐서를 갖게 됩니다. 마지막으로 평균 풀링으로 텐서에 있는 원소의 개수를 64개로 만든 후, 64개의 입

력을 받아 레이블(10개)마다 예측값을 내게 됩니다.

❻ self._make_layer() 함수를 더 자세히 들여다보겠습니다.

```
def _make_layer(self, planes, num_blocks, stride):
    strides = [stride] + [1]*(num_blocks-1)
    layers = []
    for stride in strides:
        layers.append(BasicBlock(self.in_planes, planes, stride))
        self.in_planes = planes
    return nn.Sequential(*layers)
```

이 함수는 멤버 변수인 self.in_planes 채널 개수로부터 직접 입력받은 인수인 planes 채널 개수만큼을 출력하는 BasicBlock을 생성합니다.

- **layer1** : 16채널에서 16채널을 내보내는 BasicBlock 2개
- **layer2** : 16채널을 받아 32채널을 출력하는 BasicBlock 1개와 32채널에서 32채널을 내보내는 BasicBlock 1개
- **layer3** : 32채널을 받아 64채널을 출력하는 BasicBlock 1개와 64채널에서 64채널을 출력하는 BasicBlock 1개

여기서 주목해야 할 점은 16채널을 받아 32채널을 출력하는 BasicBlock과 32채널을 받아 64채널을 출력하는 BasicBlock입니다. 이렇게 증폭하는 역할을 하는 모듈들은 shortcut 모듈을 따로 갖게 됩니다. shortcut 모듈은 이전 입력을 중간층에 더해주어 이미지의 맥락이 보존될 수 있도록 하는 역할을 합니다.

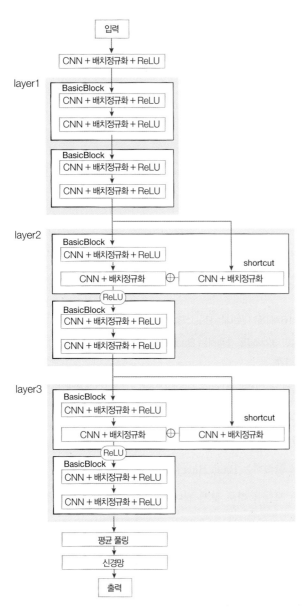

그림 5-16 이번 예제에 쓰이는 ResNet 모델

❼ ResNet 모델의 데이터 흐름은 다음과 같습니다. 입력이 들어오면 일반적인 방식과 같이 컨볼루션, 배치 정규화, 활성화 함수를 차례대로 통과하고, 사전에 정의해둔 BasicBlock 층을 갖고 있는 layer1, layer2, 그리고 layer3을 통과하게 됩니다. 각 layer는 2개의 Residual 블록을 갖고 있습니다. 이렇게 나온 값에 평균 풀링을 하고 마지막 계층을 거쳐 분류 결과를 출력합니다.

```python
def forward(self, x):
    out = F.relu(self.bn1(self.conv1(x)))
    out = self.layer1(out)
    out = self.layer2(out)
    out = self.layer3(out)
    out = F.avg_pool2d(out, 8)
    out = out.view(out.size(0), -1)
    out = self.linear(out)
    return out
```

❽ 모델을 정의했다면 사용법은 항상 같습니다. 이번 예제에서는 학습 효율을 높이기 위해 학습률 감소^{learning rate decay} 기법을 사용합니다. 학습률 감소는 학습이 진행하면서 최적화 함수의 학습률을 점점 낮춰서 더 정교하게 최적화합니다. 파이토치 내부의 optim.lr_scheduler.StepLR 도구를 사용해 간단하게 적용할 수 있습니다. Scheduler는 이폭마다 호출되며 step_size를 50으로 지정해주어 50번 호출될 때 학습률에 0.1(gamma값)을 곱합니다. 0.1로 시작한 학습률은 50 이폭 후에 0.01로 낮아집니다.

```python
model = ResNet().to(DEVICE)
optimizer = optim.SGD(model.parameters(), lr=0.1,
                    momentum=0.9, weight_decay=0.0005)
scheduler = optim.lr_scheduler.StepLR(optimizer, step_size=50,
                                    gamma=0.1)
```

모델의 모습이 궁금하면 print() 함수로 처음부터 끝까지 모든 계층이 어떻게 생겼는지 볼 수 있습니다.

```
print(model)
```

방금 만든 간단한 버전의 ResNet 모델은 다음처럼 생겼네요.

```
ResNet(
  (conv1): Conv2d(3, 16, kernel_size=(3, 3), stride=(1, 1),
padding=(1, 1), bias=False)
  (bn1): BatchNorm2d(16, eps=1e-05, momentum=0.1, affine=True,
track_running_stats=True)
  (layer1): Sequential(
    (0): BasicBlock(
      (conv1): Conv2d(16, 16, kernel_size=(3, 3), stride=(1, 1),
padding=(1, 1), bias=False)
      (bn1): BatchNorm2d(16, eps=1e-05, momentum=0.1, affine=True,
track_running_stats=True)
      (conv2): Conv2d(16, 16, kernel_size=(3, 3), stride=(1, 1),
padding=(1, 1), bias=False)
      (bn2): BatchNorm2d(16, eps=1e-05, momentum=0.1, affine=True,
track_running_stats=True)
      (shortcut): Sequential()
    )
    (1): BasicBlock(
      (conv1): Conv2d(16, 16, kernel_size=(3, 3), stride=(1, 1),
padding=(1, 1), bias=False)
      (bn1): BatchNorm2d(16, eps=1e-05, momentum=0.1, affine=True,
track_running_stats=True)
      (conv2): Conv2d(16, 16, kernel_size=(3, 3), stride=(1, 1),
padding=(1, 1), bias=False)
      (bn2): BatchNorm2d(16, eps=1e-05, momentum=0.1, affine=True,
track_running_stats=True)
      (shortcut): Sequential()
    )
  )
```

```
(layer2): Sequential(
  (0): BasicBlock(
    (conv1): Conv2d(16, 32, kernel_size=(3, 3), stride=(2, 2),
padding=(1, 1), bias=False)
    (bn1): BatchNorm2d(32, eps=1e-05, momentum=0.1, affine=True,
track_running_stats=True)
    (conv2): Conv2d(32, 32, kernel_size=(3, 3), stride=(1, 1),
padding=(1, 1), bias=False)
    (bn2): BatchNorm2d(32, eps=1e-05, momentum=0.1, affine=True,
track_running_stats=True)
    (shortcut): Sequential(
      (0): Conv2d(16, 32, kernel_size=(1, 1), stride=(2, 2),
bias=False)
      (1): BatchNorm2d(32, eps=1e-05, momentum=0.1, affine=True,
track_running_stats=True)
    )
  )
  (1): BasicBlock(
    (conv1): Conv2d(32, 32, kernel_size=(3, 3), stride=(1, 1),
padding=(1, 1), bias=False)
    (bn1): BatchNorm2d(32, eps=1e-05, momentum=0.1, affine=True,
track_running_stats=True)
    (conv2): Conv2d(32, 32, kernel_size=(3, 3), stride=(1, 1),
padding=(1, 1), bias=False)
    (bn2): BatchNorm2d(32, eps=1e-05, momentum=0.1, affine=True,
track_running_stats=True)
    (shortcut): Sequential()
  )
)
(layer3): Sequential(
  (0): BasicBlock(
    (conv1): Conv2d(32, 64, kernel_size=(3, 3), stride=(2, 2),
padding=(1, 1), bias=False)
    (bn1): BatchNorm2d(64, eps=1e-05, momentum=0.1, affine=True,
track_running_stats=True)
    (conv2): Conv2d(64, 64, kernel_size=(3, 3), stride=(1, 1),
padding=(1, 1), bias=False)
    (bn2): BatchNorm2d(64, eps=1e-05, momentum=0.1, affine=True,
track_running_stats=True)
```

```
    (shortcut): Sequential(
      (0): Conv2d(32, 64, kernel_size=(1, 1), stride=(2, 2),
bias=False)
      (1): BatchNorm2d(64, eps=1e-05, momentum=0.1, affine=True,
track_running_stats=True)
    )
  )
  (1): BasicBlock(
    (conv1): Conv2d(64, 64, kernel_size=(3, 3), stride=(1, 1),
padding=(1, 1), bias=False)
    (bn1): BatchNorm2d(64, eps=1e-05, momentum=0.1, affine=True,
track_running_stats=True)
    (conv2): Conv2d(64, 64, kernel_size=(3, 3), stride=(1, 1),
padding=(1, 1), bias=False)
    (bn2): BatchNorm2d(64, eps=1e-05, momentum=0.1, affine=True,
track_running_stats=True)
    (shortcut): Sequential()
  )
)
(linear): Linear(in_features=64, out_features=10, bias=True)
)
```

❾ 학습과 테스트용 코드는 앞 장과 같습니다. 다만, 학습을 실행할 때 달라진 점
이 하나 있는데, scheduler.step() 함수로 학습률을 조금 낮춰주는 단계가 추
가되었다는 겁니다.

```
for epoch in range(1, EPOCHS + 1):
    scheduler.step()
    train(model, train_loader, optimizer, epoch)
    test_loss, test_accuracy = test(model, test_loader)

    print('[{}] Test Loss: {:.4f}, Accuracy: {:.2f}%'.format(
        epoch, test_loss, test_accuracy))
```

이제 직접 만든 모델을 평가할 차례입니다. 테스트 정확도가 91% 정도인 것을 알 수 있습니다. 생각보다 성능이 안 나온다고 생각할 수 있겠지만, CIFAR-10은 성능을 충분히 올리기엔 비교적 작은 데이터셋입니다. 더 큰 데이터셋을 사용하여 학습 데이터를 늘리면 오차가 훨씬 작아지는 것을 볼 수 있습니다.

```
[280] Test Loss: 0.3058, Accuracy: 91.07%
[281] Test Loss: 0.3061, Accuracy: 91.11%
[282] Test Loss: 0.3076, Accuracy: 91.11%
[283] Test Loss: 0.3059, Accuracy: 91.11%
[284] Test Loss: 0.3054, Accuracy: 91.10%
[285] Test Loss: 0.3042, Accuracy: 91.19%
[286] Test Loss: 0.3067, Accuracy: 90.89%
[287] Test Loss: 0.3051, Accuracy: 91.12%
[288] Test Loss: 0.3044, Accuracy: 91.16%
[289] Test Loss: 0.3050, Accuracy: 91.00%
[290] Test Loss: 0.3039, Accuracy: 91.12%
[291] Test Loss: 0.3044, Accuracy: 91.11%
[292] Test Loss: 0.3045, Accuracy: 91.08%
[293] Test Loss: 0.3058, Accuracy: 90.95%
[294] Test Loss: 0.3050, Accuracy: 91.15%
[295] Test Loss: 0.3055, Accuracy: 91.07%
[296] Test Loss: 0.3086, Accuracy: 91.03%
[297] Test Loss: 0.3060, Accuracy: 91.10%
[298] Test Loss: 0.3066, Accuracy: 91.07%
[299] Test Loss: 0.3060, Accuracy: 91.03%
[300] Test Loss: 0.3084, Accuracy: 91.12%
```

전체 코드

이 책의 깃허브에서 이번 예제를 내려받을 수 있습니다.

- 깃허브 파일명 : /05-이미지_처리능력이_탁월한_CNN/resnet.py

다음과 같이 명령창에서 실행하거나 노트북 파일을 열어서 사용합니다.

- 윈도우, 맥OS, 우분투 : $ python resnet.py
- 주피터 노트북 파일 이름 : resnet.ipynb

```python
import torch
import torch.nn as nn
import torch.optim as optim
import torch.nn.functional as F
from torchvision import transforms, datasets, models

USE_CUDA = torch.cuda.is_available()
DEVICE = torch.device("cuda" if USE_CUDA else "cpu")

EPOCHS     = 300
BATCH_SIZE = 128
```

❶ ```python
train_loader = torch.utils.data.DataLoader(
    datasets.CIFAR10('./.data',
                    train=True,
                    download=True,
                    transform=transforms.Compose([
                        transforms.RandomCrop(32, padding=4),
                        transforms.RandomHorizontalFlip(),
                        transforms.ToTensor(),
                        transforms.Normalize((0.5, 0.5, 0.5),
                                            (0.5, 0.5, 0.5))])),
    batch_size=BATCH_SIZE, shuffle=True)
test_loader = torch.utils.data.DataLoader(
    datasets.CIFAR10('./.data',
                    train=False,
                    transform=transforms.Compose([
                        transforms.ToTensor(),
                        transforms.Normalize((0.5, 0.5, 0.5),
                                            (0.5, 0.5, 0.5))])),
    batch_size=BATCH_SIZE, shuffle=True)
```

❷ ```python
class BasicBlock(nn.Module):
    def __init__(self, in_planes, planes, stride=1):
        super(BasicBlock, self).__init__()
```

```python
        self.conv1 = nn.Conv2d(in_planes, planes, kernel_size=3,
                               stride=stride, padding=1,
                               bias=False)
        self.bn1 = nn.BatchNorm2d(planes)
        self.conv2 = nn.Conv2d(planes, planes, kernel_size=3,
                               stride=1, padding=1, bias=False)
        self.bn2 = nn.BatchNorm2d(planes)

❸      self.shortcut = nn.Sequential()
        if stride != 1 or in_planes != planes:
            self.shortcut = nn.Sequential(
                nn.Conv2d(in_planes, planes,
                          kernel_size=1, stride=stride,
                          bias=False),
                nn.BatchNorm2d(planes)
            )

❹  def forward(self, x):
        out = F.relu(self.bn1(self.conv1(x)))
        out = self.bn2(self.conv2(out))
        out += self.shortcut(x)
        out = F.relu(out)
        return out


❺ class ResNet(nn.Module):
    def __init__(self, num_classes=10):
        super(ResNet, self).__init__()
        self.in_planes = 16

        self.conv1 = nn.Conv2d(3, 16, kernel_size=3,
                               stride=1, padding=1, bias=False)
        self.bn1 = nn.BatchNorm2d(16)
        self.layer1 = self._make_layer(16, 2, stride=1)
        self.layer2 = self._make_layer(32, 2, stride=2)
        self.layer3 = self._make_layer(64, 2, stride=2)
        self.linear = nn.Linear(64, num_classes)

❻  def _make_layer(self, planes, num_blocks, stride):
```

```
            strides = [stride] + [1]*(num_blocks-1)
            layers = []
            for stride in strides:
                layers.append(BasicBlock(self.in_planes, planes,
                                         stride))
                self.in_planes = planes
            return nn.Sequential(*layers)

❼        def forward(self, x):
            out = F.relu(self.bn1(self.conv1(x)))
            out = self.layer1(out)
            out = self.layer2(out)
            out = self.layer3(out)
            out = F.avg_pool2d(out, 8)
            out = out.view(out.size(0), -1)
            out = self.linear(out)
            return out


❽ model = ResNet().to(DEVICE)
  optimizer = optim.SGD(model.parameters(), lr=0.1,
                        momentum=0.9, weight_decay=0.0005)
  scheduler = optim.lr_scheduler.StepLR(optimizer, step_size=50,
                                        gamma=0.1)


  def train(model, train_loader, optimizer, epoch):
      model.train()
      for batch_idx, (data, target) in enumerate(train_loader):
          data, target = data.to(DEVICE), target.to(DEVICE)
          optimizer.zero_grad()
          output = model(data)
          loss = F.cross_entropy(output, target)
          loss.backward()
          optimizer.step()


  def evaluate(model, test_loader):
      model.eval()
      test_loss = 0
      correct = 0
      with torch.no_grad():
```

```
    for data, target in test_loader:
        data, target = data.to(DEVICE), target.to(DEVICE)
        output = model(data)

        # 배치 오차를 합산
        test_loss += F.cross_entropy(output, target,
                                     reduction='sum').item()

        # 가장 높은 값을 가진 인덱스가 바로 예측값
        pred = output.max(1, keepdim=True)[1]
        correct += pred.eq(target.view_as(pred)).sum().item()

    test_loss /= len(test_loader.dataset)
    test_accuracy = 100. * correct / len(test_loader.dataset)
    return test_loss, test_accuracy

❾ for epoch in range(1, EPOCHS + 1):
    scheduler.step()
    train(model, train_loader, optimizer, epoch)
    test_loss, test_accuracy = evaluate(model, test_loader)

    print('[{}] Test Loss: {:.4f}, Accuracy: {:.2f}%'.format(
        epoch, test_loss, test_accuracy))
```

5.4 마치며

이번 장에서는 컴퓨터가 인식하는 이미지에 대해 좀 더 고찰해보고 컨볼루션 신경망의 구성 부분들인 컨볼루션, 커널, 풀링 등에 관해 알아보았습니다. 첫 번째 예제에선 컨볼루션 층을 이용해 4장에서 보았던 Fashion MNIST 데이터셋에 대한 성능을 99%까지 올렸고, 두 번째 예제에선 컨볼루션 신경망 층을 여러겹 겹치며 복잡한 데이터에도 적용할 수 있게 만든 ResNet이라는 모델에 관해 알아보았습니다.

사람의 지도 없이
학습하는
오토인코더

사람의 지도 없이 학습하는 오토인코더

오토인코더^{autoencoder}는 레이블이 없이 특징을 추출하는 신경망입니다. 지금까지는 입력값에 정답이 포함된 지도학습을 위주로 공부했습니다. 이번 장에서는 입력값만으로 학습하는 오토인코더를 살펴보겠습니다.

- 오토인코더 기초
- 오토인코더로 이미지의 특징 추출하기
- 오토인코더로 망가진 이미지 복원하기

학습 목표

비지도학습 신경망 오토인코더로 잡음을 제거해 데이터를 복원합시다.

6.1 오토인코더 기초

이미지, 오디오, 텍스트 등 데이터 형태와 관계없이 사람이 레이블링하여 직접 정답을 알려주면 머신러닝 모델은 매우 효율적으로 학습할 수 있습니다. 입력과 출력의 관계만 설명할 수 있으면 되기 때문입니다. 하지만 데이터셋에 정답이 포함되지 않은 경우엔 이야기가 달라집니다. 외국어를 배울 때 원어민이 옆에서 지도해주면 배울 만 하지만, 한 글자도 모르는 상태에서 원서만으로 배우라고 하면 어려운 것과 비슷한 느낌입니다.

그럼에도 주어진 데이터만으로 패턴을 찾는 비지도학습은 흥미로운 주제입니다. 세상에 존재하고 계속 생산되는 데이터의 대부분은 정답이 없기 때문입니다. 인공지능이 실생활과 서비스에서 진정한 확장성을 가지려면 비지도학습과 준지도학습의 발전이 뒷받침되어야 할 겁니다.

지도학습은 단순히 말해 입력 x와 정답 y 사이를 잇는 관계를 찾는 겁니다. 정답이 있으면 오차를 측정할 수 있기 때문에 현재 예측값이 얼마나 틀렸는지도 명확하고 오찻값^{loss}을 구하기도 쉽습니다.

반대로 비지도학습에선 정답이 없기 때문에 오찻값을 구하기가 모호합니다. 정답이 없는 x만으로 의미를 추출하는 방법이 무엇이 있을까요? '정답이 있으면 오찻값을 구할 수 있다' 이 아이디어를 빌려 x를 입력받아 x를 예측하고, 신경망에 의미 있는 정보가 쌓이도록 설계된 신경망이 바로 오토인코더입니다. 오토인코더에선 입력도 x, 정답도 x입니다. 단, 신경망은 범용근사자$^{universal\ function\ approximator}$로서 근사치를 출력하기 때문에 x와 똑같은 출력을 내긴 힘듭니다. 입력된 x를 '복원'한다는 개념이 더 알맞습니다. 그러므로 오찻값에도 x를 얼마나 복원했는지를 뜻하는 복원오차, 혹은 정보손실값$^{reconstruction\ loss}$이라는 용어를 사용합니다.

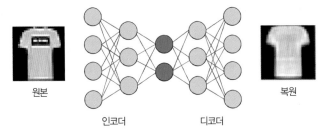

원본   인코더   디코더   복원

그림 6-1 오토인코더 모델

오토인코더의 또 다른 중요한 특징은 입력과 출력의 크기는 같지만, 중간으로 갈수록 신경망의 차원이 줄어든다는 겁니다. 이런 특이한 구조로 인하여 정보의 통로가 줄어들고 병목현상이 일어나 입력의 특징들이 '압축'되도록 학습됩니다. 작은 차원에 고인 압축된 표현을 잠재 변수latent variable라 하고, 간단히 z라고도 합니다.

또, 잠재 변수의 앞뒤를 구분하여 앞부분을 인코더encoder, 뒷부분을 디코더decoder 라고 합니다. 인코더는 정보를 받아 압축하고, 디코더는 압축된 표현을 풀어 입력을 복원하는 역할을 해서 붙여진 이름입니다.

오토인코더에서 특히 흥미로운 부분은 압축된 데이터입니다. 앞서 말했듯 신경망이 받은 이미지를 복원하도록 학습하고 나면 잠재 변수엔 이미지의 정보가 저장됩니다. 낮은 차원에 높은 밀도로 표현된 데이터이므로 '의미의 압축'이 일어납니다.

의미의 압축이란, 흔히 알고 있는 ZIP 압축 같은 것이 아닙니다. 단순히 데이터 크기를 줄이고 싶다면 기존 압축 알고리즘을 사용하는 편이 빠르고 안전합니다. 오토인코더는 잠재 변수에 복잡한 데이터의 의미를 담을 수 있다는 점에서 특별합니다.

정보를 압축할 수 있다는 것은 결국 정보의 구성에 우선순위가 있다는 뜻입니다. 예를 들어 인물 사진에서 배경색은 별로 중요한 요소가 아닙니다. 이런 맥락에서 압축이란 정보에서 덜 중요한 요소를 버리는 과정으로 정의할 수 있습니다.

오토인코더에서는 필연적으로 정보의 손실이 일어납니다. 정보의 손실은 원본 데이터의 디테일을 잃어버린다는 뜻이기도 하지만, 중요한 정보만 남겨두는 일종의 데이터 가공이라고 볼 수도 있습니다.

이런 특징으로 인해 오토인코더는 주로 복잡한 비선형 데이터의 차원을 줄이는 용도로 쓰입니다. 그리고 비정상 거래 검출, 데이터 시각화와 복원, 의미 추출, 이미지 검색 등에도 쓰이며, 기계 번역과 생성 모델 등 여러 가지 파생 모델에 응용되고 있습니다.

6.2 오토인코더로 이미지의 특징 추출하기

앞서 알아본 오토인코더 모델을 구현해보고 Fashion MNIST 데이터셋을 이용하여 학습해보겠습니다. 그리고 학습된 잠재 변수가 어떤 정보를 담고 있는지 시각화해보겠습니다.

6.2.1 오토인코더 구현

❶ 늘 해오던 대로 필수 라이브러리들을 임포트합니다.

```
import torch
import torchvision
import torch.nn.functional as F
from torch import nn, optim
from torchvision import transforms, datasets
```

❷ 오토인코더가 생성하는 이미지를 관찰해야 하므로, 이미지 출력을 도와주는 맷플롯립 모듈과 행렬 변환을 도와주는 넘파이를 함께 임포트합니다. Axes3D

모듈은 맷플롯립에서 3차원의 플롯을 그리는 용도이고, cm 모듈은 데이터 포인트에 색상을 입히는 데 사용됩니다.

```python
import matplotlib.pyplot as plt
from mpl_toolkits.mplot3d import Axes3D
from matplotlib import cm
import numpy as np
```

❸ 하이퍼파라미터들을 준비합니다.

```python
EPOCH = 10
BATCH_SIZE = 64
USE_CUDA = torch.cuda.is_available()
DEVICE = torch.device("cuda" if USE_CUDA else "cpu")
print("Using Device:", DEVICE)
```

❹ 이번 실험에서는 간단하게 학습 데이터셋만 사용하겠습니다.

```python
# Fashion MNIST 데이터셋 로딩
trainset = datasets.FashionMNIST(
    root      = './.data/',
    train     = True,
    download  = True,
    transform = transforms.ToTensor()
)
train_loader = torch.utils.data.DataLoader(
    dataset    = trainset,
    batch_size = BATCH_SIZE,
    shuffle    = True,
    num_workers = 2
)
```

❺ 오토인코더 모듈을 정의할 차례입니다. 오토인코더에는 인코더와 디코더 두 부분이 있습니다. nn.Sequential을 이용하여 self.encoder와 self.decoder 두 모듈로 묶어줍니다.

```python
class Autoencoder(nn.Module):
    def __init__(self):
        super(Autoencoder, self).__init__()
```

NOTE nn.Sequential은 여러 모듈을 하나의 모듈로 묶는 역할을 합니다. 각 레이어를 데이터가 순차적으로 지나갈 때 사용하면 코드를 간결하게 만들 수 있습니다. 계층과 활성화 함수를 정의해 주면 순서대로 값을 전달해 처리합니다.

❻ 인코더는 간단한 신경망입니다. 마치 분류 모델처럼 생겼습니다. 28 × 28, 즉 784개의 차원으로 시작하여 점차 줄여나갑니다. 마지막 출력은 3차원에서 시각화할 수 있도록 특징을 3개만 남깁니다. 인코더의 출력값이 바로 잠재 변수가 됩니다.

```python
self.encoder = nn.Sequential(
        nn.Linear(28*28, 128),
        nn.ReLU(),
        nn.Linear(128, 64),
        nn.ReLU(),
        nn.Linear(64, 12),
        nn.ReLU(),
        nn.Linear(12, 3),
    )
```

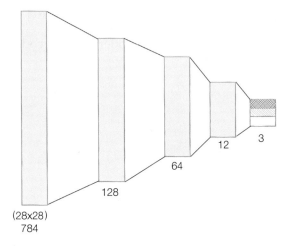

(28x28)
784

그림 6-2 인코더

❼ 디코더는 3차원의 잠재 변수를 받아 다시 784차원의 이미지로 복원합니다. 인
코더를 거꾸로 만든 것처럼 생겼으며, 출력 차원이 점점 증가하는 것을 볼 수 있
습니다. 유일한 차이점은 마지막 출력값을 0과 1 사이로 만들어주는
nn.Sigmoid() 함수가 더해진 겁니다.

```
self.decoder = nn.Sequential(
            nn.Linear(3, 12),
            nn.ReLU(),
            nn.Linear(12, 64),
            nn.ReLU(),
            nn.Linear(64, 128),
            nn.ReLU(),
            nn.Linear(128, 28*28),
            nn.Sigmoid(),
        )
```

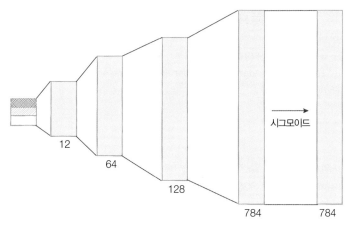

그림 6-3 디코더

❽ 오토인코더의 데이터 흐름은 매우 간단합니다. 인코더(self.encoder)는 잠재 변수인 encoded를 만들고 디코더(self.decoder)는 복원 이미지인 decoded를 만듭니다. 두 변수 모두 중요하므로 둘 다 출력합니다.

```
def forward(self, x):
    encoded = self.encoder(x)
    decoded = self.decoder(encoded)
    return encoded, decoded
```

❾ 모델과 최적화 함수 객체를 불러옵니다. 이번에 사용할 최적화 함수는 Adam()입니다. SGD의 변형 함수이며 학습 중인 기울기를 참고하여 학습 속도를 자동으로 변화시킵니다.

디코더에서 나온 값과 원본의 차이, 즉 오차를 계산하기 위해 평균제곱오차[mean squared loss]라는 오차 함수를 사용하겠습니다. nn.MSELoss() 함수는 두 개의 같은 크기의 행렬을 받아 각 자리의 차이에 제곱해서 평균을 구해주는 객체를 생성합니다. 이 객체를 '기준'을 뜻하는 criterion이라고 이름 짓고 인스턴스화합니다.

```
autoencoder = Autoencoder().to(DEVICE)
optimizer = torch.optim.Adam(autoencoder.parameters(), lr=0.005)
criterion = nn.MSELoss()
```

NOTE 파이토치의 optim 모듈은 일반적으로 사용하는 최적화 알고리즘들을 클래스의 형태로 제공합니다. 딥러닝에 자주 사용되는 SGD, RMSProp, Adam 등과 같은 다양한 최적화 알고리즘이 정의되어 있습니다.

Adam을 비롯한 최적화 알고리즘 이론에 관해 더 자세히 알고 싶다면 앤드루 응(Andrew Ng) 교수님의 다음 강의를 추천합니다. Gradient Descent, RMSProp, Adam순으로 설명이 진행되며 영어로 설명하는 영상이지만 한국어 자막을 지원합니다.

• Gradient Descent With Momentum : https://youtu.be/k8fTYJPd3_I
• RMSProp : https://youtu.be/_e-LFe_igno
• Adam Optimization Algorithm : https://youtu.be/JXQT_vxqwIs

가중치를 업데이트하는 최적화 방법들에 관한 자료 :

• http://aikorea.org/cs231n/neural-networks-3/

❿ 이 예제에서는 한 이폭^{epoch}이 완료될 때마다 (정확도를 확인하기보다는) 복원이 어떻게 되는지 눈으로 관찰하려고 합니다. 학습 데이터셋에 있는 5개의 이미지를 가져와 모델에 바로 넣을 수 있게 간단한 전처리를 합니다. 이 이미지들은 view_data 변수에 저장됩니다. 255로 나누는 이유는 픽셀의 색상값이 0부터 255까지이므로 우리가 만드는 모델이 인식하는 0부터 1 사이의 값으로 만들기 위함입니다.

```
# 원본 이미지를 시각화하기(첫 번째 열)
view_data = trainset.data[:5].view(-1, 28*28)
view_data = view_data.type(torch.FloatTensor)/255.
```

⓫ 다음은 학습하는 함수입니다. 주목할 점은 입력인 x와 대상 레이블인 y 모두 원본 이미지(x)라는 겁니다. 오찻값은 디코더에서 나온 복원 이미지인 decoded와 원본 이미지(y)의 차이의 제곱입니다.

평균제곱오차를 계산해주는 criterion은 decoded에서 y를 빼고 제곱한 값의 평균을 구해 손실(오차)을 구합니다. zero_grad() 함수로 기존에 남아 있을 수 있는 기울기에 대한 정보를 초기화하고 backward() 함수로 기울기를 구한 후 optimizer의 step() 함수로 최적화를 진행합니다.

```
def train(autoencoder, train_loader):
    autoencoder.train()
    for step, (x, label) in enumerate(train_loader):
        x = x.view(-1, 28*28).to(DEVICE)
        y = x.view(-1, 28*28).to(DEVICE)
        label = label.to(DEVICE)

        encoded, decoded = autoencoder(x)

        loss = criterion(decoded, y)
        optimizer.zero_grad()
        loss.backward()
        optimizer.step()
```

⓬ 이제 학습을 실행하면서 그 과정을 시각화해보겠습니다. 학습은 앞에 정의해 둔 학습 함수에 모듈과 데이터셋 로더를 넣어주기만 하면 됩니다.

```
for epoch in range(1, EPOCH+1):
    train(autoencoder, train_loader)
```

❸ 앞서 시각화를 위해 남겨둔 5개의 이미지를 한 이폭만큼의 학습을 마친 모델에 넣어 복원 이미지를 만듭니다.

```
# 디코더에서 나온 이미지를 시각화하기(두 번째 열)
test_x = view_data.to(DEVICE)
_, decoded_data = autoencoder(test_x)
```

❹ 이제 원본과 디코딩 결과를 비교합니다. plt.subplot( ) 함수로 일종의 액자를 만듭니다. 액자는 2줄 5칸으로 구성합니다. 첫 번째 줄에 원본 이미지를, 두 번째 줄에 복원한 이미지를 담을 겁니다. 그리고 현재 몇 번째 이폭인지 알아보기 쉽게 이폭 수를 출력하겠습니다.

```
# 원본과 디코딩 결과 비교해보기
f, a = plt.subplots(2, 5, figsize=(5, 2))
print("[Epoch {}]".format(epoch))
```

❺ 다음으로 view_data에 저장된 원본 이미지들을 차례로 액자에 담아야 합니다. 맷플롯립은 파이토치 텐서를 지원하지 않으므로 넘파이 행렬로 변환해줘야 합니다. imshow( ) 함수에 numpy( ) 함수를 불러 넘파이 행렬로 변환된 이미지를 넣고, Fashion MNIST와 같이 회색조 색상을 사용하도록 cmap값을 'gray'로 지정합니다.

```
for i in range(5):
    img = np.reshape(view_data.data.numpy()[i],(28, 28))
    a[0][i].imshow(img, cmap='gray')
```

⓰ CUDA를 사용한다면 모델의 출력값이 아직 GPU에 남아 있습니다. 따라서 .to("cpu") 함수로 일반 메모리로 가져온 후 numpy() 함수를 사용해 넘파이 행렬로 변환해야 합니다. CPU를 사용할 때도 같은 코드를 사용해도 무방합니다. 변환한 이미지도 순서대로 액자의 두 번째 줄에 넣어줍니다.

```
for i in range(5):
    img = np.reshape(decoded_data.to("cpu").data.numpy()[i], (28, 28))
    a[1][i].imshow(img, cmap='gray')
```

⓱ 마지막으로 plt.show() 함수를 호출하면 이폭마다 이미지가 출력되는 것을 볼 수 있습니다.

```
plt.show()
```

저는 다음과 같이 결과가 나옵니다. 윗줄은 원본 이미지, 아랫줄은 오토인코더가 잠재 변수로부터 복원한 이미지입니다.

[Epoch 1]

[Epoch 2]

[Epoch 3]

[Epoch 4]

[Epoch 5]

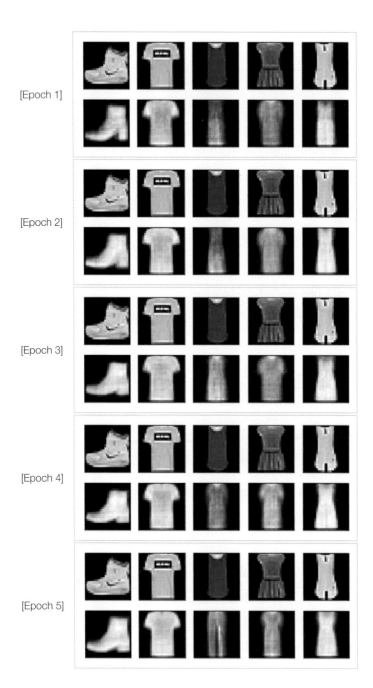

[Epoch 6]

[Epoch 7]

[Epoch 8]

[Epoch 9]

[Epoch 10]

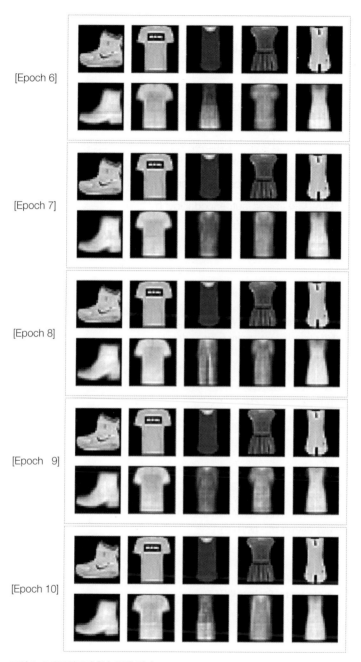

그림 6-4 오토인코더 학습 진행 결과

전체 코드

이 책의 깃허브에서 이번 예제를 내려받을 수 있습니다.

- 깃허브 파일명 :
  /06-사람의_지도_없이_학습하는_오토인코더/basic_autoencoder.py

다음과 같이 명령창에서 실행하거나 노트북 파일을 열어서 사용합니다.

- 윈도우, 맥OS, 우분투 : $ python basic_autoencoder.py
- 주피터 노트북 파일 이름 : basic_autoencoder.ipynb

❶
```python
import torch
import torchvision
import torch.nn.functional as F
from torch import nn, optim
from torch.autograd import Variable
from torchvision import transforms, datasets
```

❷
```python
import matplotlib.pyplot as plt
from mpl_toolkits.mplot3d import Axes3D
from matplotlib import cm
import numpy as np
```

❸
```python
# 하이퍼파라미터 설정
EPOCH = 10
BATCH_SIZE = 64
USE_CUDA = torch.cuda.is_available()
DEVICE = torch.device("cuda" if USE_CUDA else "cpu")
print("Using Device:", DEVICE)
```

❹
```python
# Fashion MNIST 데이터셋
trainset = datasets.FashionMNIST(
    root      = './.data/',
    train     = True,
    download  = True,
```

```
        transform = transforms.ToTensor()
    )
    train_loader = torch.utils.data.DataLoader(
        dataset      = trainset,
        batch_size   = BATCH_SIZE,
        shuffle      = True,
        num_workers = 2
    )
```

❺ ```
class Autoencoder(nn.Module):
    def __init__(self):
        super(Autoencoder, self).__init__()
```

❻ ```
        self.encoder = nn.Sequential(
            nn.Linear(28*28, 128),
            nn.ReLU(),
            nn.Linear(128, 64),
            nn.ReLU(),
            nn.Linear(64, 12),
            nn.ReLU(),
            nn.Linear(12, 3),   # 입력의 특징을 3차원으로 압축합니다
        )
```
❼ ```
        self.decoder = nn.Sequential(
            nn.Linear(3, 12),
            nn.ReLU(),
            nn.Linear(12, 64),
            nn.ReLU(),
            nn.Linear(64, 128),
            nn.ReLU(),
            nn.Linear(128, 28*28),
            nn.Sigmoid(),   # 픽셀당 0과 1 사이로 값을 출력합니다
)
```

❽ ```
    def forward(self, x):
        encoded = self.encoder(x)
        decoded = self.decoder(encoded)
        return encoded, decoded
```

```
⑨ autoencoder = Autoencoder().to(DEVICE)
  optimizer = torch.optim.Adam(autoencoder.parameters(), lr=0.005)
  criterion = nn.MSELoss()


⑩ # 원본 이미지를 시각화하기(첫 번째 열)
  view_data = trainset.data[:5].view(-1, 28*28)
  view_data = view_data.type(torch.FloatTensor)/255.



⑪ def train(autoencoder, train_loader):
      autoencoder.train()
      for step, (x, label) in enumerate(train_loader):
          x = x.view(-1, 28*28).to(DEVICE)
          y = x.view(-1, 28*28).to(DEVICE)
          label = label.to(DEVICE)

          encoded, decoded = autoencoder(x)

          loss = criterion(decoded, y)
          optimizer.zero_grad()
          loss.backward()
          optimizer.step()


⑫ for epoch in range(1, EPOCH+1):
      train(autoencoder, train_loader)

⑬     # 디코더에서 나온 이미지를 시각화하기(두 번째 열)
      test_x = view_data.to(DEVICE)
      _, decoded_data = autoencoder(test_x)


⑭     # 원본과 디코딩 결과 비교해보기
      f, a = plt.subplots(2, 5, figsize=(5, 2))
      print("[Epoch {}]".format(epoch))
⑮     for i in range(5):
```

```
            img = np.reshape(view_data.data.numpy()[i],(28, 28))
            a[0][i].imshow(img, cmap='gray')
            a[0][i].set_xticks(()); a[0][i].set_yticks(())

⑯      for i in range(5):
            img = np.reshape(decoded_data.to("cpu").data.numpy()[i],
                    (28, 28))
            a[1][i].imshow(img, cmap='gray')
            a[1][i].set_xticks(()); a[1][i].set_yticks(())
⑰      plt.show()
```

6.2.2 잠재 변수 들여다보기

이번엔 잠재 변수가 어떻게 생겼는지 들여다볼 차례입니다. 학습이 완료된 오토
인코더에서 나온 잠재 변수들이 3차원에서 어떻게 분포되는지 알아보겠습니다.

❶ 학습 데이터셋으로부터 원본 이미지 200개를 준비합니다. 그리고 미리 설정해
둔 DEVICE로 보낸 후 autoencoder의 encoded값을 다시 CPU로 가져옵니
다. 이번에는 복원된 값을 무시하겠습니다.

```
# 잠재 변수를 3D 플롯으로 시각화
view_data = trainset.data[:200].view(-1, 28*28)
view_data = view_data.type(torch.FloatTensor)/255.
test_x = view_data.to(DEVICE)
encoded_data, _ = autoencoder(test_x)
encoded_data = encoded_data.to("cpu")
```

❷ 각 잠재 변수에 레이블을 붙이고자 다음 딕셔너리를 준비합니다. 레이블이 있
으면 알아보기가 한결 수월할 겁니다.

```
CLASSES = {
    0: 'T-shirt/top',
    1: 'Trouser',
    2: 'Pullover',
    3: 'Dress',
    4: 'Coat',
    5: 'Sandal',
    6: 'Shirt',
    7: 'Sneaker',
    8: 'Bag',
    9: 'Ankle boot'
}
```

❸ 이번엔 Axes3D() 함수로 3차원의 액자를 만든 후 잠재 변수의 각 차원 X, Y, Z를 따로 추출하여 numpy() 함수를 불러 넘파이 행렬로 변환합니다. 그리고 200개의 이미지에 해당하는 레이블도 넘파이 행렬로 변환합니다.

```
fig = plt.figure(figsize=(10,8))
ax = Axes3D(fig)

X = encoded_data.data[:, 0].numpy()
Y = encoded_data.data[:, 1].numpy()
Z = encoded_data.data[:, 2].numpy()

labels = trainset.targets[:200].numpy()
```

❹ zip() 함수는 같은 길이의 행렬들을 모아 순서대로 묶어줍니다. 예를 들어 [1, 2, 3]과 [a, b, c] 두 행렬을 인수로 전달해서 zip() 함수를 호출하면 반복문 안에서 [1, a], [2, b], [3, c] 순서로 나옵니다. 이 예제에서는 추출한 x, y, z 그리고 레이블을 zip() 함수로 모아 순서대로 레이블에 해당하는 색상과 x, y, z 위

치를 지정해줍니다.

```
for x, y, z, s in zip(X, Y, Z, labels):
    name = CLASSES[s]
    color = cm.rainbow(int(255*s/9))
    ax.text(x, y, z, name, backgroundcolor=color)
```

⑤ 모든 데이터가 한눈에 들어올 수 있게 액자 안의 x, y, z 최솟값과 최댓값을 지정합니다.

```
ax.set_xlim(X.min(), X.max())
ax.set_ylim(Y.min(), Y.max())
ax.set_zlim(Z.min(), Z.max())
```

⑥ 마지막으로 plt.show() 함수를 호출해 화면에 나타냅니다.

```
plt.show()
```

시각화한 잠재 변수들을 살펴보면 몇 가지 흥미로운 점을 발견할 수 있습니다. 첫 번째로는 같은 레이블을 가진 이미지의 잠재 변수는 확연히 서로 모인다는 사실입니다. 두 번째로는 티셔츠T-shirt, 드레스dress, 코트coat, 셔츠shirt와 같은 윗옷들끼리는 가깝거나 겹치고, 신발류인 앵클부츠ankle boot, 샌들sandal, 운동화sneakers도 서로 가까이 자리한다는 겁니다. 비슷한 의미의 이미지라면 공간적으로 더 가깝다는 의미입니다.

모델의 생성과 학습 시 랜덤한 요소가 있으므로 최종 결과를 시각화했을 때 똑같은 결과가 나오지 않을 수 있습니다. 하지만 동일하게 잠재 변수 안에서 비슷한 특징이 모이는 결과를 확인할 수 있을 겁니다.

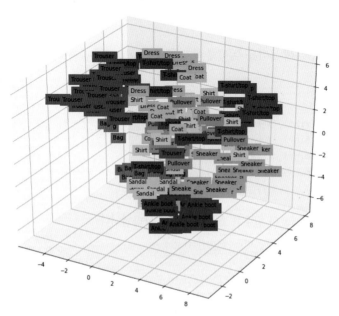

그림 6-5 3차원 공간에 시각화한 잠재 변수

전체 코드

이 책의 깃허브에서 이번 예제를 내려받을 수 있습니다.

- 깃허브 파일명 :
  /06-사람의_지도_없이_학습하는_오토인코더/basic_autoencoder.py

다음과 같이 명령창에서 실행하거나 노트북 파일을 열어서 사용합니다.

- 윈도우, 맥OS, 우분투 : $ python basic_autoencoder.py
- 주피터 노트북 파일 이름 : basic_autoencoder.ipynb

❶
```python
view_data = trainset.train_data[:200].view(-1, 28*28)
view_data = view_data.type(torch.FloatTensor)/255.
test_x = view_data.to(DEVICE)
encoded_data, _ = autoencoder(test_x)
encoded_data = encoded_data.to("cpu")
```

❷
```python
CLASSES = {
    0: 'T-shirt/top',
    1: 'Trouser',
    2: 'Pullover',
    3: 'Dress',
    4: 'Coat',
    5: 'Sandal',
    6: 'Shirt',
    7: 'Sneaker',
    8: 'Bag',
    9: 'Ankle boot'
}
```

❸
```python
fig = plt.figure(figsize=(10,8))
ax = Axes3D(fig)

X = encoded_data.data[:, 0].numpy()
Y = encoded_data.data[:, 1].numpy()
Z = encoded_data.data[:, 2].numpy()

labels = trainset.train_labels[:200].numpy()
```

❹
```python
for x, y, z, s in zip(X, Y, Z, labels):
    name = CLASSES[s]
    color = cm.rainbow(int(255*s/9))
    ax.text(x, y, z, name, backgroundcolor=color)
```

❺
```python
ax.set_xlim(X.min(), X.max())
```

```
    ax.set_ylim(Y.min(), Y.max())
    ax.set_zlim(Z.min(), Z.max())
❻ plt.show()
```

6.3 오토인코더로 망가진 이미지 복원하기

잡음 제거 오토인코더^{denoising autoencoder}는 2008년 몬트리올 대학에서 발표한 논문 「Extracting and Composing Robust Features with Denoising AutoEncoder」(http://bit.ly/2MnyVCV)에서 처음 제안했습니다.

오토인코더는 일종의 '압축'을 합니다. 여기서의 압축은 데이터의 특성에 우선순위를 매기고 낮은 순위의 데이터를 버린다는 뜻입니다. 잡음 제거 오토인코더의 아이디어는 중요한 특징을 추출하는 오토인코더 특성을 이용하여 비교적 '덜 중요한 데이터'인 잡음을 제거하는 겁니다.

구현할 때 코드의 구조는 기본적인 오토인코더와 큰 차이는 없으며, 학습할 때 입력에 잡음을 더하는 방식으로 복원 능력을 강화한 것이 핵심입니다.

6.3.1 잡음 제거 오토인코더 구현

❶ 이번 예제는 매우 간단합니다. 학습 시 모델에 들어갈 입력에 add_noise() 함수를 더해 이미지에 무작위 잡음을 더하면 됩니다. 무작위 잡음은 torch. randn() 함수로 만들며 입력에 이미지의 크기(img.size())를 넣어 이미지와 같은 크기의 잡음을 만듭니다. 그리고 나서 잡음과 이미지를 더해주기만 하면 끝입니다. 잡음의 강도는 임의로 0.2로 정했습니다.

```
def add_noise(img):
    noise = torch.randn(img.size()) * 0.2
    noisy_img = img + noise
    return noisy_img
```

❷ 학습 단계엔 6.2절 '오토인코더로 이미지의 특징 추출하기'에서 다룬 예제에 입력(x)에 잡음을 추가해주는 코드 한 줄을 추가했습니다. 새로운 모델을 사용할 필요 없이 바로 앞 예제에서 만든 오토인코더를 재활용해서 학습합니다. 이번 학습에선 학습 중 변화하는 평균 오찻값을 관찰합니다. 평균오찻값을 저장하는 avg_loss 변수를 만들고, 반복마다 각 배치의 오찻값을 더한 후, 마지막에 반복 횟수만큼 나누어 평균을 구합니다.

```
def train(autoencoder, train_loader):
    autoencoder.train()
    avg_loss = 0
    for step, (x, label) in enumerate(train_loader):
        noisy_x = add_noise(x)  # 입력에 노이즈 더하기
        noisy_x = noisy_x.view(-1, 28*28).to(DEVICE)
        y = x.view(-1, 28*28).to(DEVICE)

        label = label.to(DEVICE)
        encoded, decoded = autoencoder(noisy_x)

        loss = criterion(decoded, y)
        optimizer.zero_grad()
        loss.backward()
        optimizer.step()

        avg_loss += loss.item()
    return avg_loss / len(train_loader)
```

❸ 이번 예제에선 학습 시 시각화를 건너뛰고 학습 과정만 확인하겠습니다. 이폭과 앞서 구한 평균오찻값을 출력합니다.

```
for epoch in range(1, EPOCH+1):
    loss = train(autoencoder, train_loader)
    print("[Epoch {}] loss:{}".format(epoch, loss))
```

아래와 같이 평균오찻값이 떨어지는 것을 관찰할 수 있습니다.

```
[Epoch 1] loss:0.07460822647155475
[Epoch 2] loss:0.06502832515613992
[Epoch 3] loss:0.06379697745892285
[Epoch 4] loss:0.06316802678490753
[Epoch 5] loss:0.06283210765626003
[Epoch 6] loss:0.062458404834304794
[Epoch 7] loss:0.0622805786460061
[Epoch 8] loss:0.06214421315948719
[Epoch 9] loss:0.0619515121173757
[Epoch 10] loss:0.06185843636676955
```

6.3.2 잡음 제거 시각화하기

❹ 모델이 본 적 없는 테스트 이미지를 활용해 검증하겠습니다. Fashion MNIST 데이터셋의 입력에 train=False값을 주어 테스트셋을 만듭니다.

```
# 모델이 학습 시 본 적이 없는 데이터로 검증하기 위해 테스트 데이터셋을 가져옵니다.
testset = datasets.FashionMNIST(
    root     = './.data/',
    train    = False,
    download = True,
    transform = transforms.ToTensor()
)
```

❺ 테스트셋에서 0번째 이미지 한 장을 가져와서 모델의 입력으로 사용할 수 있게 차원과 값의 범위를 손봐줍니다. 이 과정을 거치면 0부터 255 사잇값을 가진 2차원 행렬이 0부터 1 사잇값을 가진 1차원 행렬로 변합니다. 원소 개수는 같습니다.

> **NOTE** 여러 다른 이미지를 실험해보고 싶다면 testset.data[0]의 인덱스를 바꿔가면서 관찰해보기 바랍니다.

```
sample_data = testset.data[0].view(-1, 28*28)
sample_data = sample_data.type(torch.FloatTensor)/255.
```

❻ 테스트 이미지를 학습할 때 사용했던 add_noise() 함수로 잡음을 더해주고 모델에 통과시킵니다. 이번엔 인코딩된 것은 무시하고 복원된 이미지만 보려고 합니다. 따라서 첫 번째 변수를 파이썬에서 특정 값을 무시하는 용도로 쓰는 "_"로 이름 짓습니다.

```
original_x = sample_data[0]
noisy_x = add_noise(original_x).to(DEVICE)
_, recovered_x = autoencoder(noisy_x)
```

❼ 시각화를 위해 subplot() 함수로 1행 3열의 표를 정의하고, 각 이미지 크기를 15 x 15로 지정합니다. 그리고 원본 이미지, 오염된 이미지, 복원된 사진들을 각각 맷플롯립으로 시각화하기 위해 넘파이 행렬로 변환합니다. 이미지 하나당 set_title() 함수로 제목을 지정하고 imshow() 함수로 시각화하도록 설정합니다. 마지막으로 plt.show() 함수로 화면을 띄웁니다.

```
f, a = plt.subplots(1, 3, figsize=(15, 15))

# 시각화를 위해 넘파이 행렬로 바꿔줍니다.
original_img = np.reshape(original_x.to("cpu").data.numpy(), (28, 28))
noisy_img = np.reshape(noisy_x.to("cpu").data.numpy(), (28, 28))
recovered_img = np.reshape(recovered_x.to("cpu").data.numpy(), (28, 28))

# 원본 사진
a[0].set_title('Original')
a[0].imshow(original_img, cmap='gray')

# 오염된 원본 사진
a[1].set_title('Noisy')
a[1].imshow(noisy_img, cmap='gray')

# 복원된 사진
a[2].set_title('Recovered')
a[2].imshow(recovered_img, cmap='gray')

plt.show()
```

이렇게 나온 출력값은 다음과 같습니다. 왼쪽이 원본, 중간이 노이즈가 추가된 원본, 오른쪽이 오토인코더가 복원한 이미지입니다. 그리고 두 번째 행은 테스트 셋에서 다른 이미지를 하나 더 가져와 시각화한 겁니다.

잡음 제거 오토인코더가 신발과 티셔츠 이미지들을 잘 복원하는 것 같습니다. 하지만 티셔츠의 이미지를 보니 티셔츠에 있던 그림이 복원된 그림엔 없습니다. 이때는 특징 추출 과정에서 '덜 중요한' 특징인 티셔츠 그림이 오토인코더에서 버려진 겁니다.

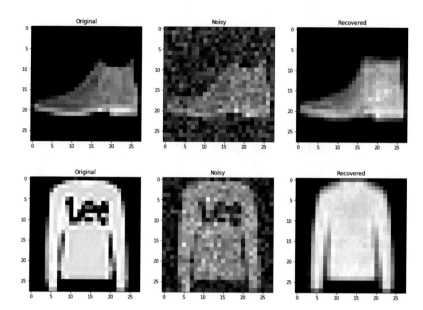

그림 6-6 원본, 오염된 원본, 복원된 이미지

전체 코드

이 책의 깃허브에서 이번 예제를 내려받을 수 있습니다.

- 깃허브 파일명 :
  /06-사람의_지도_없이_학습하는_오토인코더/denoising_autoencoder.py

다음과 같이 명령창에서 실행하거나 노트북 파일을 열어서 사용합니다.

- 윈도우, 맥OS, 우분투 : $ python denoising_autoencoder.py
- 주피터 노트북 파일 이름 : denoising_autoencoder.ipynb

```python
import torch
import torchvision
import torch.nn.functional as F
from torch import nn, optim
from torchvision import transforms, datasets

import matplotlib.pyplot as plt
from mpl_toolkits.mplot3d import Axes3D
from matplotlib import cm
import numpy as np

# 하이퍼파라미터
EPOCH = 10
BATCH_SIZE = 64
USE_CUDA = torch.cuda.is_available()
DEVICE = torch.device("cuda" if USE_CUDA else "cpu")
print("다음 기기로 학습합니다:", DEVICE)


# Fashion MNIST 학습 데이터셋
trainset = datasets.FashionMNIST(
    root      = './.data/',
    train     = True,
    download  = True,
    transform = transforms.ToTensor()
)

train_loader = torch.utils.data.DataLoader(
    dataset     = trainset,
    batch_size  = BATCH_SIZE,
    shuffle     = True,
    num_workers = 2
)


class Autoencoder(nn.Module):
    def __init__(self):
        super(Autoencoder, self).__init__()
```

```python
        self.encoder = nn.Sequential(
            nn.Linear(28*28, 128),
            nn.ReLU(),
            nn.Linear(128, 64),
            nn.ReLU(),
            nn.Linear(64, 12),
            nn.ReLU(),
            nn.Linear(12, 3),    # 입력의 특징을 3차원으로 압축합니다.
        )
        self.decoder = nn.Sequential(
            nn.Linear(3, 12),
            nn.ReLU(),
            nn.Linear(12, 64),
            nn.ReLU(),
            nn.Linear(64, 128),
            nn.ReLU(),
            nn.Linear(128, 28*28),
            nn.Sigmoid(),        # 픽셀당 0과 1 사잇값을 출력합니다.
        )

    def forward(self, x):
        encoded = self.encoder(x)
        decoded = self.decoder(encoded)
        return encoded, decoded


autoencoder = Autoencoder().to(DEVICE)
optimizer = torch.optim.Adam(autoencoder.parameters(), lr=0.005)
criterion = nn.MSELoss()


def add_noise(img):
    noise = torch.randn(img.size()) * 0.2
    noisy_img = img + noise
    return noisy_img
```

❶

```
❷ def train(autoencoder, train_loader):
      autoencoder.train()
      avg_loss = 0
      for step, (x, label) in enumerate(train_loader):
          x = add_noise(x)  # 입력에 노이즈 더하기.
          x = x.view(-1, 28*28).to(DEVICE)
          y = x.view(-1, 28*28).to(DEVICE)

          label = label.to(DEVICE)
          encoded, decoded = autoencoder(x)

          loss = criterion(decoded, y)
          optimizer.zero_grad()
          loss.backward()
          optimizer.step()

          avg_loss += loss.item()
      return avg_loss / len(train_loader)


❸ for epoch in range(1, EPOCH+1):
      loss = train(autoencoder, train_loader)
      print("[Epoch {}] loss:{}".format(epoch, loss))
      # 이번 예제에선 학습 시 시각화를 건너 뜁니다.



## 이미지 복원 시각화하기

❹ # 모델이 학습 시 본 적이 없는 데이터로 검증하기 위해 테스트 데이터셋을 가져옵니다.
  testset = datasets.FashionMNIST(
      root      = './.data/',
      train     = False,
      download  = True,
      transform = transforms.ToTensor()
  )

❺ # 테스트셋에서 이미지 한장을 가져옵니다.
  sample_data = testset.test_data[0].view(-1, 28*28)
```

```
sample_data = sample_data.type(torch.FloatTensor)/255.
```

❻ # 이미지를 add_noise로 오염시킨 후, 모델에 통과시킵니다.
```
original_x = sample_data[0]
noisy_x = add_noise(original_x).to(DEVICE)
_, recovered_x = autoencoder(noisy_x)
```

❼ f, a = plt.subplots(1, 3, figsize=(15, 15))

```
# 시각화를 위해 넘파이 행렬로 바꿔줍니다.
original_img = np.reshape(original_x.to("cpu").data.numpy(), (28, 28))
noisy_img = np.reshape(noisy_x.to("cpu").data.numpy(), (28, 28))
recovered_img = np.reshape(recovered_x.to("cpu").data.numpy(),
                          (28, 28))

# 원본 사진
a[0].set_title('Original')
a[0].imshow(original_img, cmap='gray')

# 오염된 원본 사진
a[1].set_title('Noisy')
a[1].imshow(noisy_img, cmap='gray')

# 복원된 사진
a[2].set_title('Recovered')
a[2].imshow(recovered_img, cmap='gray')

plt.show()
```

6.4 마치며

오토인코더의 개념에 대해 배우고 Fashion MNIST 데이터셋으로 간단하게 구현해보면서 오토인코더가 어떻게 동작하고 어떤 결과를 도출하는지 확인했습니다. 시각화를 통해 학습된 오토인코더에 어떤 식으로 특징들이 잠재 변수에 고

이게 되는지 알아보았으며, 잡음 제거 오토인코더를 거치자 티셔츠의 그림이 없어지는 예제로 오토인코더가 특징에 우선순위를 두고 덜 중요한 부분을 제거한다는 사실을 확인했습니다.

순차적인 데이터를
처리하는 RNN

순차적인 데이터를 처리하는 RNN

이번 장에서는 RNN을 활용하여 영화 리뷰 감정 분석과 기계 번역을 해보겠습니다.

```
I live to eat.
I eat to live.
```

위에 두 영어 문장이 있습니다. 두 문장 모두 같은 단어로 이뤄졌지만, 'live'와 'eat'의 위치가 뒤바뀌면서 뜻은 완전히 달라졌습니다. 그런데 단어의 특징만 잡아내는 일반적인 신경망 구조로는 이 변화를 인식하기가 힘듭니다. 이번 장의 목표는 이처럼 데이터의 순서가 주는 정보까지 인지해내는 새로운 형태의 신경망을 배워보는 겁니다.

- RNN 개요
- 영화 리뷰 감정 분석
- Seq2Seq 기계 번역

• Seq2Seq 기계 번역

7.1 RNN 개요

앞서 배운 신경망 모델들이 지니지 못한 결정적인 능력은 무엇일까요? 하나를 뽑자면 연달아 있는 데이터의 순서와 상호작용을 인식하여 전체 상황을 이해하는 능력이라고 생각합니다. 한 마디로 시간에 대한 개념이 없습니다. 기본적인 신경망이나 CNN 등 지금까지 공부한 대부분의 딥러닝 모델은 사진 같은 정적인 데이터를 인지합니다. 하지만 현실에서 접하는 거의 모든 경험은 순차적sequential입니다.

소설을 읽고 있다고 상상해보세요. 소설을 첫 페이지부터 마지막 페이지까지 읽어나갑니다. 그러면서 소설 속에서 일어난 자잘한 사건의 인과관계와 흐름을 인지하고, 결국엔 전체 줄거리를 파악합니다. 반대로 소설을 쓴다고 생각해보세요. 글을 어떻게 쓸지에 대한 생각에서부터 시작해 한 문장을 마무리할 때까지 첫 글자부터 끝까지 차례대로 생각이 옮겨가게 됩니다. 글을 쓰고 이해하려면 순서가 중요합니다.

이번 장에서 배워볼 새로운 신경망은 데이터가 순서대로 나열된 **순차적 데이터**sequential data 혹은 **시계열 데이터**time series data의 정보를 받아 전체 내용을 학습하는 **RNN**recurrent neural network입니다.

RNN은 정해지지 않은 길이의 배열을 읽고 설명하는 신경망입니다. 예를 들어 대표적인 시계열 데이터인 주가 정보를 입력받았다고 가정해보죠. RNN은 처음부터 순서대로 데이터를 훑으며 정보를 파악하고 등락률이 얼마나 될지 예측할 수 있습니다. 물론 주가 예측이 이렇게 간단했다면 이번 장을 읽은 독자는 모두 부자가 될 겁니다.

RNN의 출력은 순차적 데이터의 흐름을 모두 내포합니다. RNN은 시계열 데이터의 정보를 하나씩 입력받을 때마다 지금까지 입력된 벡터들을 종합해 은닉 벡터$^{hidden\ vector}$를 만들어냅니다. 다음 그림에서 볼 수 있듯 첫 번째 학습 데이터 벡터 입력$_1$을 입력받은 RNN은 은닉 벡터$_1$을 생성합니다. 입력$_1$에 이어 입력$_2$까지 RNN에 입력되면 입력$_1$과 입력$_2$를 압축한 은닉 벡터$_2$가 만들어집니다. 이런 식으로 마지막 입력$_k$까지 입력받은 RNN은 이들을 모두 압축해 은닉 벡터$_k$를 만들어냅니다. 마지막 은닉 벡터$_k$는 배열 속 모든 벡터들의 내용을 압축한 벡터라고 할 수 있습니다.

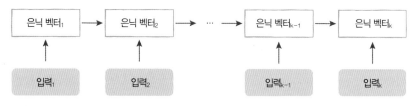

그림 7-1 RNN 구조

RNN 계열 신경망들은 대표적인 시계열 데이터인 텍스트와 자연어를 처리하고 학습하는 데 주로 사용됩니다. 오늘날에는 LSTM$^{long\ short\ term\ memory}$, GRU$^{gated\ recurrent\ unit}$ 등 응용 RNN이 개발되어 언어 모델링$^{language\ modeling}$, 텍스트 감정 분석$^{text\ sentiment\ analysis}$, 기계 번역$^{machine\ translation}$ 등의 분야에 활발하게 이용되고 있습니다. 다음 그림은 RNN을 응용한 신경망 형태의 예입니다.

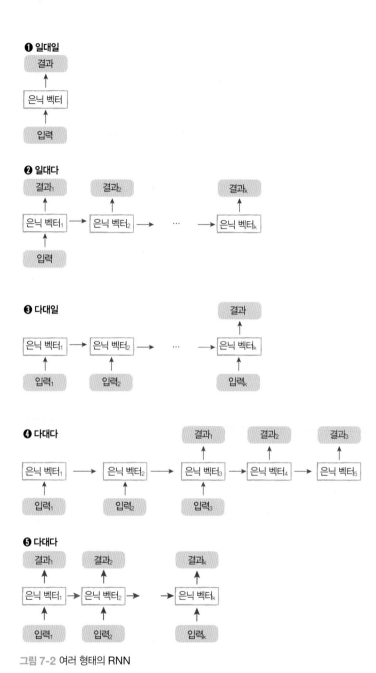

❶ 일대일

결과

↑

은닉 벡터

↑

입력

❷ 일대다

결과$_1$ 결과$_2$ 결과$_k$

↑   ↑   ↑

은닉 벡터$_1$ → 은닉 벡터$_2$ → ⋯ → 은닉 벡터$_k$

↑

입력

❸ 다대일

결과

↑

은닉 벡터$_1$ → 은닉 벡터$_2$ → ⋯ → 은닉 벡터$_k$

↑   ↑   ↑

입력$_1$ 입력$_2$ 입력$_k$

❹ 다대다

결과$_1$ 결과$_2$ 결과$_3$

↑   ↑   ↑

은닉 벡터$_1$ → 은닉 벡터$_2$ → 은닉 벡터$_3$ → 은닉 벡터$_4$ → 은닉 벡터$_5$

↑   ↑   ↑

입력$_1$ 입력$_2$ 입력$_3$

❺ 다대다

결과$_1$ 결과$_2$ 결과$_k$

↑   ↑   ↑

은닉 벡터$_1$ → 은닉 벡터$_2$ → → 은닉 벡터$_k$

↑   ↑   ↑

입력$_1$ 입력$_2$ 입력$_k$

그림 7-2 여러 형태의 RNN

❶ 일대일one to one은 일반적으로 보아온 신경망이나 CNN과 같습니다. ❷ 일대다one to many 문제는 이미지를 보고 이미지 안의 상황을 글로 설명하는 등의 문제입니다. ❸ 다대일many to one은 감정 분석 같이 순차적인 데이터를 보고 값 하나를 내는 경우입니다. ❹ 다대다many to many는 챗봇과 기계 번역 같이 순차적인 데이터를 보고 순차적인 데이터를 출력하는 문제입니다. ❺번도 역시 다대다인데, 비디오 분류 같이 매 프레임을 레이블링할 때 사용되는 구조입니다.

7.2 영화 리뷰 감정 분석

본격적으로 RNN을 이용해 텍스트 감정 분석을 하겠습니다.

데이터의 순서 정보를 학습한다는 점에서 RNN은 CIFAR-10 같은 정적 데이터보다는 동영상, 자연어, 주가 등 동적인 데이터를 이용할 때 성능이 극대화됩니다. 이번 예제에서는 가장 기본적인 자연어 처리 작업이라고 할 수 있는 '텍스트 감정 분석'을 해보겠습니다. 참고로, 자연어는 일상적으로 사용하는 말을 프로그래밍 언어와 구분하여 부르는 말입니다.

이번 책에서 처음으로 접하는 텍스트 형태의 데이터셋인 IMDB는 영화 리뷰 5만 건으로 이뤄졌습니다. 각 리뷰는 다수의 영어 문장으로 구성되었으며, 긍정적인 영화 리뷰는 2로, 부정적인 영화 리뷰는 1로 레이블링되었습니다. [그림 7-3]처럼 영화 리뷰 텍스트를 RNN에 입력해 영화평 전체 내용을 압축하고 이렇게 압축된 리뷰가 긍정적인지 부정적인지 판단해주는 간단한 분류 모델을 만드는 것이 이번 예제의 목표입니다.

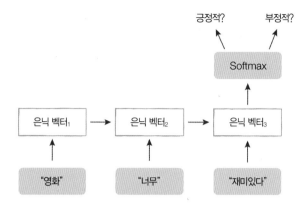

그림 7-3 RNN을 이용한 영화 리뷰 감정 분석

NOTE 토크나이징과 워드 임베딩

IMDB 데이터셋은 숫자로 이뤄진 텐서나 벡터 형태가 아닌 자연어 텍스트입니다. 이러한 데이터를 인공 신경망에 입력시키려면 전처리 과정을 거쳐 데이터를 숫자로 나타내야 합니다. 가장 먼저 해야 할 일은 다음처럼 영화 리뷰들을 '언어의 최소 단위'인 토큰^{token}으로 나누는 겁니다. 간단한 데이터셋이라면 파이썬의 split() 함수를 사용해 단어 단위로 토크나이징^{tokenizing}해도 큰 문제는 없지만, 더 좋은 성능을 내고 싶다면 SpaCy 같은 오픈소스 라이브러리를 사용하는 것을 추천합니다.

다음은 문장 속 모든 토큰을 각각의 벡터로 나타내주는 단계입니다. 그러려면 데이터셋의 모든 단어(토큰) 수만큼의 벡터를 담는 사전^{dictionary}을 정의해야 합니다. 예를 들어 앞의 한 문장으로만 이뤄진 데이터셋이라면, 사전에는 단어 벡터가 총 8개 담기게 됩니다.

```
'quick brown fox jumps over the lazy dog.'
  ↓
['quick', 'brown', 'fox', 'jumps', 'over', 'the', 'lazy', 'dog.']
```

토크나이징의 예

'brown'이라는 단어를 벡터로 변환하려면, 단순히 이 사전에서 'brown'에 해당되는 벡터, 즉 사전에서 2번째 벡터에 해당하는 벡터를 가져오면 됩니다. 이렇게 언어의 최소 단위인 토큰을 벡터 형태로 변환하는 작업을 **워드 임베딩**$^{word\ embedding}$이라고 합니다.

7.2.1 자연어 전처리

 자연어의 전처리 과정은 개념적으로는 어렵지 않지만 코딩양이 많아 상당히 귀찮고 버그를 만들기도 쉽습니다.

 다행히도 토치텍스트의 전처리 도구들과 파이토치의 nn.Embedding 같은 기능을 이용하면 이런 골치아픈 과정을 별로 어렵지 않게 해낼 수 있습니다.

 그럼 본격적으로 코드를 짜보겠습니다.

❶ 가장 먼저 모델 구현과 학습에 필요한 라이브러리들을 임포트합니다. 이번 예제에서는 자연어 데이터셋을 다루므로 토치비전이 아닌 토치텍스트를 사용합니다.

```
import os
import torch
import torch.nn as nn
import torch.nn.functional as F
from torchtext import data, datasets
```

❷ 모델 구현과 학습에 필요한 하이퍼파라미터들을 정의합니다.

```
BATCH_SIZE = 64
lr = 0.001
EPOCHS = 40
USE_CUDA = torch.cuda.is_available()
DEVICE = torch.device("cuda" if USE_CUDA else "cpu")
```

❸ 다음 단계는 신경망 학습에 쓰일 IMDB 데이터셋을 로딩하고 텐서로 변환하는 일입니다. 먼저 텍스트 형태의 영화 리뷰들과 그에 해당하는 레이블을 텐서로

바꿔줄 때 필요한 설정을 정합니다. 토치텍스트를 이용하면 이러한 설정 정보를 담은 TEXT와 LABEL이라는 객체를 쉽게 생성할 수 있습니다.

```
TEXT = data.Field(sequential=True, batch_first=True, lower=True)
LABEL = data.Field(sequential=False, batch_first=True)
```

sequential 파라미터를 이용해 데이터셋이 순차적인 데이터셋인지 명시해줍니다. 레이블값은 단순히 클래스를 나타내는 숫자이므로 순차적인 데이터가 아닙니다. batch_first 파라미터로 신경망에 입력되는 텐서의 첫 번째 차원값이 batch_size가 되도록 정해줍니다. lower 변수를 이용해 텍스트 데이터 속 모든 영문 알파벳이 소문자가 되도록 처리해줍니다.

❹ 그다음으로는 datasets 객체의 splits() 함수를 이용해 모델에 입력되는 데이터셋을 만들어줍니다. 학습셋인 trainset과 테스트셋인 testset가 생겼습니다.

```
trainset, testset = datasets.IMDB.splits(TEXT, LABEL)
```

❺ 이제 만들어진 데이터셋을 이용해 워드 임베딩에 필요한 단어 사전word vocabulary 을 만듭니다.

```
TEXT.build_vocab(trainset, min_freq=5)
LABEL.build_vocab(trainset)
```

min_freq는 학습 데이터에서 최소 5번 이상 등장한 단어만을 사전에 담겠다는 뜻입니다. 이때 학습 데이터에서 5번 미만으로 출현하는 단어는 Unknown을 뜻하는 'unk'라는 토큰으로 대체됩니다.

❻ 학습셋과 테스트셋은 있는데 학습의 진행도를 확인할 검증셋이 부족합니다. IMDB 데이터셋에선 따로 검증셋이 존재하지 않기에 학습셋을 쪼개어 사용합니다. trainset.split() 함수로 데이터셋을 나눌 수 있는데 split_ratio=0.8을 입력하여 학습셋이 80%, 검증셋이 20%가 되도록 합니다. 검증셋은 valset에 저장됩니다.

앞 장의 예제와 마찬가지로 텍스트 형태의 데이터도 모든 학습 데이터를 한번에 처리하기 보단 batch 단위로 쪼개서 학습을 진행해야 합니다. 다음 코드를 통해 trainset와 valset, 그리고 testset에서 반복할 때마다 배치를 생성해주는 반복자iterator를 만듭니다. 이 반복자를 enumerate() 함수에 입력시켜 루프를 구현하면 루프 때마다 전체 데이터셋에서 배치 단위의 데이터가 생성됩니다. 반복자를 사용하는 방법은 이후에 실제 학습을 진행하는 코드에서 좀 더 자세하게 다뤄보겠습니다.

```
trainset, valset = trainset.split(split_ratio=0.8)
train_iter, val_iter, test_iter = data.BucketIterator.splits(
                              (trainset, valset, testset),
                              batch_size=BATCH_SIZE,
                              shuffle=True, repeat=False)
```

❼ 마지막으로 사전 속 단어들의 개수와 레이블의 수를 정해주는 변수를 만듭니다.

```
vocab_size = len(TEXT.vocab)
n_classes = 2
```

학습셋, 검증셋, 그리고 테스트셋의 예제 개수를 각각 출력해 확인합니다.

```
print("[학습셋]: %d [검증셋]: %d [테스트셋]: %d [단어수]: %d [클래스] %d"
    % (len(trainset),len(valset), len(testset), vocab_size, n_classes))
```

```
[학습셋]: 20000 [검증셋]: 5000 [테스트셋]: 25000 [단어수]: 46159 [클래스] 2
```

7.2.2 RNN 모델 구현

❽ 이제부터 본격적으로 BasicGRU라는 RNN을 포함하는 신경망 모델을 만들어보겠습니다. 여타 다른 신경망 모델과 같이 파이토치의 nn.Module을 상속받습니다.

```
class BasicGRU(nn.Module):
    def __init__(self, n_layers, hidden_dim, n_vocab, embed_dim,
                 n_classes, dropout_p=0.2):
        super(BasicGRU, self).__init__()
        print("Building Basic GRU model...")
```

__init__() 함수에서 가장 먼저 정의하는 변수는 은닉 벡터들의 '층'이라고 할 수 있는 n_layers입니다. 아주 복잡한 모델이 아닌 이상 n_layers는 2 이하로 정의하는 게 보통입니다.

```
self.n_layers = n_layers
```

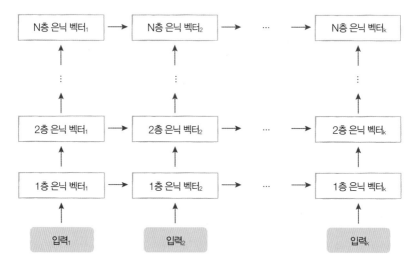

그림 7-4 다층(multilayer) 형태의 RNN

앞에서 잠시 언급한 nn.Embedding() 함수는 두 개를 입력받습니다. 첫 번째 파라미터(n_vocab)는 전체 데이터셋의 모든 단어를 사전 형태로 나타냈을 때, 그 사전에 등재된 단어 수입니다. 두 번째 파라미터(embed_dim)는 임베딩된 단어 텐서가 지니는 차원값입니다.

```
self.embed = nn.Embedding(n_vocab, embed_dim)
```

이제 RNN을 통해 생성되는 은닉 벡터 hidden vector의 차원값과 드롭아웃을 정의합니다.

```
self.hidden_dim = hidden_dim
self.dropout = nn.Dropout(dropout_p)
```

다음으로 본격적으로 RNN 모델을 정의합니다.

```
self.gru = nn.GRU(embed_dim, self.hidden_dim,
                  num_layers=self.n_layers,
                  batch_first=True)
```

여기서 잠깐, 왜 nn.RNN이 아닌 nn.GRU를 사용하는지 궁금할 겁니다. 그 이유는 RNN에는 고질적인 문제가 하나 있기 때문입니다. 사람도 긴 문장을 읽다 보면 앞부분의 맥락이 기억나지 않을 때가 있듯 딥러닝 모델도 문장의 뒷부분에 다다를수록 앞부분의 정보가 소실되는 어려움을 겪습니다.

기본적인 RNN은 입력이 길어지면 학습 도중 기울기가 너무 작아지거나 커져서 앞부분에 대한 정보를 정확히 담지 못할 수 있습니다. 기울기가 RNN 학습 도중 폭발적으로 커지는 현상을 기울기(경사도) 폭발$^{gradient\ explosion}$이라고 하며, 반대로 기울기가 너무 작아지는 현상을 기울기(경사도) 소실$^{vanishing\ gradient}$이라고 합니다. 딥러닝 연구자들은 이러한 결함을 보완하는 더 발전된 형태의 RNN을 연구해왔습니다. 그중 대표적인 것이 GRU$^{gated\ recurrent\ unit}$로, GRU는 시계열 데이터 속 벡터 사이의 정보 전달량을 조절함으로써 기울기를 적정하게 유지하고 문장 앞부분의 정보가 끝까지 도달할 수 있도록 도와줍니다.

NOTE GRU에는 시계열 데이터 내 정보 전달량을 조절하는 업데이트 게이트$^{update\ gate}$와 리셋 게이트$^{reset\ gate}$라는 개념이 존재합니다. 업데이트 게이트는 이전 은닉 벡터가 지닌 정보를 새로운 은닉 벡터가 얼마나 유지할지 정해줍니다. 리셋 게이트는 새로운 입력이 이전 은닉 벡터와 어떻게 조합하는지를 결정합니다.

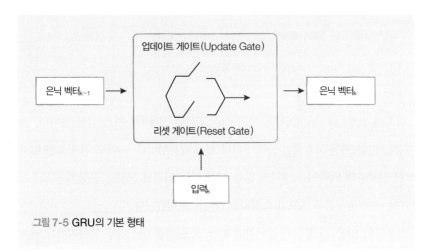

그림 7-5 GRU의 기본 형태

RNN과 마찬가지로 GRU도 시계열 데이터를 하나의 텐서로 압축합니다. 이 텐서는 문장 전체에 대한 맥락을 담고 있습니다. 이 정보를 토대로 모델이 영화 리뷰가 긍정적인지 부정적인지 분류하기 위해선 압축된 텐서를 다음과 같이 신경망에 통과시켜 클래스에 대한 예측을 출력하도록 합니다. 마치 컨볼루션 계층을 거쳐도 신경망을 통과시키는 것과 같습니다.

```
self.out = nn.Linear(self.hidden_dim, n_classes)
```

❾ 다음으로는 forward() 함수를 구현해보겠습니다. 먼저 모델에 입력된 텍스트 데이터가 어떤 전처리 과정을 거치고 신경망에 입력되는지 정의합니다. 모델에 입력되는 데이터 x는 한 배치 속에 있는 모든 영화평입니다. 이 영화평들을 embed() 함수로 워드 임베딩하면 [그림 7-6]처럼 벡터의 배열, 즉 시계열 데이터로 변환됩니다.

```
def forward(self, x):
    x = self.embed(x)
```

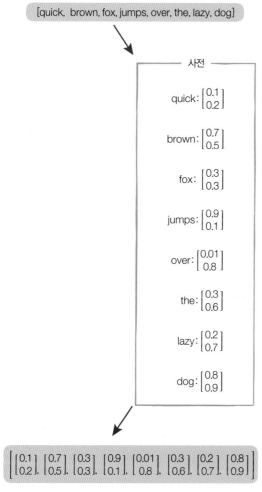

그림 7-6 임베딩을 통한 벡터의 배열 생성

보통의 신경망이라면 이제 바로 신경망 모듈의 forward() 함수를 호출해도 되겠지만, RNN 계열의 신경망은 입력 데이터 외에도 다음 코드처럼 첫 번째 은닉 벡터 H_0을 정의해 x와 함께 입력해줘야 합니다. 직접 _init_state()라는 함수를 구현하고 호출해서 첫 번째 은닉 벡터를 정의해주겠습니다.

```
h_0 = self._init_state(batch_size=x.size(0))
```

❿ 첫 번째 은닉 벡터를 정의하는 _init_state_() 함수의 동작은 다음과 같습니다. parameters() 함수는 그 신경망 모듈(nn.Module)의 가중치 정보들을 반복자^{iterator} 형태로 반환합니다. 이 반복자가 생성하는 원소들은 각각 실제 신경망의 가중치 텐서(.data)를 지닌 객체들입니다.

즉, _init_state() 함수의 첫 번째 줄인 next(self.parameters()).data는 nn.GRU 모듈의 첫 번째 가중치 텐서를 추출합니다. 이 텐서는 모델의 가중치 텐서와 같은 데이터 타입입니다. 그 후 new() 함수를 호출해 모델의 가중치와 같은 모양인 (n_layers, batch_size, hidden_dim) 모양을 갖춘 텐서로 변환한 후 zero_() 함수를 호출해 텐서 내 모든 값을 0으로 초기화합니다.

이처럼 첫 번째 은닉 벡터 H_0(코드상 h_0)은 보통 모든 특성값이 0인 벡터로 설정됩니다.

```
def _init_state(self, batch_size=1):
    weight = next(self.parameters()).data
    return weight.new(self.n_layers, batch_size, self.hidden_dim).
                      zero_()
```

다시 forward() 함수로 돌아와 코드를 살펴보겠습니다. 입력 x를 첫 번째 은닉 벡터 h_0과 함께 self.gru() 함수에 입력하면 은닉 벡터들이 시계열 배열 형태로 반환됩니다. 다시 말해 self.gru(x, h_0)의 결괏값은 (batch_size, 입력 x의 길이, hidden_dim)의 모양을 지닌 3d 텐서입니다.

self.gru() 함수가 반환한 텐서를 [:,-1,:]로 인덱싱하면 배치 내 모든 시계열 은닉 벡터들의 마지막 토큰들을 내포한 (batch_size, 1, hidden_dim) 모양의 텐서를 추출할 수 있습니다. 이 텐서를 h_t라고 정의하겠습니다.

쉽게 말해 h_t가 곧 영화 리뷰 배열들을 압축한 은닉 벡터입니다.

h_t를 추출하고 나면 dropout을 설정합니다.

```
x, _ = self.gru(x, h_0)
h_t = x[:,-1,:]
self.dropout(h_t)
```

이제 영화 리뷰 속 모든 내용을 압축한 h_t를 self.out 신경망에 입력해 결과를 출력합니다.

```
logit = self.out(h_t)
return logit
```

⑪ 그다음은 학습train 함수와 평가evaluate 함수를 구현할 차례입니다.

enumerate(train_iter)는 반복마다 배치 데이터를 반환합니다. 배치 내의 영화평 데이터와 그에 상응하는 레이블은 각각 batch.text와 batch.label을 통해 접근할 수 있습니다.

```
def train(model, optimizer, train_iter):
    model.train()
    for b, batch in enumerate(train_iter):
        x, y = batch.text.to(DEVICE), batch.label.to(DEVICE)
```

batch.label은 1이나 2의 값을 가지고 있습니다. 좀 더 깔끔하게 레이블값을 0과 1로 바꾸도록 합니다. y.data.sub_(1) 함수는 y의 모든 값에서 1씩 빼서 1은 0으로 2는 1로 만들어줍니다.

```
y.data.sub_(1)  # 레이블값을 0과 1로 변환
```

매번 기울기를 새로 계산하므로 optimizer.zero_grad() 함수로 기울기를 0으로 초기화하고, 학습 데이터 x를 모델에 입력해 예측값인 logit을 계산합니다.

```
optimizer.zero_grad()
logit = model(x)
```

그다음은 예측값과 실제 레이블 간의 오차를 구하고 기울기를 계산한 후 최적화 과정의 반복입니다.

```
loss = F.cross_entropy(logit, y)
loss.backward()
optimizer.step()
```

⑫ 다음은 검증셋과 테스트셋의 성능 측정을 위한 함수입니다. 경사 하강 과정을 건너뛰는 것을 빼고는 train() 함수와 거의 같습니다. 단, 모델의 평가를 위해 데이터셋에 대한 오찻값과 정확도의 평균을 반환합니다.

오찻값과 정확도를 구하기 위해 각 배치의 평균을 구하지 않고 데이터셋 전체의 합을 구합니다. F.cross_entropy() 함수에 reduction='sum' 설정을 주어 오차의 합을 구하고 total_loss에 더해줍니다. 모델이 맞힌 수를 모두 corrects 변

수에 담습니다. total_loss와 corrects 변수를 데이터셋의 크기로 나누어 오차 평균(avg_loss)과 정확도 평균(avg_accuracy)을 반환합니다.

```python
def evaluate(model, val_iter):
    """evaluate model"""
    model.eval()
    corrects, total_loss = 0, 0
    for batch in val_iter:
        x, y = batch.text.to(DEVICE), batch.label.to(DEVICE)
        y.data.sub_(1)  # 레이블값을 0 과 1로 변환
        logit = model(x)
        loss = F.cross_entropy(logit, y, reduction='sum')
        total_loss += loss.item()
        corrects += (logit.max(1)[1].view(y.size()).data == y.data)
                    .sum()
    size = len(val_iter.dataset)
    avg_loss = total_loss / size
    avg_accuracy = 100.0 * corrects / size
    return avg_loss, avg_accuracy
```

⑬ 본격적으로 학습을 시작하기 전, 모델 객체를 정의합니다. 모델 내 은닉 벡터의 차원값은 256으로, 그리고 임베딩된 토큰의 차원값은 128로 임의로 설정합니다. 모델 객체를 정의했으면 최적화 알고리즘을 정의합니다. 무슨 최적화 알고리즘을 사용할지 모를 때는 Adam을 사용하라는 말이 있습니다. 여기서도 빠른 학습 속도를 자랑하는 Adam 최적화 알고리즘을 사용하겠습니다.

```python
model = BasicGRU(1, 256, vocab_size, 128, n_classes, 0.5).
            to(DEVICE)
optimizer = torch.optim.Adam(model.parameters(), lr=lr)
```

⑭ 이제 학습에 필요한 모든 준비가 끝났습니다. 드디어 학습을 실행할 차례입니다!

```
best_val_loss = None
for e in range(1, EPOCHS+1):
    train(model, optimizer, train_iter)
    val_loss, val_accuracy = evaluate(model, val_iter)

    print("[이폭: %d] 검증 오차:%5.2f | 검증 정확도:%5.2f" %
          (e, val_loss, val_accuracy))
```

4장에서 배웠듯이 원하는 최종 모델은 학습 오차가 아닌 검증 오차(val_loss)가 최소화된 모델입니다. 다음과 같이 검증 오차가 가장 작은 모델을 저장하는 로직을 구현합니다.

```
# 검증오차가 가장 적은 최적의 모델을 저장
if not best_val_loss or val_loss < best_val_loss:
    if not os.path.isdir("snapshot"):
        os.makedirs("snapshot")
    torch.save(model.state_dict(), './snapshot/txtclassification.pt')
    best_val_loss = val_loss
```

학습이 진행되며 검증 오차가 줄어들며 정확도가 향상되는 것을 관찰할 수 있습니다. 이번 예제 특성상 컴퓨터 자원이 다른 예제보다 많이 필요하므로 오래걸릴 수 있습니다. GPU를 사용할 경우엔 비교적 빠르게 학습할 수 있습니다.

```
[이폭: 1] 검증 오차: 0.70 | 검증 정확도:48.00
[이폭: 2] 검증 오차: 0.69 | 검증 정확도:51.00
[이폭: 3] 검증 오차: 0.69 | 검증 정확도:57.00
[이폭: 4] 검증 오차: 0.52 | 검증 정확도:74.00
[이폭: 5] 검증 오차: 0.35 | 검증 정확도:84.00
[이폭: 6] 검증 오차: 0.31 | 검증 정확도:86.00
```

```
[이폭: 7] 검증 오차: 0.34 ┆ 검증 정확도:87.00
[이폭: 8] 검증 오차: 0.38 ┆ 검증 정확도:86.00
[이폭: 9] 검증 오차: 0.44 ┆ 검증 정확도:86.00
[이폭: 10] 검증 오차: 0.46 ┆ 검증 정확도:87.00
```

⓯ 학습을 마친 후, 테스트셋으로 모델의 성능을 시험합니다. 검증셋에서 가장 성능이 좋았던 모델을 불러와 테스트하겠습니다.

아까 만들어둔 evaluate() 함수에 테스트셋 반복자를 넣어주기만 하면 됩니다.

```
model.load_state_dict(torch.load('./snapshot/txtclassification.pt'))
test_loss, test_acc = evaluate(model, test_iter)
print('테스트 오차: %5.2f ┆ 테스트 정확도: %5.2f' % (test_loss, test_acc))
```

결과는 다음과 같이 나옵니다.

```
테스트 오차:  0.32 ┆ 테스트 정확도: 86.00
```

전체 코드

이 책의 깃허브에서 이번 예제를 내려받을 수 있습니다.

- 깃허브 파일명 : /07-순차적인_데이터를_처리하는_RNN/text_classification.py

다음과 같이 명령창에서 실행하거나 노트북 파일을 열어서 사용합니다.

- 윈도우, 맥OS, 우분투 : $ python text_classification.py
- 주피터 노트북 파일 이름 : text_classification.ipynb

```python
❶ import os
  import torch
  import torch.nn as nn
  import torch.nn.functional as F
  from torchtext import data, datasets

❷ BATCH_SIZE = 64
  lr = 0.001
  EPOCHS = 40
  USE_CUDA = torch.cuda.is_available()

❸ DEVICE = torch.device("cuda" if USE_CUDA else "cpu")
  TEXT = data.Field(sequential=True, batch_first=True, lower=True)
  LABEL = data.Field(sequential=False, batch_first=True)

❹ trainset, testset = datasets.IMDB.splits(TEXT, LABEL)

❺ TEXT.build_vocab(trainset, min_freq=5)
  LABEL.build_vocab(trainset)

❻ # 학습용 데이터를 학습셋 80% 검증셋 20%로 나누기
  trainset, valset = trainset.split(split_ratio=0.8)
  train_iter, val_iter, test_iter = data.BucketIterator.splits(
          (trainset, valset, testset), batch_size=BATCH_SIZE,
          shuffle=True, repeat=False)


❼ vocab_size = len(TEXT.vocab)
  n_classes = 2
  print("[TRAIN]: %d \t [TEST]: %d \t [VOCAB] %d \t [CLASSES] %d" %
          (len(train_iter),len(test_iter), vocab_size, n_classes))

❽ class BasicGRU(nn.Module):
      def __init__(self, n_layers, hidden_dim, n_vocab, embed_dim,
                   n_classes, dropout_p=0.2):
          super(BasicGRU, self).__init__()
          print("Building Basic GRU model...")
          self.n_layers = n_layers
          self.embed = nn.Embedding(n_vocab, embed_dim)
```

```
            self.hidden_dim = hidden_dim
            self.dropout = nn.Dropout(dropout_p)
            self.gru = nn.GRU(embed_dim, self.hidden_dim,
                              num_layers=self.n_layers,
                              batch_first=True)
            self.out = nn.Linear(self.hidden_dim, n_classes)

    ⑨    def forward(self, x):
            x = self.embed(x)
            h_0 = self._init_state(batch_size=x.size(0))
            x, _ = self.gru(x, h_0)
            h_t = x[:,-1,:]
            self.dropout(h_t)
            logit = self.out(h_t)
            return logit

    ⑩    def _init_state(self, batch_size=1):
            weight = next(self.parameters()).data
            return weight.new(self.n_layers, batch_size, self.hidden_
                              dim).zero_()

⑪ def train(model, optimizer, train_iter):
        model.train()
        for b, batch in enumerate(train_iter):
            x, y = batch.text.to(DEVICE), batch.label.to(DEVICE)
            y.data.sub_(1)  # 레이블값을 0과 1로 변환
            optimizer.zero_grad()

            logit = model(x)
            loss = F.cross_entropy(logit, y)
            loss.backward()
            optimizer.step()

⑫ def evaluate(model, val_iter):
        """evaluate model"""
        model.eval()
        corrects, total_loss = 0, 0
        for batch in val_iter:
            x, y = batch.text.to(DEVICE), batch.label.to(DEVICE)
```

```python
        y.data.sub_(1)  # 레이블값을 0과 1로 변환
        logit = model(x)
        loss = F.cross_entropy(logit, y, reduction='sum')
        total_loss += loss.item()
        corrects += (logit.max(1)[1].view(y.size()).data ==
                y.data).sum()
    size = len(val_iter.dataset)
    avg_loss = total_loss / size
    avg_accuracy = 100.0 * corrects / size
    return avg_loss, avg_accuracy

⑬ model = BasicGRU(1, 256, vocab_size, 128, n_classes, 0.5).
                to(DEVICE)
   optimizer = torch.optim.Adam(model.parameters(), lr=lr)


⑭ best_val_loss = None
   for e in range(1, EPOCHS+1):
       train(model, optimizer, train_iter)
       val_loss, val_accuracy = evaluate(model, val_iter)

       print("[이폭: %d] 검증 오차:%5.2f | 검증 정확도:%5.2f" % (e, val_
           loss, val_accuracy))

       # 검증 오차가 가장 적은 최적의 모델을 저장
       if not best_val_loss or val_loss < best_val_loss:
           if not os.path.isdir("snapshot"):
               os.makedirs("snapshot")
           torch.save(model.state_dict(),
                   './snapshot/txtclassification.pt')
           best_val_loss = val_loss

⑮ model.load_state_dict(torch.load('./snapshot/txtclassification.pt'))
   test_loss, test_acc = evaluate(model, test_iter)
   print('테스트 오차: %5.2f | 테스트 정확도: %5.2f' % (test_loss, test_acc))
```

7.3 Seq2Seq 기계 번역

2010년 이후 인공지능에서 가장 큰 관심을 받은 건 역시 알파고지만, 그와 더불어 크게 화제가 된 머신러닝 모델이 있습니다. 언어를 다른 언어로 해석해주는 **뉴럴 기계 번역**neural machine translation 모델입니다. RNN 기반의 번역 모델인 **Sequence to Sequence**(줄여서 Seq2Seq) 모델은 기계 번역의 새로운 패러다임을 열었다고 할 정도로 뛰어난 성능을 보여줬습니다.

이름에서 알 수 있듯이 Seq2Seq 모델은 시퀀스sequence를 입력받아 또 다른 시퀀스를 출력합니다. 한마디로 문장을 다른 문장으로 번역해주는 모델입니다. 일반적으로 Seq2Seq와 같은 기계 번역 모델이 이러한 능력을 학습하려면 흔히 병렬 말뭉치parallel corpora라고 하는 원문과 번역문이 쌍을 이루는 형태의 많은 텍스트 데이터가 필요합니다. 따라서 이런 모델을 제대로 학습시키려면 당연히 강력한 GPU, 복잡한 텍스트 전처리 과정, 긴 학습 시간 등 많은 리소스가 듭니다.

그래서 이번 예제에서는 Seq2Seq 모델을 아주 간소화했습니다. 한 언어의 문장을 다른 언어의 문장으로 번역하는 덩치 큰 모델이 아닌, 영어 알파벳 문자열("hello")을 스페인어 알파벳 문자열("hola")로 번역하는 미니 Seq2Seq 모델을 구현해서 기계 번역의 맛을 보겠습니다.

7.3.1 Seq2Seq 개요

Seq2Seq는 각자 다른 역할을 하는 두 개의 RNN을 이어붙인 모델입니다. 실제 사람이 번역할 때 거치는 과정을 곱씹어보면 Seq2Seq가 왜 이런 구조로 구현되었는지 쉽게 이해될 겁니다. 일반적으로 외국어를 한국어로 번역하는 과정은 다음과 같습니다.

1 외국어 문장을 읽고 의미를 이해한다.

2 외국어 문장의 의미를 생각하면서 한국어 단어를 한 자 한 자 문맥에 맞게 적어나간다.

이처럼 번역은 원문을 이해하고 번역문을 작성하는 두 가지 동작으로 구성됩니다. Seq2Seq 모델에선 이 두 역할을 각각 **인코더**^{encoder}와 **디코더**^{decoder}라는 두 RNN에 부여함으로써 번역합니다.

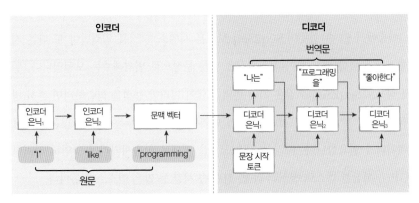

그림 7-7 Seq2Seq 기계 번역 모델

7.3.2 인코더

인코더는 원문의 내용을 학습하는 RNN입니다. 원문 속의 모든 단어를 입력받아 문장의 뜻을 내포하는 하나의 고정 크기 텐서를 만들어냅니다. 이렇게 압축된 텐서는 원문의 뜻과 내용을 압축하고 있다고 하여 **문맥 벡터**^{context vector}라고 합니다.

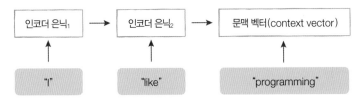

그림 7-8 원문의 내용을 압축하고 학습하는 인코더

인코더 RNN은 원문 속의 토큰을 차례대로 입력받습니다. 원문 마지막 토큰에 해당하는 은닉 벡터는 원문의 뜻을 모두 내포하는 문맥 벡터입니다.

7.3.3 디코더

인코더와 마찬가지로 디코더 또한 RNN 모델입니다. 인코더에게서 원문 문맥 벡터를 이어받아 번역문 속의 토큰을 차례대로 예상합니다.

번역할 때 '원문이 말하는 바가 무엇인가'를 항상 생각하고 있어야 합니다. 이는 디코더가 번역문의 단어나 토큰을 출력할 때 인코더로부터 정보를 전달받아야 한다는 뜻이기도 합니다.

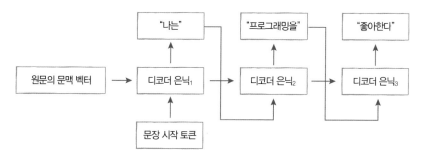

그림 7-9 원문의 문맥 벡터를 이어받아 번역문을 작성하는 디코더

이번 예제에서 구현해볼 미니 Seq2Seq 모델에서는 디코더의 첫 번째 은닉 벡터를 인코더의 내용 벡터로 정의합니다.

인코더의 내용 벡터를 입력받은 디코더는 번역문 내 토큰들을 차례대로 예측합니다. 이렇게 디코더가 예상해낸 모든 토큰과 실제 번역문 사이의 오차를 줄여나가는 것이 Seq2Seq 모델이 학습하는 기본 원리입니다.

7.3.4 Seq2Seq 모델 구현하기

❶ 여느 때와 마찬가지로 구현에 필요한 라이브러리들을 임포트합니다.

```
import torch
import torch.nn as nn
import random
import matplotlib.pyplot as plt
```

한 언어로 된 문장을 다른 언어로 번역하는 작업을 할 때는 보통 단어를 문장의 최소 단위로 여겨 단어 단위의 임베딩word embedding을 하는것이 보통입니다. 하지만 이번 예제에선 간단한 영단어 "hello"를 스페인어 "hola"로 번역하는 작업을 할 것이므로 이번 예제에서는 단어 단위의 워드 임베딩이 아닌 글자 단위의 캐릭터 임베딩character embedding을 사용하겠습니다.

❷ 다음은 데이터셋 속에 총 몇 종류의 토큰이 있는지 정의해주는 vocab_size 변수입니다. 영문만 다룰 것이므로 영문을 숫자로 표현하는 방식인 아스키ascii 코드로 임베딩을 대신하겠습니다. 아스키 코드로는 총 256개의 글자를 표현할 수 있으므로, 사전에 담을 수 있는 토큰 수를 256으로 정의했습니다.

```
vocab_size = 256   # 총 아스키 코드 개수
```

❸ Seq2Seq 모델에 입력될 원문과 번역문을 아스키 코드의 배열로 정의하고 파이토치 텐서로 바꿔줍니다.

```
x_ = list(map(ord, "hello"))   # 아스키 코드로 변환
y_ = list(map(ord, "hola"))    # 아스키 코드로 변환
x = torch.LongTensor(x_)
y = torch.LongTensor(y_)
```

❹ Seq2Seq 모델 클래스를 정의합니다. 바로 앞의 영화 리뷰 감정 분석 예제와 마찬가지로 n_layers는 1로 정의하고 RNN의 hidden_size를 입력받도록 설정합니다.

```
class Seq2Seq(nn.Module):
    def __init__(self, vocab_size, hidden_size):
        super(Seq2Seq, self).__init__()
        self.n_layers = 1
        self.hidden_size = hidden_size
```

그런 다음 임베딩 함수를 정의해줍니다. 이번 예제에서는 별도의 임베딩 차원값을 정의하지 않고 hidden_size를 임베딩된 토큰의 차원값으로 정의하겠습니다. 그런 다음 인코더와 디코더를 GRU 객체로 정의합니다.

NOTE 실전에서는 원문과 번역문의 문자 체계가 완전히 다른 경우를 대비하여 원문용 임베딩과 번역문용 임베딩을 따로 만들어야 합니다. 하지만 이번 예제에서는 영어와 스페인어 모두 아스키 코드로 나타내기 때문에 임베딩을 하나만 만들어줘도 무방합니다.

```
self.embedding = nn.Embedding(vocab_size, hidden_size)
self.encoder = nn.GRU(hidden_size, hidden_size)
self.decoder = nn.GRU(hidden_size, hidden_size)
```

마지막으로 디코더가 번역문의 다음 토큰을 예상해내는 작은 신경망을 하나 더 만들어줍니다.

```
self.project = nn.Linear(hidden_size, vocab_size)
```

이것으로 Seq2Seq의 동작에 필요한 함수 구현이 끝났습니다. 이제 forward() 함수를 구현하면서 앞에서 정의한 신경망 모듈과 객체들이 서로 어떻게 이어지는지 알아보겠습니다.

❺ 첫 번째로 인코더의 첫 번째 은닉 벡터를 정의하고 인코더에 입력되는 원문(이번 예제에서는 "hello")을 구성하는 모든 문자를 임베딩시킵니다.

```
def forward(self, inputs, targets):
    initial_state = self._init_state()
    embedding = self.embedding(inputs).unsqueeze(1)
```

원문을 인코더에 입력시켜 문맥 벡터인 encoder_state를 만들어냅니다. 그리고 이 벡터를 디코더의 첫 번째 은닉 벡터 decoder_state로 지정합니다. 디코더가 번역문의 첫 번째 토큰을 예상하려면 인코더의 문맥 벡터와 문장 시작 토큰start of sentence tocken을 입력 데이터로 받아야 합니다.

문장 시작 토큰은 실제로 문장에는 나타나지는 않지만, 디코더가 정상적으로 작동할 수 있도록 인위적으로 넣은 토큰입니다. 말 그대로 디코더에 문장의 시작을 알리기 위함이며 아스키값으로 공백 문자^{null}를 뜻하는 0으로 설정하겠습니다.

```
encoder_output, encoder_state = self.encoder(embedding,
                                              initial_state)
decoder_state = encoder_state
decoder_input = torch.LongTensor([0])
```

❻ 디코더는 문장 시작 토큰인 아스키 번호 0을 이용해 번역문 "hola"의 'h' 토큰을 예측했으면 다음 반복에선 'h' 토큰을 이용해 'o' 토큰을 예측해야 합니다. 이 동작을 for 반복문으로 구현하여 번역 토큰을 순서대로 예상하고 저장해야 합니다.

```
outputs = []
for i in range(targets.size()[0]):
```

디코더는 첫 번째 토큰과 인코더의 문맥 벡터를 동시에 입력받습니다.

```
decoder_input = self.embedding(decoder_input).unsqueeze(1)
decoder_output, decoder_state = self.decoder(decoder_input,
                                             decoder_state)
```

디코더의 결괏값은 다시 디코더 모델에 입력됩니다. 디코더의 출력값이 신경망의 마지막 층인 Softmax 층을 거치면 번역문의 다음 예상 글자가 나옵니다. 이 예상 결과를 outputs 텐서에 저장해 오차를 계산할 때 사용하겠습니다.

```
# 디코더의 출력값으로 다음 글자 예측하기
projection = self.project(decoder_output)
outputs.append(projection)
```

풍부한 데이터를 바탕으로 학습하는 seq2seq 모델이라면 위에 나온 [그림 7-9]처럼 디코더가 예측한 토큰을 다음 반복에서 입력될 토큰으로 갱신해주는 것이 정석입니다. 하지만 학습이 아직 되지 않은 상태의 모델은 잘못된 예측 토큰을 입력으로 사용할 확률이 높습니다. 만약 반복해서 잘못된 입력 토큰이 사용되면 학습이 더뎌집니다.

이를 방지하는 방법 중 티처 포싱teacher forcing이 가장 대표적입니다. 티처 포싱은 디코더 학습 시 실제 번역문의 토큰을 디코더의 전 출력값 대신 입력으로 사용해 학습을 가속하는 방법입니다. 번역문의 i번째 토큰에 해당하는 값 targets[i]를 디코더의 입력값으로 설정합니다.

```
# 티처 포싱을 이용한 디코더 입력 갱신
decoder_input = torch.LongTensor([targets[i]])
```

마지막으로 번역문의 모든 토큰에 대한 결괏값들의 배열이라 할 수 있는 outputs를 반환합니다.

```
outputs = torch.stack(outputs).squeeze()
return outputs
```

이상으로 모델 구현이 끝났습니다.

❼ 다음으로 학습을 시작하기 전 마지막으로 교차 엔트로피 오차를 구하는 CrossEntropyLoss 클래스와 최적화 알고리즘을 정의합니다.

```
seq2seq = Seq2Seq(vocab_size, 16)
criterion = nn.CrossEntropyLoss()
optimizer = th.optim.Adam(seq2seq.parameters(), lr=1e-3)
```

❽ 이제 1,000번의 이폭에 걸쳐 모델을 학습시킵니다.

```
log = []
for i in range(1000):
    prediction = seq2seq(x, y)
    loss = criterion(prediction, y)
    optimizer.zero_grad()
    loss.backward()
    optimizer.step()
    loss_val = loss.data
    log.append(loss_val)
    if i % 100 == 0:
        print("\n 반복:%d 오차: %s" % (i, loss_val.item()))
        _, top1 = prediction.data.topk(1, 1)
        print([chr(c) for c in top1.squeeze().numpy().tolist()])
```

오차가 줄어들면서 원문 "hello"의 번역 결과가 "hola"로 조금씩 변화하는 것
을 볼 수 있습니다.

```
반복:0 오차: 5.538308620452881
['q', 'C', '\x92', '\x8e']
 반복:100 오차: 2.039297103881836
['h', 'o', 'a', 'a']

 반복:200 오차: 0.5287023782730103
['h', 'o', 'l', 'a']

 반복:300 오차: 0.2585223317146301
['h', 'o', 'l', 'a']

 반복:400 오차: 0.166521817445755
['h', 'o', 'l', 'a']

 반복:500 오차: 0.1202026903629303
['h', 'o', 'l', 'a']
```

```
반복:600  오차: 0.09239096939563751
['h', 'o', 'l', 'a']

반복:700  오차: 0.07387516647577286
['h', 'o', 'l', 'a']

반복:800  오차: 0.06072056293487549
['h', 'o', 'l', 'a']

반복:900  오차: 0.05094281584024429
['h', 'o', 'l', 'a']
```

맷플롯립을 이용해서 오차가 줄어드는 모습을 한눈에 확인할 수 있습니다.

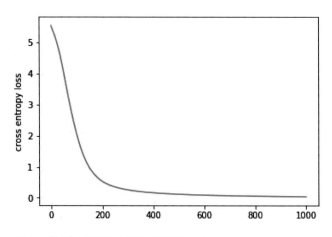

그림 7-9 학습을 진행하면서 오차가 줄어드는 모습

전체 코드

이 책의 깃허브에서 이번 예제를 내려받을 수 있습니다.

- 깃허브 파일명 : /07-순차적인_데이터를_처리하는_RNN/sequence_to_sequence.py

다음과 같이 명령창에서 실행하거나 노트북 파일을 열어서 사용합니다.

- 윈도우, 맥OS, 우분투 : $ python sequence_to_sequence.py
- 주피터 노트북 파일 이름 : sequence_to_sequence.ipynb

```python
❶ import torch
   import torch.nn as nn
   import random
   import matplotlib.pyplot as plt

❷ vocab_size = 256 # 총 아스키 코드 개수

❸ x_ = list(map(ord, "hello")) # 아스키 코드로 변환
   y_ = list(map(ord, "hola"))  # 아스키 코드로 변환
   print("hello -> ", x_)
   print("hola  -> ", y_)
   x = torch.LongTensor(x_)
   y = torch.LongTensor(y_)

❹ class Seq2Seq(nn.Module):
       def __init__(self, vocab_size, hidden_size):
           super(Seq2Seq, self).__init__()
           self.n_layers = 1
           self.hidden_size = hidden_size
           self.embedding = nn.Embedding(vocab_size, hidden_size)
           self.encoder = nn.GRU(hidden_size, hidden_size)
           self.decoder = nn.GRU(hidden_size, hidden_size)
           self.project = nn.Linear(hidden_size, vocab_size)

❺     def forward(self, inputs, targets):
           initial_state = self._init_state()
```

```
        embedding = self.embedding(inputs).unsqueeze(1)
        encoder_output, encoder_state = self.encoder(embedding,
                                    initial_state)
        decoder_state = encoder_state
        decoder_input = torch.LongTensor([0])

❻      outputs = []
        for i in range(targets.size()[0]):
            decoder_input = self.embedding(decoder_input).
                                unsqueeze(1)
            decoder_output, decoder_state = self.decoder(decoder_
                                    input, decoder_state)

            # 디코더의 출력값으로 다음 글자 예측하기
            projection = self.project(decoder_output)
            outputs.append(projection)

            # 티처 포싱을 이용한 디코더 입력 갱신
            decoder_input = torch.LongTensor([targets[i]])
        outputs = torch.stack(outputs).squeeze()
        return outputs

    def _init_state(self, batch_size=1):
        weight = next(self.parameters()).data
        return weight.new(self.n_layers, batch_size,
                            self.hidden_size).zero_()

❼ seq2seq = Seq2Seq(vocab_size, 16)
  criterion = nn.CrossEntropyLoss()
  optimizer = torch.optim.Adam(seq2seq.parameters(), lr=1e-3)

❽ log = []
  for i in range(1000):
      prediction = seq2seq(x, y)
      loss = criterion(prediction, y)
      optimizer.zero_grad()
      loss.backward()
      optimizer.step()
```

```
        loss_val = loss.data
        log.append(loss_val)
        if i % 100 == 0:
            print("\n 반복:%d 오차: %s" % (i, loss_val.item()))
                _, top1 = prediction.data.topk(1, 1)
            print([chr(c) for c in top1.squeeze().numpy().tolist()])

    plt.plot(log)
    plt.ylabel('cross entropy loss')
    plt.show()
```

7.4 마치며

이번 장의 첫 번째 예제에서는 영화평 데이터를 이용해 RNN의 기본적인 쓰임새를 배웠습니다. 그 과정에서 RNN의 단점을 보완한 모델인 GRU를 이용해 텍스트 감정 분석 모델을 학습시켜 보았습니다. 더불어 간단한 기계 번역 모델을 구현하여 기본적인 기계 번역 작동 원리 또한 알아보았습니다.

딥러닝을 해킹하는 적대적 공격

딥러닝을 해킹하는 적대적 공격

사람이 착시를 겪듯 딥러닝 모델도 일종의 '착시'를 겪습니다. 다만 이미지를 인식하는 구조가 다르기 때문에 컴퓨터가 겪는 착시는 사람과는 다릅니다. 머신러닝 모델의 착시를 유도하는 입력을 적대적 예제adversarial example라고 합니다. 이번 장에서는 적대적 예제를 생성해서 여러 가지 머신러닝 기반 시스템의 성능을 의도적으로 떨어뜨려 보안 문제를 일으키는 적대적 공격adversarial attack에 대해서 알아보겠습니다.

- 적대적 공격이란?
- 적대적 공격의 종류
- FGSM 공격

그림 8-1 원본 사진과 적대적 예제   출처 : https://arxiv.org/abs/1802.08195

왼쪽은 원본 사진, 오른쪽은 왼쪽 사진에 잡음을 더해 생성한 적대적 예제입니다. 왼쪽은 고양이, 오른쪽은 강아지 같이 보이지 않나요? 이 그림은 사람과 컴퓨터 모두를 속이는 예제입니다만, 이번 장에서는 사람에겐 똑같이 보이면서 컴퓨터를 속이는 예제 위주로 공부해보겠습니다.

학습 목표

딥러닝 모델의 약점을 발견하는 방법을 알아보고 이를 이용해 직접 해킹해봅시다.

8.1 적대적 공격이란?

머신러닝에 의존한 서비스가 많아지면서 자연스럽게 머신러닝의 보안도 중요해지고 있습니다. 최근 구글 브레인에서 진행한 연구에 의하면 모든 머신러닝 분류기가 속임수에 의해 잘못된 예측을 할 수 있다고 합니다. 더욱 놀라운 것은 복잡한 딥러닝 모델을 속이는 데는 그리 많은 노력과 복잡한 기술이 필요하지 않다는 겁니다.

자율주행, 은행의 비정상거래탐지, 의료영상분석 등 실수가 용납되지 않는 분야의 시스템에 신뢰도를 떨어뜨리는 약점이 존재한다는 사실은 치명적입니다. 자율주행차가 표지판을 보지 못할 수도, 의료진단 시스템이 병을 놓칠 수도 있습니다. 이러한 약점은 영상뿐 아니라 텍스트와 오디오에도 적용될 수 있다고 최근 밝혀지고 있습니다. 공격 방법이 조금만 더 발전되면 카페에 흐르는 음악에 몰래 명령을 넣어 음성비서가 오작동하게 할 수도 있을 겁니다. 그런데도 딥러닝 모델 내부를 해석하는 기술은 아직 초기 단계에 있기 때문에 최근 연구에서도 효과적인 방어법을 내놓진 못하고 있습니다. 이러한 이유로 각종 공격과 방어법, 그리고 더 근본적으로는 딥러닝 모델이 어떻게 데이터를 해석하는지 파헤치는 연구가 활발하게 진행 중입니다.

그림 8-2 표지판에 스티커를 붙여 만든 적대적 예제　　　　　　출처 : http://bit.ly/2D2I1FZ

잘 학습된 딥러닝 모델도 가끔 실수를 일으키기 마련입니다. 입력 데이터가 신경망 모델을 타고 흐르면서 계속 변환이 일어나는데, 각각의 변환은 입력의 특정 구조에 매우 예민하게 반응합니다. 이처럼 모델이 예민하게 반응하는 부분을 공략함으로써 모델을 헷갈리게 할 수 있습니다.

컴퓨터를 해킹하는 방법이 무궁무진하듯 적대적 공격에도 여러 종류가 있습니다. 그중 대표적인 몇 개를 알아보겠습니다.

토치비전의 학습된 모델을 가져와서 ResNet과 DenseNet 같은 복잡한 모델을 무력화하기가 얼마나 쉬운지 직접 느껴보기 바랍니다.

8.2 적대적 공격의 종류

적대적 공격은 적절한 잡음(노이즈)을 생성해 사람의 눈에는 똑같이 보이지만, 머신러닝 모델을 헷갈리게 만드는 적대적 예제를 생성하는 것이 핵심입니다. 인식 오류를 일으키지만 원본과 차이가 가장 적은 잡음을 찾는 것이고, 결국 최적화 문제로 해석할 수 있습니다. 적대적 공격에선 오차를 줄이기보단 극대화하는 쪽으로 잡음을 최적화하게 됩니다.

잡음을 생성하는 방법은 매우 많습니다. 다만 모델 정보가 필요한지, 우리가 원하는 정답으로 유도할 수 있는지, 여러 모델을 동시에 헷갈리게 할 수 있는지, 학습이 필요한지 등의 여부에 따라 종류가 나뉩니다.

극단적으로는 이미지에서 픽셀 하나만 건드려 분류기의 예측을 완전히 빗나가게 할 수 있습니다. 예를 들어 다음 그림에서 검정색 단어가 원래의 레이블이고 파란색 단어는 픽셀 하나의 값을 바꿔 예측한 값입니다.

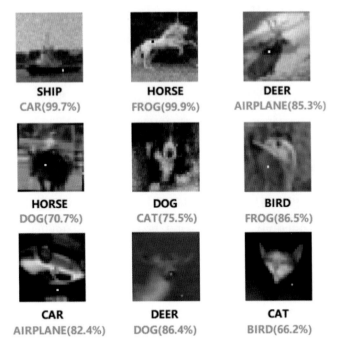

SHIP
CAR(99.7%)

HORSE
FROG(99.9%)

DEER
AIRPLANE(85.3%)

HORSE
DOG(70.7%)

DOG
CAT(75.5%)

BIRD
FROG(86.5%)

CAR
AIRPLANE(82.4%)

DEER
DOG(86.4%)

CAT
BIRD(66.2%)

그림 8-4 픽셀 하나만 바꿔 만든 적대적 예제

출처 : One pixel attack 논문(https://arxiv.org/abs/1710.08864)

적대적 예제에서 잡음의 생성 방법은 분류 기준이 무엇이냐에 따라 여러 가지로 나뉩니다. 대표적인 분류 기준을 알아보겠습니다.

첫째, 기울기와 같은 모델 정보가 필요한지에 따라, 모델 정보를 토대로 잡음을 생성하는 화이트박스$^{white\ box}$ 방법과 모델 정보 없이 생성하는 블랙박스$^{black\ box}$로 나뉩니다.

둘째, 원하는 정답으로 유도할 수 있다면 표적^{targeted}, 아니라면 비표적$^{non-targeted}$으로 분류합니다.

셋째, 잡음을 생성하기 위해 반복된 학습(최적화)이 필요하면 반복^{iterative}, 아니라면 원샷one-shot으로 나눌 수 있습니다.

넷째, 한 잡음이 특정 입력에만 적용되는지, 혹은 모든 이미지에 적용될 수 있는 범용적인 잡음인지로 나눌 수 있습니다.

가장 강력한 공격 방법은 모델 정보가 필요 없고, 원하는 정답으로 유도할 수 있고, 복잡한 학습이 필요하지 않으며, 여러 모델에 동시에 적용할 수 있는 방법이겠지만, 각 특징에는 기회비용이 존재합니다.

직관적으로 여러 모델에 동시에 어떤 정답을 유도하게 하는 강력한 공격을 하고 싶다고 가정하겠습니다. 이 공격을 수행하려면 모델에 대한 정보가 많을수록 좋고 모델의 정보를 이용하더라도 복잡한 최적화 과정을 거치지 않으면 힘들다는 것을 알 수 있습니다.

실제로 운용 중인 딥러닝 시스템들은 모델 내부 정보를 공개하지 않고 여러 가지 잡음을 제거하는 전처리 과정을 거치므로 이 책에서 설명하는 예제처럼 쉽게 속일 수는 없을 겁니다.

8.3 FGSM 공격

앞서 말했듯, 정상 데이터에 잡음을 더해 머신러닝 모델을 헷갈리게 하는 데이터가 바로 적대적 예제입니다. 이번 예제에서는 FGSMfast gradient sign method이란 방법으로 적대적 예제를 생성해, 미리 학습된 딥러닝 모델을 공격해보겠습니다. FGSM은 가장 간단한 방식의 공격이면서도 매우 효과적입니다.

FGSM은 반복된 학습 없이 잡음을 생성하는 원샷 공격으로, 입력 이미지에 대한 기울기의 정보를 추출하여 잡음을 생성합니다. [그림 8-5]처럼 잡음이 눈에 보이지 않아야 하므로 아주 작은 숫자를 곱해서 (그림에선 0.007) 희석한 후 원본 그림에 더합니다. 아래 예제에선 원본 이미지를 57.7%의 신뢰도로 "판다"로 예측하고 있었지만, 잡음이 섞이면서 99.3%의 신뢰도로 "긴팔원숭이"로 예측하는 것을 볼 수 있습니다.

최적화를 반복하여 더 정교한 잡음을 만들 수도 있습니다.

FGSM은 공격 목표를 정할 수 없는 non-targeted 방식이자, 대상 모델의 정보가 필요한 화이트박스 방식입니다.

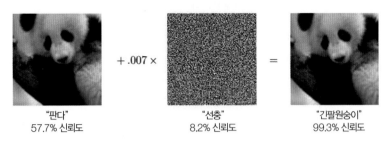

"판다"　　　　　　　　"선충"　　　　　　　"긴팔원숭이"
57.7% 신뢰도　　　　　　8.2% 신뢰도　　　　　99.3% 신뢰도

그림 8-5 적대적 예제가 만들어지는 과정

그럼 공격이 어떻게 진행되는지 단계별로 설명해보겠습니다.

❶ 일단 필수 라이브러리들을 임포트합니다.

```python
import torch
import torch.nn.functional as F
import torchvision.models as models
import torchvision.transforms as transforms

from PIL import Image
import json
import matplotlib.pyplot as plt
```

8.3.1 학습된 모델 불러오기

토치비전은 AlexNet, VGG, ResNet, SqueezeNet, DenseNet, Inception 등 여러 가지 학습된 모델을 제공합니다. 대부분은 컬러 이미지를 다루는 컴퓨터 비전 분야의 대표적인 데이터셋인 이미지넷 데이터셋으로 학습된 모델입니다.

사용할 모델을 가져오는 **models.<모델명>** 함수를 호출할 때 인수로 **pretrained=True**를 명시하면 학습이 완료된 모델을 사용할 수 있습니다.

❷ 이번 예제에서는 너무 복잡하지도 않고 너무 간단하지도 않은 적당한 모델인 ResNet101을 사용하겠습니다. 이미지넷 테스트 데이터셋으로 시험해보니 Top-1 error는 22.63, Top-5 error는 6.44로, 성능도 좋게 나오는 편입니다. 다른 모델을 사용하고 싶다면 함수만 바꾸면 됩니다. 정확도를 더 끌어올리고 싶다면 DenseNet이나 Inception v3 같은 모델을 사용하고, 노트북처럼 컴퓨팅 성능이 떨어지는 환경이라면 SqueezeNet 같이 가벼운 모델을 사용하면 됩니다.

```
model = models.resnet101(pretrained=True)
model.eval()
```

방금 불러온 모델을 그대로 사용할 수도 있지만, 실제 예측값을 보면 0부터 1,000까지의 숫자만 내뱉습니다. 이 값은 이미지넷 데이터셋의 클래스를 가리키는 번호입니다. 그러니 이 숫자를 사람이 알아볼 수 있는 클래스 이름과 이어주는 작업을 추가해봅시다.

❸ 깃허브에서 내려받은 8장(08-딥러닝을_해킹하는_적대적_공격) 프로젝트

폴더[1] 밑 imagenet_samples 폴더 안에 있는 imagenet_classes.json 파일에 숫자와 클래스 제목의 매칭 정보가 담겨 있습니다. 파이썬에서 이 매칭 정보를 언제든 이용할 수 있도록 이 파일을 딕셔너리로 만든 후 번호를 레이블 이름으로 변환해주는 idx2class 리스트를 만들어보겠습니다.

```
CLASSES = json.load(open('./imagenet_samples/imagenet_classes.json'))
idx2class = [CLASSES[str(i)] for i in range(1000)]
```

8.3.2 공격할 이미지 불러오기

모델이 준비되었으니 공격하고자 하는 이미지를 불러오겠습니다. 실제 공격은 학습용 데이터에 존재하지 않는 이미지로 가해질 것이므로 우리도 데이터셋에 존재하지 않는 이미지를 새로 준비해야 합니다.

❹ 이미지넷 데이터셋에는 펨브로크 웰시코기Pembroke Welsh Corgi라는 클래스가 존재합니다. 그래서 집필 작업 중 저희 집에 놀러온 귀여운 웰시코기 사진을 준비해봤습니다. 위에서 말한 imagenet_samples 폴더 밑에 있는 corgie.jpg 파일을 불러옵니다.

```
# 이미지 불러오기
img = Image.open('imagenet_samples/corgie.jpg')
```

❺ 인터넷에서 찾을 수 있는 이미지들은 크기가 다양하니 토치비전의 transforms를 이용하여 이미지넷과 같은 크기인 224 × 224로 바꾸겠습니다.

---

1 https://github.com/keon/3-min-pytorch/tree/master/08-딥러닝을_해킹하는_적대적_공격

그런 다음 파이토치 텐서로 변환하는 기능을 추가하여 img_transforms를 통과
시키면 어떤 이미지라도 입력으로 사용할 수 있습니다. 마지막으로
unsqueeze(0) 함수로 3 x 224 x 224의 이미지를 1 x 3 x 224 x 224로 배
치를 뜻하는 1차원을 늘려줍니다.

```
# 이미지를 텐서로 변환하기
img_transforms = transforms.Compose([
    transforms.Resize((224, 224), Image.BICUBIC),
    transforms.ToTensor(),
])

img_tensor = img_transforms(img)
img_tensor = img_tensor.unsqueeze(0)

print("이미지 텐서 모양:", img_tensor.size())
```

```
이미지 텐서 모양: torch.Size([1, 3, 224, 224])
```

❻ 원본 이미지 텐서의 시각화를 위해 squeeze() 함수로 차원을 줄이고
detach() 함수로 원본 이미지 텐서와의 연결을 끊습니다. transpose() 함수로
뒤집힌 이미지를 제자리로 돌려놓고 맷플롯립 라이브러리와 호환하는 넘파이 행
렬로 만들기 위해 numpy() 함수를 호출합니다.

마지막으로 plt.imshow() 함수로 이미지를 시각화합니다.

```
# 시각화를 위해 넘파이 행렬 변환
# [1, 3, 244, 244] -> [3, 244, 244]
original_img_view = img_tensor.squeeze(0).detach()
original_img_view = original_img_view.transpose(0,2).
                        transpose(0,1).numpy()

plt.imshow(original_img_view)
```

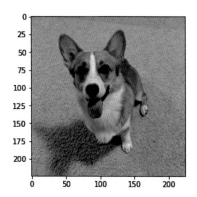

그림 8-7 원본 사진

8.3.3 공격 전 성능 확인하기

❼ 공격을 하기 전에 우리가 준비한 학습용 데이터에 없는 이미지를 얼마나 잘 분류하는지 확인하겠습니다. 앞서 준비한 모델에 이미지를 통과시키기만 하면 됩니다. 모델에서 나온 값에 max() 함수를 이용하여 확률이 가장 높은 인덱스, 즉 모델이 가장 확신하는 예측값을 가져올 수 있습니다.

```
output = model(img_tensor)
prediction = output.max(1, keepdim=False)[1]

prediction_idx = prediction.item()
prediction_name = idx2class[prediction_idx]

print("예측된 레이블 번호:", prediction_idx)
print("레이블 이름:", prediction_name)
```

우리가 준비한 ResNet101 모델은 정확하게 웰시코기라고 분류하는 것을 볼 수 있습니다.

```
예측된 레이블 번호: 263
레이블 이름: Pembroke, Pembroke Welsh corgi
```

8.3.4 FGSM 공격 함수 정의

❽ FGSM 공격의 핵심은 모델에서 입력 이미지에 대한 기울기 정보를 추출하고, 그것을 왜곡하여 원본 이미지에 더하는 겁니다. 기울기는 모델이 학습할 때 각 픽셀이 미치는 영향이라고 이해할 수 있습니다.[2] 원본 이미지를 받아 적대적 예제를 생성하는 fgsm_attack() 함수를 정의하겠습니다

모델을 헷갈리게 하려면 모델의 오찻값을 극대화해야 합니다. 딥러닝 모델을 학습할 때는 기울기의 정반대 편으로 가중치를 조절하며 오차를 줄였습니다. FGSM 공격에선 반대로 잡음이 기울기의 방향으로 최적화하도록 해서 오차를 키웁니다.

---

2 논문 출처 : Explaining and Harnessing Adversarial Examples https://arxiv.org/abs/1412.6572

따라서, 기울기의 방향성을 알 수 있도록 sign() 함수를 적용합니다. sign() 함수는 입력이 0보다 작으면 −1을, 0이면 0을, 0보다 크면 1을 출력하는 단순한 함수입니다.

그리고 작은 값인 앱실론^{epsilon}을 곱해줍니다. 앱실론은 모델 학습 시 지정해줘야 하는 학습률과 같은 개념입니다. 잡음이 너무 커지지 않고 사람의 눈에 보이지 않게 제한하는 역할입니다.

결과적으로 이미지의 기울기 방향이 양수인 곳에 앱실론만큼 값을 증가시키고 음수인 곳은 앱실론만큼 값을 감소시킵니다.

```python
def fgsm_attack(image, epsilon, gradient):
    # 기울깃값의 원소의 sign값을 구함
    sign_gradient = gradient.sign()
    # 이미지의 각 픽셀값을 sign_gradient 방향으로 epsilon만큼 조절
    perturbed_image = image + epsilon * sign_gradient
    # [0,1] 범위를 벗어나는 값 조절
    perturbed_image = torch.clamp(perturbed_image, 0, 1)
    return perturbed_image
```

8.3.5 적대적 예제 생성

❾ 원본 이미지에 대한 기울기를 추출하려면 requires_grad_(True) 함수를 호출해 이미지에 대한 기울기를 보존하도록 명시해야 합니다. 그렇지 않으면 기울기가 생성되지 않습니다.

평범하게 학습을 진행하듯 오찻값과 기울깃값을 구합니다.

```python
# 이미지의 기울기를 구하도록 설정
img_tensor.requires_grad_(True)
```

```
# 이미지를 모델에 통과시킴
output = model(img_tensor)

# 오찻값 구하기(번호 263은 웰시코기)
loss = F.nll_loss(output, torch.tensor([263]))

# 기울기 구하기
model.zero_grad()
loss.backward()
```

⑩ 역전파를 마치고 나면 img_tensor 텐서의 grad.data 변수에 입력 이미지의
기울기가 저장됩니다. 이것을 추출하고 앞서 정의한 fgsm_attack() 함수를 호
출합니다. 여기서는 앱실론을 0.03으로 지정했습니다. 앱실론은 0과 1 사이의
어느 값이라도 괜찮으니 여러 가지 앱실론 값으로 실험해보는 것을 추천합니다.

```
# 이미지의 기울기 추출
gradient = img_tensor.grad.data

# FGSM 공격으로 적대적 예제 생성
epsilon = 0.03
perturbed_data = fgsm_attack(img_tensor, epsilon, gradient)
```

이렇게 만들어진 적대적 예제를 다시 모델에 통과시켜 예측이 빗나가는지 확인
합니다.

```
# 생성된 적대적 예제를 모델에 통과시킴
output = model(perturbed_data)
```

8.3.6 적대적 예제 성능 확인

⓫ 새로 만들어진 적대적 예제 이미지를 다시 똑같은 모델로 분류해보겠습니다.

```
perturbed_prediction = output.max(1, keepdim=True)[1]

perturbed_prediction_idx = perturbed_prediction.item()
perturbed_prediction_name = idx2class[perturbed_prediction_idx]

print("예측된 레이블 번호:", perturbed_prediction_idx)
print("레이블 이름:", perturbed_prediction_name)
```

예측 결과가 다르게 나오네요!

```
예측된 레이블 번호: 172
레이블 이름: whippet
```

같은 모델이지만 방금 생성된 적대적 예제를 휘핏^{Whippet}이라고 예측하는 것을 알 수 있습니다. 휘핏은 경주를 잘하는 다리가 긴 강아지입니다. 짧은 다리가 특징인 웰시코기랑은 다른 특징이 있습니다.

그림 8-8 휘핏(Whippet)　　출처 : 픽사베이 라이센스 프리 https://pixabay.com/photos/whippet- hound-dog-canine-pet-164118/

⑫ 딥러닝 모델을 헷갈리게 한 적대적 예제가 어떻게 생겼는지 궁금해집니다. 적대적 예제를 시각화하겠습니다.

```python
# 시각화를 위해 넘파이 행렬 변환
perturbed_data_view = perturbed_data.squeeze(0).detach()
perturbed_data_view = perturbed_data_view.transpose(0,2).
transpose(0,1).numpy()

plt.imshow(perturbed_data_view)
```

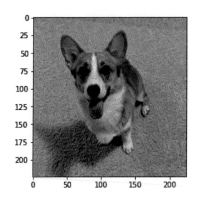

그림 8-9 생성된 적대적 예제

⑬ 이미지 주변에 이상한 무늬가 생겼지만 사람의 눈에는 여전히 웰시코기로 보입니다.

원본과 적대적 예제를 나란히 시각화하겠습니다.

```python
f, a = plt.subplots(1, 2, figsize=(10, 10))

# 원본
a[0].set_title(prediction_name)
a[0].imshow(original_img_view)
```

```
# 적대적 예제
a[1].set_title(perturbed_prediction_name)
a[1].imshow(perturbed_data_view)

plt.show()
```

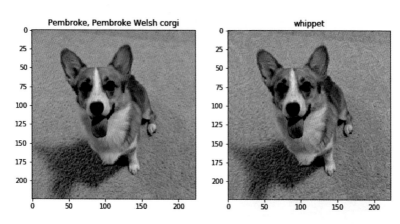

그림 8-9 원본 사진과 생성된 적대적 예제

왼쪽이 원본, 오른쪽이 우리가 잡음을 더해 만든 적대적 예제입니다.

이번 예제로 딥러닝의 성능이 대단하더라도 약점이 있다는 사실을 알 수 있습니다. 적대적 예제를 생성하는 각종 방법에 대한 연구도 진행되고 있지만, 이것을 방어하는 연구도 활발히 진행되고 있습니다.

전체 코드

이 책의 깃허브에서 이번 예제를 내려받을 수 있습니다.

- 깃허브 파일명 : /08-딥러닝을_해킹하는_적대적_공격/fgsm_attack.py

다음과 같이 명령창에서 실행하거나 노트북 파일을 열어서 사용합니다.

- 윈도우, 맥OS, 우분투 : $ python fgsm_attack.py
- 주피터 노트북 파일 이름 : fgsm_attack.ipynb

❶
```python
import torch
import torch.nn.functional as F
import torchvision.models as models
import torchvision.transforms as transforms

from PIL import Image
import json
import matplotlib.pyplot as plt
```

❷
```python
# 학습된 모델 불러오기
model = models.resnet101(pretrained=True)
model.eval()
print(model)
```

❸
```python
# 데이터셋 불러오기
CLASSES = json.load(open('./imagenet_samples/imagenet_classes.
                         json'))
idx2class = [CLASSES[str(i)] for i in range(1000)]
```

❹
```python
# 이미지 불러오기
img = Image.open('imagenet_samples/corgie.jpg')
```

❺
```python
# 이미지를 텐서로 변환하기
img_transforms = transforms.Compose([
    transforms.Resize((224, 224), Image.BICUBIC),
    transforms.ToTensor(),
])

img_tensor = img_transforms(img)
img_tensor = img_tensor.unsqueeze(0)

print("이미지 텐서 모양:", img_tensor.size())
```

❻ # 시각화를 위해 넘파이 행렬 변환
```python
original_img_view = img_tensor.squeeze(0)
# [1, 3, 244, 244] -> [3, 244, 244]
original_img_view = original_img_view.transpose(0,2).
                        transpose(0,1).detach().numpy()

# 텐서 시각화
plt.imshow(original_img_view)
```

❼ # 공격 전 성능 확인하기
```python
output = model(img_tensor)
prediction = output.max(1, keepdim=False)[1]

prediction_idx = prediction.item()
prediction_name = idx2class[prediction_idx]

print("예측된 레이블 번호:", prediction_idx)
print("레이블 이름:", prediction_name)
```

❽ # FGSM 공격 함수 정의
```python
def fgsm_attack(image, epsilon, gradient):
    # 기울깃값의 원소의 sign 값을 구함
    sign_gradient = gradient.sign()
    # 이미지의 각 픽셀값을 sign_gradient 방향으로 epsilon만큼 조절
    perturbed_image = image + epsilon * sign_gradient
    # [0,1] 범위를 벗어나는 값 조절
    perturbed_image = torch.clamp(perturbed_image, 0, 1)
    return perturbed_image
```

적대적 예제 생성

❾ # 이미지의 기울기를 구하도록 설정
```python
img_tensor.requires_grad_(True)
# 원본 이미지를 모델에 통과
```

```
        output = model(img_tensor)
        # 오찻값 구하기(번호 263은 웰시코기)
        loss = F.nll_loss(output, torch.tensor([263]))
        # 기울깃값 구하기
        model.zero_grad()
        loss.backward()
⑩      # 이미지의 기울깃값 추출
        gradient = img_tensor.grad.data

        # FGSM 공격으로 적대적 예제 생성
        epsilon = 0.03
        perturbed_data = fgsm_attack(img_tensor, epsilon, gradient)

        # 생성된 적대적 예제를 모델에 통과
        output = model(perturbed_data)


⑪      # 적대적 예제 성능 확인
        perturbed_prediction = output.max(1, keepdim=True)[1]
        perturbed_prediction_idx = perturbed_prediction.item()
        perturbed_prediction_name = idx2class[perturbed_prediction_idx]

        print("예측된 레이블 번호:", perturbed_prediction_idx)
        print("레이블 이름:", perturbed_prediction_name)


⑫      # 시각화를 위해 넘파이 행렬 변환
        perturbed_data_view = perturbed_data.squeeze(0).detach()
        perturbed_data_view = perturbed_data_view.transpose(0,2).
                              transpose(0,1).numpy()
        plt.imshow(perturbed_data_view)


⑬      # 원본과 적대적 예제 비교
        f, a = plt.subplots(1, 2, figsize=(10, 10))
        # 원본
        a[0].set_title(prediction_name)
        a[0].imshow(original_img_view)
        # 적대적 예제
```

```
a[1].set_title(perturbed_prediction_name)
a[1].imshow(perturbed_data_view)
plt.show()
```

8.4 마치며

이번 장에서는 딥러닝 모델을 혼동시킬 수 있는 적대적 예제의 개념에 대해 알아보고 코드로 FGSM 공격을 구현해보았습니다. 이로써 큰 공을 들여 학습한 복잡한 모델을 별다른 노력 없이 무력화 할 수 있다는 사실을 체험할 수 있었으며, 이 점은 어느 머신러닝 모델도 개발자의 의도에 빗나가는 결과를 낼 수 있다는 점을 보여줍니다.

NOTE 앱실론을 키우면 모델을 더욱 헷갈리게 할 수 있지만, 앱실론이 클수록 사람의 눈에도 잘 보이는 기회비용이 있습니다. 이번 장에서 소개한 예제로 직접 앱실론을 조절해가며 체험해보기 바랍니다.

경쟁하며 학습하는
GAN

경쟁하며 학습하는 GAN

GAN을 이용하여 새로운 패션 아이템을 만들어봅니다.

- GAN 기초
- GAN으로 새로운 패션 아이템 생성하기
- cGAN으로 생성 제어하기

GAN을 설명할 때 항상 나오는 명언이 있습니다. 바로 양자역학에 대한 공으로 노벨 물리학상을 받은 리처드 파인만$^{Richard Feynman}$ 교수의 "내가 만들어낼 수 없다면 이해하지 못한 것이다$^{What I cannot create, I do not understand}$"라는 문장입니다. 빈 종이가 주어졌을 때 처음부터 끝까지 '자신만의 자세한 설명'을 할 수 있어야 진정한 '이해'에 도달한다는 취지에서 한 말이라 생각됩니다. 비슷한 맥락으로 단순히 고양이와 강아지를 구분하는 것과 고양이와 강아지를 그릴 수 있는 것은 이해의 정도에 큰 차이가 있다고 할 수 있습니다. 우리가 지금까지 만든 딥러닝 모델들은 이미지를 구분하는 데 그쳤지만, 이번 장에서는 그림을 그리는 모델을 만드는 데 도전해보려고 합니다.

그림 9-1 GAN으로 생성한 가짜 얼굴 이미지   출처: https://arxiv.org/abs/1710.10196

위의 사진들은 전부 GAN으로 컴퓨터가 만든 얼굴입니다. 실제 인물 사진이 아닙니다. 최근 소개되는 GAN 기반 모델들은 이렇게 표현하고자 하는 대상의 디테일을 놀랍도록 정교하게 살릴 수 있습니다.

학습 목표

GAN을 이용해 원하는 이미지를 생성합시다.

9.1 GAN 기초

이안 굿펠로우Ian Goodfellow가 2014년 처음 제안한 GANgenerative adversarial network은 직역하면 '적대적 생성 신경망'입니다. 왠지 더 어렵게 느껴지는 우리말 이름이지만, 한 단어씩 뜯어보면 그 의미를 알 수 있습니다.

1 GAN은 **생성**generative을 하는 모델입니다. 앞서 배운 CNN과 RNN 모델로는 새로운 이미지나 음성을 만들어낼 수 없습니다. GAN은 새로운 이미지나 음성을 '창작'하도록 고안되었습니다.

2 GAN은 **적대적**adversarial으로 학습합니다. adversarial의 사전적 의미는 '서로 대립 관계에 있 는', 혹은 '적대적인'입니다. GAN 방법론에서는 가짜 이미지를 생성하는 생성자generator와 이미 지의 진위를 판별하는 판별자discriminator가 번갈아 학습하며 경쟁적으로 학습을 진행합니다.

3 GAN은 **인공 신경망**network 모델입니다. 생성자와 판별자 모두 신경망으로 되어있습니다.

GAN을 한 문장으로 종합하자면, 서로 대립하는 두 모델이 경쟁해 학습하는 방법론입니다. 미국의 컴퓨터 과학자인 얀 르쿤Yann LeCun은 이 아이디어를 '근 20년 간의 머신러닝 연구 중 가장 재밌는 아이디어'라고 했고, 앤드류 응을 비롯한 많은 연구자가 앞으로 딥러닝을 이끌 주요 기술이라고 진단했습니다. 이에 힘입어 GAN을 활용한 논문이 수없이 쏟아지고 있습니다.

GAN이 이토록 주목받고 미래지향적이라는 평가를 받는 이유는 바로 비지도학습 방식이라는 점입니다. 세상에 존재하는 데이터는 기하급수적으로 증가하고 있으며 대부분의 데이터에는 정답label이 없습니다. 그래서 사람이 모든 데이터를 일일이 가공하기는 불가능하죠. GAN은 앞서 배운 오토인코더와 같이 비지도학습을 하여 사람의 손길을 최소화하며 학습할 수 있습니다.

또한 GAN의 방법론은 유연하여 응용할 수 있는 길이 무궁무진합니다. 그래서 머신러닝으로 풀고자 하는 문제들 대부분에 GAN을 이용한 방법이 시도되고 있으며 놀라운 성과를 거두고 있습니다.

9.1.1 생성자와 판별자

GAN 모델은 생성자와 판별자라는 주요 모듈 2가지로 구성됩니다. 생성자와 판별자가 어떤 역할을 담당하는지 알아보겠습니다.

GAN 모델엔 무작위 텐서로부터 여러 가지 형태의 가짜 이미지를 생성해내는

생성자와 진짜 이미지와 가짜 이미지를 구분하는 판별자가 존재합니다. 학습이 진행되면서 생성자는 **판별자**를 속이려고 점점 더 정밀한 가짜 이미지를 생성하며, 판별자는 학습 데이터에서 가져온 진짜 이미지와 생성자가 만든 가짜 이미지를 점점 더 잘 구별하게 됩니다. 마지막에 생성자는 진짜 이미지와 거의 흡사한 가짜 이미지를 만들 수 있게 됩니다.

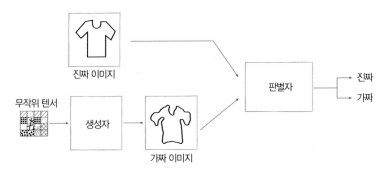

그림 9-2 GAN 모델 구조

　생성자와 판별자를 설명할 때, 흔히 지폐 위조범과 경찰관 비유를 들고는 합니다. 지폐 위조범(생성자)은 경찰을 속이기 위해 최대한 진짜 같은 지폐를 만드는 한편, 경찰(판별자)은 위조지폐와 진짜를 감별하려고 노력합니다. 이런 경쟁 구도 속에서 지폐 위조범과 경찰의 능력이 발전하게 되고, 결과적으로는 경찰이 위조범이 만드는 위폐와 진폐를 구별하기 힘들 정도가 된다는 겁니다.

9.2 GAN으로 새로운 패션 아이템 생성하기

　GAN을 이용하여 새로운 패션 아이템을 만들어봅시다. 본격적으로 GAN을 구현해보겠습니다.

9.2.1 학습 준비

❶ 먼저 필요한 라이브러리들을 임포트합니다.

```python
import os
import torch
import torchvision
import torch.nn as nn
import torch.optim as optim
from torchvision import transforms, datasets
from torchvision.utils import save_image
import matplotlib.pyplot as plt
```

❷ EPOCHS와 BATCH_SIZE 등 학습에 필요한 하이퍼파라미터들을 설정합니다.

```python
# 하이퍼파라미터
EPOCHS = 500
BATCH_SIZE = 100
USE_CUDA = torch.cuda.is_available()
DEVICE = torch.device("cuda" if USE_CUDA else "cpu")
print("다음 장치를 사용합니다:", DEVICE)
```

❸ 다음으로 학습에 필요한 데이터셋을 읽습니다.

```
# Fashion MNIST 데이터셋
trainset = datasets.FashionMNIST('./.data',
    train=True,
    download=True,
    transform=transforms.Compose([
        transforms.ToTensor(),
        transforms.Normalize((0.5,), (0.5,))
    ]))
train_loader = torch.utils.data.DataLoader(
    dataset = trainset,
    batch_size = BATCH_SIZE,
    shuffle = True)
```

train_loader는 반복문에서 사용할 수 있으며 반복 시 학습 이미지와 레이블을 (이미지, 레이블) 튜플 형태로 반환합니다.

9.2.2 생성자와 판별자 구현

데이터를 다 읽었으면 생성자와 판별자를 구현할 차례입니다. 지금까지는 신경망 모델들을 모듈(nn.Module) 클래스로 정의했기 때문에 모델의 복잡한 동작들을 함수로 정의할 수 있었습니다. 하지만 이번 예제에서 구현할 생성자와 판별자는 가독성을 위해 최대한 간단하게 만들고자 합니다.

이번에 사용할 Sequential 클래스는 신경망을 이루는 각 층에서 수행할 연산들을 입력받아 차례대로 실행하는 역할을 합니다. 앞서 간단히 다루었듯, 파이토치 모듈의 __init__()와 forward() 함수를 동시에 정의한다고 생각하면 됩니다.

❹ 생성자는 실제 데이터와 비슷한 가짜 데이터를 만들어내는 신경망입니다. 생성자는 정규분포로부터 뽑은 64차원의 무작위 텐서를 입력받아 행렬곱(Linear)과 활성화 함수(ReLU, Tanh) 연산을 실행합니다. Tanh 활성화 함수는 결괏

값을 −1과 1 사이로 압축하는 역할을 합니다. 이때 결괏값은 이미지가 될 것이므로 784차원, 즉 Fashion MNIST의 이미지와 같은 차원의 텐서입니다.

무작위 텐서를 입력하는 이유는 생성자가 실제 데이터의 '분포'를 배우는 것이기 때문입니다. 수학적으로, 그럴듯한 '가짜'는 '진짜'의 분포를 닮는다고 할 수 있습니다. 예를 들어 신발 크기가 270mm에 폭이 105mm라면 그럴듯하지만, 같은 크기에 폭이 200mm인 조합은 현실적으로 그럴듯하지 않습니다. 하나의 신발 이미지를 생성하려면 크기 외에도 수많은 조합을 고려해야 하는데, 실제 데이터의 분포와 최대한 비슷하게 해야 '그럴듯'해질 겁니다. 생성자는 정규분포 같은 단순한 분포에서부터 실제 데이터의 복잡한 분포를 배웁니다.

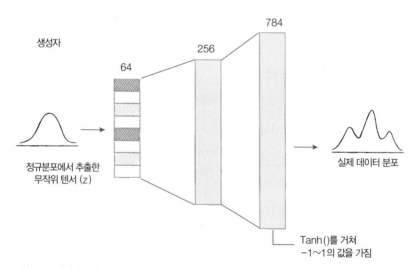

그림 9-3 생성자 모델 구조

```
# 생성자 (Generator)
G = nn.Sequential(
        nn.Linear(64, 256),
        nn.ReLU(),
        nn.Linear(256, 256),
        nn.ReLU(),
        nn.Linear(256, 784),
        nn.Tanh())
```

❺ 다음은 판별자를 구현할 차례입니다. 판별자는 이미지의 크기인 784차원의 텐
서를 입력받습니다. 판별자 역시 입력된 데이터에 행렬곱과 활성화 함수를 실행
시킵니다. 판별자는 입력된 784차원의 텐서가 생성자가 만든 가짜 이미지인지,
혹은 실제 Fashion MNIST의 이미지인지 구분하는 분류 모델입니다.

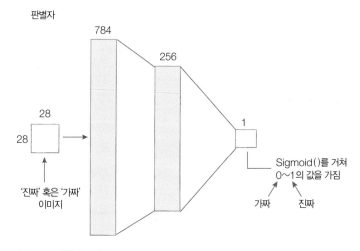

그림 9-4 판별자 모델 구조

NOTE 판별자에선 일반적으로 썼던 ReLU가 아니라 Leaky ReLU 활성화 함수를 사용합니다. Leaky ReLU 활성화 함수는 양의 기울기만 전달하는 ReLU와 다르게 약간의 음의 기울기도 다음 층에 전달하는 역할을 합니다. 이렇게 하면 판별자에서 계산된 기울기가 0이 아니라 약한 음수로 전환되며 생성자에 더 강하게 전달됩니다. GAN에서 생성자가 학습하려면 판별자로부터 기울기를 효과적으로 전달받아야 하므로 중요하다고 할 수 있습니다.

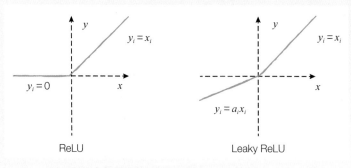

그림 9-5 ReLU와 Leaky ReLU

```
# 판별자 (Discriminator)
D = nn.Sequential(
        nn.Linear(784, 256),
        nn.LeakyReLU(0.2),
        nn.Linear(256, 256),
        nn.LeakyReLU(0.2),
        nn.Linear(256, 1),
        nn.Sigmoid())
```

9.2.3 GAN 학습 구현

❻ to() 함수로 모델을 학습에 쓰일 장치(cpu나 cuda)로 보냅니다. 생성자와 판별자 학습에 쓰일 오차 함수와 최적화 알고리즘도 각각 정의해줍니다. 레이블이 가짜, 진짜 2가지뿐이므로 오차를 구하는 데 이진 교차 엔트로피 binary cross entropy

를 사용하고 Adam 최적화 함수를 이용해 학습할 겁니다.

```
# 모델의 가중치를 지정한 장치로 보내기
D = D.to(DEVICE)
G = G.to(DEVICE)

# 이진 교차 엔트로피 오차 함수와
# 생성자와 판별자를 최적화할 Adam 모듈
criterion = nn.BCELoss()
d_optimizer = optim.Adam(D.parameters(), lr=0.0002)
g_optimizer = optim.Adam(G.parameters(), lr=0.0002)
```

❼ 모델 학습에 필요한 준비는 끝났습니다. 그럼 본격적으로 GAN을 학습시키는 반복문을 만들어보겠습니다.

```
total_step = len(train_loader)
for epoch in range(EPOCHS):
    for i, (images, _) in enumerate(train_loader):
        images = images.reshape(BATCH_SIZE, -1).to(DEVICE)
```

❽ 생성자가 만든 데이터는 '가짜'라는 레이블을 부여받고 Fashion MNIST 데이터셋의 '진짜' 데이터와 함께 판별자 신경망에 입력됩니다. 진짜와 가짜 이미지에 레이블을 달아주기 위해 두 레이블 텐서를 정의합니다. real_labels 텐서는 ones() 함수를 불러 1로만 이루어진 텐서를 만들고 fake_labels는 zeros() 함수로 0으로 채워줍니다.

```
# '진짜'와 '가짜' 레이블 생성
real_labels = torch.ones(BATCH_SIZE, 1).to(DEVICE)
fake_labels = torch.zeros(BATCH_SIZE, 1).to(DEVICE)
```

❾ 판별자는 이미지를 보고 진짜를 구분하는 능력을 학습해야 합니다. 그러려면 실제 이미지를 판별자 신경망에 입력해 얻어낸 결괏값과 진짜 레이블 사이의 오차를 계산해야 합니다.

```
# 판별자가 진짜 이미지를 진짜로 인식하는 오차 계산
outputs = D(images)
d_loss_real = criterion(outputs, real_labels)
real_score = outputs
```

❿ 다음으로는 생성자의 동작을 정의할 차례입니다. 생성자는 정규분포로부터 생성한 무작위 텐서를 입력받아 실제 이미지와 차원이 같은 텐서를 배출해야 합니다.

```
# 무작위 텐서로 가짜 이미지 생성
z = torch.randn(BATCH_SIZE, 64).to(DEVICE)
fake_images = G(z)
```

⓫ 판별자가 가짜 이미지를 가짜로 인식하는지 알아보기 위해 생성자가 만들어낸 fake_images를 판별자에 입력합니다. 이번엔 결괏값과 가짜 레이블 사이의 오차를 계산합니다.

```
# 판별자가 가짜 이미지를 가짜로 인식하는 오차 계산
outputs = D(fake_images)
d_loss_fake = criterion(outputs, fake_labels)
fake_score = outputs
```

⓬ 실제 데이터와 가짜 데이터를 가지고 낸 오차를 더해줌으로써 판별자 신경망의 전체 오차가 계산됩니다.

그다음 역전파 알고리즘과 경사하강법을 통하여 판별자 신경망을 학습시킵니다. 학습 시 zero_grad() 함수로 생성자와 판별자의 기울기를 초기화합니다.

```
# 진짜와 가짜 이미지를 갖고 낸 오차를 더해서 판별자의 오차 계산
d_loss = d_loss_real + d_loss_fake

# 역전파 알고리즘으로 판별자 모델의 학습을 진행
d_optimizer.zero_grad()
g_optimizer.zero_grad()
d_loss.backward()
d_optimizer.step()
```

판별자가 학습을 통해 한 단계 성장했습니다.

⑬ 이제 생성자를 학습시킬 차례입니다. 생성자가 만들어낸 가짜 이미지를 판별자가 진짜라고 착각할 정도까지 만들어야 합니다. 즉, 생성자의 결과물을 다시 판별자에 입력시켜, 그 결과물과 real_labels 사이의 오차를 최소화하는 식으로 학습을 진행해야 합니다.

```
# 생성자가 판별자를 속였는지에 대한 오차 계산
fake_images = G(z)
outputs = D(fake_images)
g_loss = criterion(outputs, real_labels)
```

⑭ 마찬가지로 경사하강법과 역전파 알고리즘을 사용해서 모델의 학습을 완료합니다.

```
# 역전파 알고리즘으로 생성자 모델의 학습을 진행
d_optimizer.zero_grad()
g_optimizer.zero_grad()
```

```
g_loss.backward()
g_optimizer.step()
```

⑮ 매 이폭마다 판별자의 오차 d_loss와 생성자의 오차 g_loss, 그리고 판별자
가 진짜를 진짜로 인식한 정확도 D(x)와 가짜를 진짜로 인식한 정확도
D(G(z))를 출력해 학습 진행을 확인합니다.

```
# 학습 진행 알아보기
print('이폭 [{}/{}] d_loss:{:.4f} g_loss: {:.4f} D(x):{:.2f}
    D(G(z)):{:.2f}'
    .format(epoch, EPOCHS, d_loss.item(), g_loss.item(),
        real_score.mean().item(), fake_score.mean().item()))
```

이번 GAN 모델은 학습하는 데 시간이 좀 걸립니다.

```
이폭 [0/300] d_loss:0.0416 g_loss:4.8386 D(x):0.98 D(G(z)):0.02
이폭 [1/300] d_loss:0.0139 g_loss:5.7501 D(x):1.00 D(G(z)):0.01
이폭 [2/300] d_loss:0.0129 g_loss:6.2563 D(x):1.00 D(G(z)):0.01
이폭 [3/300] d_loss:0.0399 g_loss:5.4279 D(x):0.98 D(G(z)):0.02
이폭 [4/300] d_loss:0.0781 g_loss:4.9833 D(x):0.99 D(G(z)):0.03
이폭 [5/300] d_loss:0.0935 g_loss:7.8200 D(x):0.97 D(G(z)):0.01
이폭 [6/300] d_loss:0.0686 g_loss:7.2824 D(x):0.97 D(G(z)):0.02
이폭 [7/300] d_loss:0.1218 g_loss:4.9731 D(x):0.96 D(G(z)):0.03
이폭 [8/300] d_loss:0.1959 g_loss:6.3471 D(x):0.93 D(G(z)):0.03
이폭 [9/300] d_loss:0.1629 g_loss:6.0334 D(x):0.96 D(G(z)):0.04
이폭 [10/300] d_loss:0.2646 g_loss:3.9838 D(x):0.96 D(G(z)):0.13

...중략...
이폭 [491/500] d_loss:0.9687 g_loss:1.2165 D(x):0.68 D(G(z)):0.35
이폭 [492/500] d_loss:0.9217 g_loss:1.4086 D(x):0.71 D(G(z)):0.33
이폭 [493/500] d_loss:1.2726 g_loss:1.1109 D(x):0.66 D(G(z)):0.44
이폭 [494/500] d_loss:1.0869 g_loss:1.1222 D(x):0.67 D(G(z)):0.40
```

```
이폭 [495/500] d_loss:1.2212 g_loss:1.1454 D(x):0.62 D(G(z)):0.38
이폭 [496/500] d_loss:1.0510 g_loss:1.4014 D(x):0.66 D(G(z)):0.33
이폭 [497/500] d_loss:1.0635 g_loss:1.3336 D(x):0.67 D(G(z)):0.37
이폭 [498/500] d_loss:0.8479 g_loss:1.4146 D(x):0.71 D(G(z)):0.32
이폭 [499/500] d_loss:1.3055 g_loss:1.0484 D(x):0.61 D(G(z)):0.45
```

생성자보다는 판별자의 학습이 빠릅니다. 그래서 학습이 덜 됐을 때 판별자가 높은 정확도로 진짜와 가짜 이미지를 분류하는 것을 볼 수 있습니다. 하지만 학습이 진행될수록 생성자가 진짜 같은 가짜 이미지를 만들어내는 법을 익히며, 판별자의 정확도가 50% 근처로 내려가는 것을 볼 수 있습니다. 판별자의 정확도가 50% 근처라는 것은 진짜와 가짜를 구별하지 못한다는 뜻으로 해석할 수 있습니다. 이때, 생성자는 진짜 이미지와 비슷한 그럴듯한 이미지를 만들 수 있게 됩니다.

9.2.4 결과물 시각화

⑯ 학습이 끝난 생성자의 결과물을 시각화하여 확인해보겠습니다.

```python
# 생성자가 만든 이미지 시각화하기
z = torch.randn(BATCH_SIZE, 64).to(DEVICE)
fake_images = G(z)
for i in range(10):
    fake_images_img = np.reshape(fake_images.data.cpu().numpy()
                    [i],(28, 28))
    plt.imshow(fake_images_img, cmap = 'gray')
    plt.show()
```

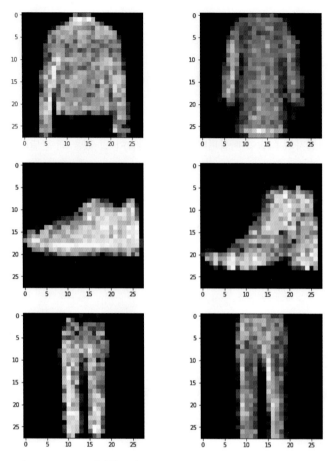

그림 9-6 GAN으로 생성한 그림들

결과물을 보면 생성자가 Fashion MNIST 샘플과 닮은 이미지들을 생성하는 것을 볼 수 있습니다. 이번 예제에선 간단한 모델을 사용했지만 CNN 등 더 복잡한 모델을 사용할 경우 훨씬 높은 해상도의 이미지를 생성할 수 있습니다.

> NOTE 이번 예제는 학습이 상당히 오래걸릴 수 있으므로 유의하기 바랍니다. 또, 학습에 무작위적인 요소들이 있어서 학습이 예제와 약간 다르게 진행될 수 있습니다.

전체 코드

이 책의 깃허브에서 이번 예제를 내려받을 수 있습니다.

- 깃허브 파일명 : /09-경쟁하며_학습하는_GAN/gan.py

다음과 같이 명령창에서 실행하거나 노트북 파일을 열어서 사용합니다.

- 윈도우, 맥OS, 우분투 : $ python gan.py
- 주피터 노트북 파일 이름 : gan.ipynb

❶
```python
import os
import torch
import torchvision
import torch.nn as nn
import torch.optim as optim
from torchvision import transforms, datasets
from torchvision.utils import save_image
import matplotlib.pyplot as plt
import numpy as np
```

❷
```python
# 하이퍼파라미터
EPOCHS = 500
BATCH_SIZE = 100
USE_CUDA = torch.cuda.is_available()
DEVICE = torch.device("cuda" if USE_CUDA else "cpu")
print("다음 장치를 사용합니다:", DEVICE)
```

❸
```python
# Fashion MNIST 데이터셋
trainset = datasets.FashionMNIST('./.data',
    train=True,
    download=True,
    transform=transforms.Compose([
        transforms.ToTensor(),
        transforms.Normalize((0.5,), (0.5,))
    ]))
train_loader = torch.utils.data.DataLoader(
    dataset = trainset,
```

```
                    batch_size = BATCH_SIZE,
                    shuffle = True)

❹  # 생성자 (Generator)
   G = nn.Sequential(
               nn.Linear(64, 256),
               nn.ReLU(),
               nn.Linear(256, 256),
               nn.ReLU(),
               nn.Linear(256, 784),
               nn.Tanh())

❺  # 판별자 (Discriminator)
   D = nn.Sequential(
               nn.Linear(784, 256),
               nn.LeakyReLU(0.2),
               nn.Linear(256, 256),
               nn.LeakyReLU(0.2),
               nn.Linear(256, 1),
               nn.Sigmoid())

❻  # 모델의 가중치를 지정한 장치로 보내기
   D = D.to(DEVICE)
   G = G.to(DEVICE)

   # 이진 교차 엔트로피 오차 함수와
   # 생성자와 판별자를 최적화할 Adam 모듈
   criterion = nn.BCELoss()
   d_optimizer = optim.Adam(D.parameters(), lr=0.0002)
   g_optimizer = optim.Adam(G.parameters(), lr=0.0002)

❼  total_step = len(train_loader)
   for epoch in range(EPOCHS):
       for i, (images, _) in enumerate(train_loader):
           images = images.reshape(BATCH_SIZE, -1).to(DEVICE)

❽          # '진짜'와 '가짜' 레이블 생성
           real_labels = torch.ones(BATCH_SIZE, 1).to(DEVICE)
```

```
        fake_labels = torch.zeros(BATCH_SIZE, 1).to(DEVICE)
```

⑨
```
        # 판별자가 진짜 이미지를 진짜로 인식하는 오차 계산
        outputs = D(images)
        d_loss_real = criterion(outputs, real_labels)
        real_score = outputs
```

⑩
```
        # 무작위 텐서로 가짜 이미지 생성
        z = torch.randn(BATCH_SIZE, 64).to(DEVICE)
        fake_images = G(z)
```

⑪
```
        # 판별자가 가짜 이미지를 가짜로 인식하는 오차 계산
        outputs = D(fake_images)
        d_loss_fake = criterion(outputs, fake_labels)
        fake_score = outputs
```

⑫
```
        # 진짜와 가짜 이미지를 갖고 낸 오차를 더해서 판별자의 오차 계산
        d_loss = d_loss_real + d_loss_fake

        # 역전파 알고리즘으로 판별자 모델의 학습을 진행
        d_optimizer.zero_grad()
        g_optimizer.zero_grad()
        d_loss.backward()
        d_optimizer.step()
```

⑬
```
        # 생성자가 판별자를 속였는지에 대한 오차 계산
        fake_images = G(z)
        outputs = D(fake_images)
        g_loss = criterion(outputs, real_labels)
```

⑭
```
        # 역전파 알고리즘으로 생성자 모델의 학습을 진행
        d_optimizer.zero_grad()
        g_optimizer.zero_grad()
        g_loss.backward()
        g_optimizer.step()
```

⑮
```
    # 학습 진행 알아보기
    print('이폭 [{}/{}] d_loss:{:.4f} g_loss: {:.4f} D(x):{:.2f}
```

```
            D(G(z)):{:.2f}'
            .format(epoch, EPOCHS, d_loss.item(), g_loss.item(),
                    real_score.mean().item(), fake_score.mean().
            item()))
```

⑯ # 생성자가 만든 이미지 시각화하기
```
z = torch.randn(BATCH_SIZE, 64).to(DEVICE)
fake_images = G(z)
for i in range(10):
    fake_images_img = np.reshape(fake_images.data.cpu().numpy()
                                [i],(28, 28))
    plt.imshow(fake_images_img, cmap = 'gray')
    plt.show()
```

9.3 cGAN으로 생성 제어하기

이미지를 무작위로 생성하는 것도 좋지만, GAN이 더욱 쓸모 있으려면 사용자
가 원하는 이미지를 생성하는 기능을 제공해야 합니다. 이미지 생성 과정에서 생
성하고픈 레이블 정보를 추가로 넣어 원하는 이미지가 나오게끔 모델을 수정하겠
습니다.

9.3.1 cGAN으로 원하는 이미지 생성하기

앞서 본 GAN 모델의 코드는 '여러 종류의 패션 아이템 중 무엇을 생성해라'라
고 지시하는 로직이 없습니다. 말 그대로 무작위 벡터를 입력받아 무작위로 패션
아이템을 출력한 것이죠. 즉, 앞서 구현한 GAN은 사용자가 원하는 패션 아이템
을 생성하는 능력이 없습니다.

이러한 GAN의 한계를 보완해서 출력할 아이템의 종류를 사용자로부터 입력받
아 그에 해당하는 이미지를 생성하는 모델이 바로 이번 예제에서 구현할 '조건부

GAN', 혹은 **cGAN**conditional GAN[1] 입니다.

cGAN의 생성자는 학습 과정에서 생성하고픈 아이템의 종류 정보를 입력받아야 합니다. 이를 구현하는 방법은 생성자와 판별자의 입력에 레이블 정보를 이어 붙이는 겁니다. cGAN에선 그림처럼 생성자와 판별자에 레이블 정보가 들어갑니다.

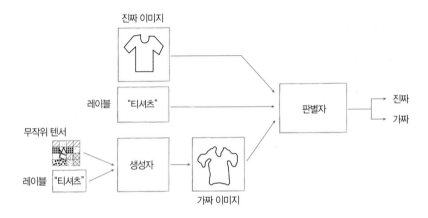

그림 9-7 cGAN 모델 구조

필요한 라이브러리 임포트, 하이퍼파라미터 설정, 데이터 로딩 부분은 앞의 예제와 똑같으니 생략합니다.

9.3.2 조건부 생성자와 판별자

❶ 이번 예제에선 생성자와 판별자가 하나의 입력이 아닌 레이블 정보까지 두 가지 입력을 받습니다. 각 모듈을 직접 구현해보겠습니다.

이번 예제에선 무작위 텐서(z)의 크기를 100으로 정합니다. 그런데 왜 생성자

---

1   https://arxiv.org/pdf/1411.1784.pdf

의 첫 계층이 110개의 값을 받는 걸까요? 나머지 10은 레이블에 관한 정보이기 때문입니다. cGAN의 생성자는 무작위로 생성한 레이블 정보를 받아 해당 레이블에 대한 이미지를 생성하도록 학습하게 됩니다.

embed() 함수는 '배치 x 1' 크기의 레이블 텐서를 받아 '배치 x 10 '의 연속적인 텐서로 전환합니다. 똑같은 레이블은 항상 똑같은 텐서를 만들기 때문에 단순히 연속적인 텐서를 레이블값에 단순 대입(매핑)한다고 보면 됩니다. 이렇게 하는 이유는 연속적인 값이 학습에 더 유용하기 때문입니다.

조금 더 복잡한 모델이니 512노드가 1,024노드가 되는 한 층을 더 늘려 아래처럼 만들어보았습니다.

또 다른 점은 아까 보았던 LeakyReLU를 사용했다는 겁니다. inplace=True 설정은 입력을 복사하지 않고 바로 조작한다는 뜻입니다.

```python
# 생성자(Generator)
class Generator(nn.Module):
    def __init__(self):
        super().__init__()

        self.embed = nn.Embedding(10, 10)

        self.model = nn.Sequential(
            nn.Linear(110, 256),
            nn.LeakyReLU(0.2, inplace=True),
            nn.Linear(256, 512),
            nn.LeakyReLU(0.2, inplace=True),
            nn.Linear(512, 1024),
            nn.LeakyReLU(0.2, inplace=True),
            nn.Linear(1024, 784),
            nn.Tanh()
        )

    def forward(self, z, labels):
```

```
c = self.embed(labels)
x = torch.cat([z, c], 1)
return self.model(x)
```

파이토치의 cat() 함수는 두 벡터를 (두 번째 인수 차원에 대해서) 이어붙이는 연산을 실행합니다. 앞서 설명한 것처럼 무작위 벡터와 클래스 레이블을 이어붙이고 생성자에 입력합니다.

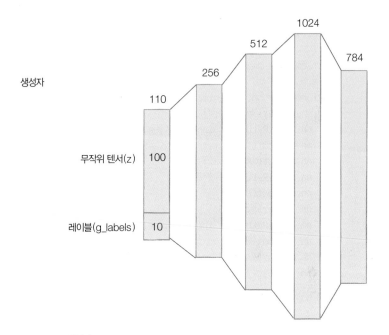

그림 9-7 cGAN 생성자

❷ cGAN의 판별자 역시 레이블 정보를 받습니다. 이때 생성자에서 이미지를 만들때 쓴 레이블 정보를 입력받아 "레이블이 주어졌을때 가짜인 확률과 진짜인 확률"을 추정한다고 생각하면 됩니다.

판별자에게도 레이블 정보를 전달하기 위해 이미지 크기(784)에 10을 더해줍니다. 그리고 판별자에게도 794노드에서 1,024노드를 출력하는 계층 하나와 성능을 늘리기 위해 드롭아웃 계층을 2개 더 추가합니다.

입력은 마지막 계층인 Sigmoid() 함수를 거쳐 각각 가짜와 진짜를 뜻하는 0과 1 사이를 반환합니다.

```python
# 판별자 (Discriminator)
class Discriminator(nn.Module):
    def __init__(self):
        super().__init__()

        self.embed = nn.Embedding(10, 10)

        self.model = nn.Sequential(
            nn.Linear(794, 1024),
            nn.LeakyReLU(0.2, inplace=True),
            nn.Dropout(0.3),
            nn.Linear(1024, 512),
            nn.LeakyReLU(0.2, inplace=True),
            nn.Dropout(0.3),
            nn.Linear(512, 256),
            nn.LeakyReLU(0.2, inplace=True),
            nn.Dropout(0.3),
            nn.Linear(256, 1),
            nn.Sigmoid()
        )

    def forward(self, x, labels):
        c = self.embed(labels)
        x = torch.cat([x, c], 1)
        return self.model(x)
```

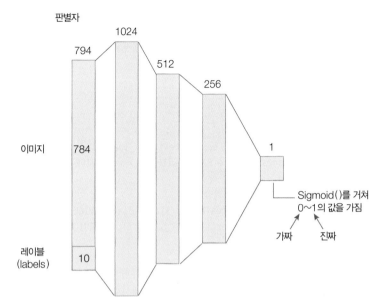

판별자

1024

794

512

256

이미지 784

1

Sigmoid( )를 거쳐
0~1의 값을 가짐

가짜   진짜

레이블
(labels) 10

그림 9-7 cGAN 판별자

9.3.3 cGAN 학습 구현

❸ 모델의 인스턴스를 만듭니다. 그리고 모델의 가중치를 지정한 장치로 보냅니다.

오차 함수와 최적화 모듈은 직전 예제와 같습니다.

```python
# 모델 인스턴스를 만들고 모델의 가중치를 지정한 장치로 보내기
D = Discriminator().to(DEVICE)
G = Generator().to(DEVICE)

# 이진 교차 엔트로피 오차 함수와
# 생성자와 판별자를 최적화할 Adam 모듈
criterion = nn.BCELoss()
d_optimizer = optim.Adam(D.parameters(), lr=0.0002)
g_optimizer = optim.Adam(G.parameters(), lr=0.0002)
```

❹ 이번엔 데이터로더(train_loader)의 두 번째 반환값도 사용할 것이므로 레이블(labels) 표기를 해줍니다. 그리고 일반 GAN 예제와 같이 진짜와 가짜 레이블을 만듭니다.

```python
total_step = len(train_loader)
for epoch in range(EPOCHS):
    for i, (images, labels) in enumerate(train_loader):
        images = images.reshape(BATCH_SIZE, -1).to(DEVICE)

        # '진짜'와 '가짜' 레이블 생성
        real_labels = torch.ones(BATCH_SIZE, 1).to(DEVICE)
        fake_labels = torch.zeros(BATCH_SIZE, 1).to(DEVICE)
```

❺ 판별자가 진짜 이미지를 진짜로 인식하는 오차를 계산합니다. 이때, 데이터셋의 레이블을 입력해 판별자가 이미지와 레이블의 관계를 학습하게 합니다.

```python
# 판별자가 진짜 이미지를 진짜로 인식하는 오차 계산(데이터셋 레이블 입력)
labels = labels.to(DEVICE)
outputs = D(images, labels)
d_loss_real = criterion(outputs, real_labels)
real_score = outputs
```

❻ 무작위 텐서를 생성하는데, torch.randint로 0과 10 사이의 값을 가진 '배치 x 1' 크기의 텐서를 하나 만들고, g_label이라고 이름을 짓습니다. z와 g_label을 생성자에 입력해 g_label과 생성물의 관계성을 학습하도록 합니다.

```python
# 무작위 텐서와 무작위 레이블을 생성자에 입력해 가짜 이미지 생성
z = torch.randn(BATCH_SIZE, 100).to(DEVICE)
g_label = torch.randint(0, 10, (BATCH_SIZE,)).to(DEVICE)
fake_images= G(z, g_label)
```

❼ 이렇게 만들어진 '가짜' 이미지를 판별자에게 입력합니다. 판별자가 생성자가 이미지를 생성할때 쓴 레이블과 생성 결과물인 이미지를 보고 가짜라고 인식하는 오차를 계산합니다.

```
# 판별자가 가짜 이미지를 가짜로 인식하는 오차 계산
outputs = D(fake_images, g_label)
d_loss_fake = criterion(outputs, fake_labels)
fake_score = outputs
```

❽ 진짜와 가짜 이미지, 그리고 각각의 레이블을 보고 계산한 판별자의 총 오차를 계산하고 역전파 알고리즘으로 판별자의 학습을 진행합니다.

```
# 진짜와 가짜 이미지를 갖고 낸 오차를 더해서 판별자의 오차 계산
d_loss = d_loss_real + d_loss_fake

# 역전파 알고리즘으로 판별자 모델의 학습을 진행
d_optimizer.zero_grad()
g_optimizer.zero_grad()
d_loss.backward()
d_optimizer.step()
```

❾ 생성자도 아까 생성해둔 z와 g_label로 다시 이미지를 생성하고 판별자를 속이는지에 대한 오차를 계산합니다. 이때는 생성자와 판별자 둘 다 g_label을 두 번째 인수로 받습니다.

```
# 생성자가 판별자를 속였는지에 대한 오차 계산(무작위 레이블 입력)
fake_images = G(z, g_label)
outputs = D(fake_images, g_label)
g_loss = criterion(outputs, real_labels)
```

```
# 역전파 알고리즘으로 생성자 모델의 학습을 진행
d_optimizer.zero_grad()
g_optimizer.zero_grad()
g_loss.backward()
g_optimizer.step()
```

⑩ 이폭의 진행상황을 파악하기 위해 로깅을 합니다.

```
print('이폭 [{}/{}] d_loss:{:.4f} g_loss: {:.4f} D(x):{:.2f}
    D(G(z)):{:.2f}'
    .format(epoch, EPOCHS, d_loss.item(), g_loss.item(),
        real_score.mean().item(), fake_score.mean().item()))
```

이번 예제 역시 학습시간이 오래걸립니다. 마음의 준비를 하고 학습을 시작해주
세요.

9.3.4 결과물 시각화

⑪ 이제 학습이 끝날 때까지 기다린 후, 패션 아이템을 선택적으로 생성해보겠습
니다. 아래는 레이블 번호와 이름을 담은 표입니다.

레이블 번호	이름	영문 이름
0	티셔츠	T-Shirt
1	바지	Trouser
2	스웨터	Pullover
3	드레스	Dress
4	코트	Coat
5	샌들	Sandal
6	셔츠	Shirt

7	신발	Sneaker
8	가방	Bag
9	부츠	Ankle Boot

아이템 번호를 골라 item_number 변수에 저장합니다. 그리고 무작위 텐서 z와 레이블 정보 g_label은 하나의 이미지만 출력하기 위해 배치 크기를 1로 지정해줍니다.

torch.full() 함수는 새로운 텐서를 만드는 함수입니다. 첫 번째 인수로 텐서의 크기, 두 번째 인수로 텐서 원소들을 초기화할 값을 받아 g_label이라는 1차원 텐서를 생성합니다. G_label 텐서는 아까 지정한 아이템 번호를 담고 있습니다.

생성자 G에 무작위 텐서와 g_label을 입력해 이미지를 생성한 후 sample_images에 담습니다. 그리고 파이토치 텐서를 시각화하기 위해 넘파이 행렬로 바꾼 후 imshow() 함수를 이용해 시각화합니다.

```python
# 만들고 싶은 아이템 생성하고 시각화하기
item_number = 9  # 아이템 번호
z = torch.randn(1, 100).to(DEVICE)    # 배치 크기 1
g_label = torch.full((1,), item_number, dtype=torch.long).
                to(DEVICE)
sample_images= G(z, g_label)

sample_images_img = np.reshape(sample_images.data.cpu().numpy()
                    [0],(28, 28))
plt.imshow(sample_images_img, cmap = 'gray')
plt.show()
```

아이템 번호 9를 입력할 경우 우리가 원한대로 부츠가 생성되는 것을 볼 수 있습니다!

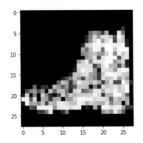

그림 9-8 cGAN으로 생성한 부츠

item_number를 조절하여 여러 가지 패션 아이템을 생성해볼 수 있습니다.

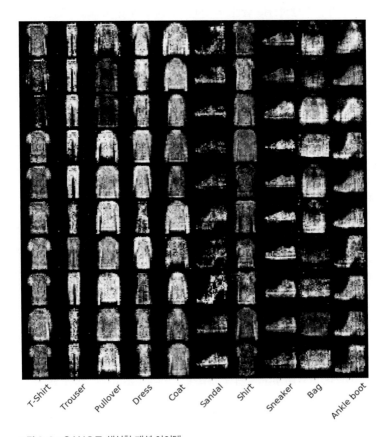

그림 9-9 cGAN으로 생성한 패션 아이템

전체 코드

이 책의 깃허브에서 이번 예제를 내려받을 수 있습니다.

- 깃허브 파일명 : /09-경쟁하며_학습하는_GAN/conditional_gan.py

다음과 같이 명령창에서 실행하거나 노트북 파일을 열어서 사용합니다.

- 윈도우, 맥OS, 우분투 : $ python conditional_gan.py
- 주피터 노트북 파일 이름 : conditional_gan.ipynb

```python
import os
import torch
import torchvision
import torch.nn as nn
import torch.optim as optim
from torchvision import transforms, datasets
from torchvision.utils import save_image
import matplotlib.pyplot as plt
import numpy as np


# 하이퍼파라미터
EPOCHS = 300
BATCH_SIZE = 100
USE_CUDA = torch.cuda.is_available()
DEVICE = torch.device("cuda" if USE_CUDA else "cpu")
print("Using Device:", DEVICE)


# Fashion MNIST 데이터셋
trainset = datasets.FashionMNIST('./.data',
    train=True,
    download=True,
    transform=transforms.Compose([
        transforms.ToTensor(),
        transforms.Normalize((0.5,), (0.5,))
    ]))
```

```
train_loader = torch.utils.data.DataLoader(
    dataset = trainset,
    batch_size = BATCH_SIZE,
    shuffle = True)
```

❶ # 생성자(Generator)
```
class Generator(nn.Module):
    def __init__(self):
        super().__init__()

        self.embed = nn.Embedding(10, 10)

        self.model = nn.Sequential(
            nn.Linear(110, 256),
            nn.LeakyReLU(0.2, inplace=True),
            nn.Linear(256, 512),
            nn.LeakyReLU(0.2, inplace=True),
            nn.Linear(512, 1024),
            nn.LeakyReLU(0.2, inplace=True),
            nn.Linear(1024, 784),
            nn.Tanh()
        )

    def forward(self, z, labels):
        c = self.embed(labels)
        x = torch.cat([z, c], 1)
        return self.model(x)
```

❷ # 판별자(Discriminator)
```
class Discriminator(nn.Module):
    def __init__(self):
        super().__init__()

        self.embed = nn.Embedding(10, 10)

        self.model = nn.Sequential(
            nn.Linear(794, 1024),
```

```
        nn.LeakyReLU(0.2, inplace=True),
        nn.Dropout(0.3),
        nn.Linear(1024, 512),
        nn.LeakyReLU(0.2, inplace=True),
        nn.Dropout(0.3),
        nn.Linear(512, 256),
        nn.LeakyReLU(0.2, inplace=True),
        nn.Dropout(0.3),
        nn.Linear(256, 1),
        nn.Sigmoid()
    )

    def forward(self, x, labels):
        c = self.embed(labels)
        x = torch.cat([x, c], 1)
        return self.model(x)
```

❸
```
# 모델 인스턴스를 만들고 모델의 가중치를 지정한 장치로 보내기
D = Discriminator().to(DEVICE)
G = Generator().to(DEVICE)

# 이진 교차 엔트로피 함수와
# 생성자와 판별자를 최적화할 Adam 모듈
criterion = nn.BCELoss()
d_optimizer = optim.Adam(D.parameters(), lr=0.0002)
g_optimizer = optim.Adam(G.parameters(), lr=0.0002)
```

❹
```
total_step = len(train_loader)
for epoch in range(EPOCHS):
    for i, (images, labels) in enumerate(train_loader):
        images = images.reshape(BATCH_SIZE, -1).to(DEVICE)

        # '진짜'와 '가짜' 레이블 생성
        real_labels = torch.ones(BATCH_SIZE, 1).to(DEVICE)
        fake_labels = torch.zeros(BATCH_SIZE, 1).to(DEVICE)
```

❺
```
        # 판별자가 진짜 이미지를 진짜로 인식하는 오차 계산 (데이터셋 레이블 입력)
        labels = labels.to(DEVICE)
```

```
        outputs = D(images, labels)
        d_loss_real = criterion(outputs, real_labels)
        real_score = outputs
```

❻
```
        # 무작위 텐서와 무작위 레이블을 생성자에 입력해 가짜 이미지 생성
        z = torch.randn(BATCH_SIZE, 100).to(DEVICE)
        g_label = torch.randint(0, 10, (BATCH_SIZE,)).to(DEVICE)
        fake_images= G(z, g_label)
```

❼
```
        # 판별자가 가짜 이미지를 가짜로 인식하는 오차 계산
        outputs = D(fake_images, g_label)
        d_loss_fake = criterion(outputs, fake_labels)
        fake_score = outputs
```

❽
```
        # 진짜와 가짜 이미지를 갖고 낸 오차를 더해서 판별자의 오차 계산
        d_loss = d_loss_real + d_loss_fake

        # 역전파 알고리즘으로 판별자 모델의 학습을 진행
        d_optimizer.zero_grad()
        g_optimizer.zero_grad()
        d_loss.backward()
        d_optimizer.step()
```

❾
```
        # 생성자가 판별자를 속였는지에 대한 오차 계산(무작위 레이블 입력)
        fake_images = G(z, g_label)
        outputs = D(fake_images, g_label)
        g_loss = criterion(outputs, real_labels)

        # 역전파 알고리즘으로 생성자 모델의 학습을 진행
        d_optimizer.zero_grad()
        g_optimizer.zero_grad()
        g_loss.backward()
        g_optimizer.step()
```

❿
```
    print('이폭 [{}/{}] d_loss:{:.4f} g_loss: {:.4f} D(x):{:.2f}
        D(G(z)):{:.2f}'
            .format(epoch, EPOCHS, d_loss.item(), g_loss.item(),
                real_score.mean().item(), fake_score.mean().
                item()))
```

```
⓫ # 만들고 싶은 아이템 생성하고 시각화하기
  item_number = 9  # 아이템 번호
  z = torch.randn(1, 100).to(DEVICE)     # 배치 크기 1
  g_label = torch.full((1,), item_number, dtype=torch.long).
                    to(DEVICE)
  sample_images= G(z, g_label)

  sample_images_img = np.reshape(sample_images.data.cpu().numpy()
                        [0],(28, 28))
  plt.imshow(sample_images_img, cmap = 'gray')
  plt.show()
```

9.4 마치며

이번 장에서는 Fasnion MNIST 데이터셋을 보고 새로운 패션 아이템을 생성하는 GAN 모델을 공부하고 구현해봤습니다. GAN의 구조는 유연해서 수많은 응용이 가능합니다. cGAN엔 레이블 정보를 추가해주었지만, 레이블에 대한 정보 대신 이미지, 텍스트 등 여러 가지 데이터 형식을 조건으로 넣을 수 있습니다. 이렇게 되면 이미지를 받아 새로운 이미지를 생성하고, 명령어 같은 텍스트를 받아 그림을 그리게 할 수도 있습니다. 상상력을 자극하지 않나요? GAN의 세계는 무궁무진하니 이 책을 마치고 더 깊게 공부하는 것을 추천합니다.

주어진 환경과 상호작용하며 학습하는 DQN

주어진 환경과 상호작용하며 학습하는 DQN

간단한 게임 환경에서 스스로 성장하는 DQN 에이전트를 만들어봅니다.

- 강화학습과 DQN 기초
- 카트폴 게임 마스터하기

최근 OpenAI 사의 인공지능이 도타2[Dota 2] 게임에서 프로 선수단을 이기는 일이 있었습니다. 이런 게임을 할 줄 아는 인공지능엔 강화학습이라는 개념이 쓰였습니다. 강화학습은 앞에서 다뤘던 지도학습이나 비지도학습과는 다른 학습 방식입니다. 강화학습이 어떻게 이루어지는지 간단한 게임을 마스터하는 모델을 만들며 알아보겠습니다.

> **학습 목표**
> 강화학습 모델을 만드는 방법을 알아봅시다.

10.1 강화학습과 DQN 기초

사람은 스스로 성장합니다. 선생님이 가르쳐주기도 하지만 스스로 공부하기도 합니다. 머신러닝에도 비슷한 영역이 있습니다. 주어진 환경과 상호작용하여 좋은 점수를 얻는 방향으로 성장하는 머신러닝 분야를 '강화학습reinforcement learning'이라고 합니다. 앞서 배운 학습법들이 원하는 교재(데이터셋)를 외우는 주입식 학습법이라면 강화학습은 자기 주도적 학습법이라고 볼 수 있습니다. 강화학습에서 사람은 목표를 설정해주고 당근과 채찍을 이용해 성장시키는 코치의 역할을 합니다.

누가 가르쳐주지 않았는데도 우리는 달리는 법을 익혔습니다. 처음 달리는 법을 익힌다고 상상해보세요. 처음부터 숨은 어떻게 쉬고, 팔은 어떻게 흔들고, 다리 근육은 어떻게 사용하는지 머릿속으로 일일이 생각하면 오히려 부자연스러워지기 마련입니다. 사람은 일어섰다가 넘어지는 시행착오를 반복하며 걷고 뛰는 법을 배웁니다. 이처럼 강화학습 모델도 주어진 환경에서 시행착오를 겪으며 좋은 피드백을 받는 쪽으로 최적화하며 성장합니다.

강화학습을 크게 상태state, 에이전트agent, 행동action, 보상reward 4가지 요소로 나눌 수 있습니다. 한 가지씩 간단히 알아보면 다음과 같습니다.

1 에이전트 : 인공지능 플레이어입니다.
2 환경 : 에이전트가 솔루션을 찾기 위한 무대입니다.
3 행동 : 에이전트가 환경 안에서 시행하는 상호작용입니다.
4 보상 : 에이전트의 행동에 따른 점수 혹은 결과입니다.

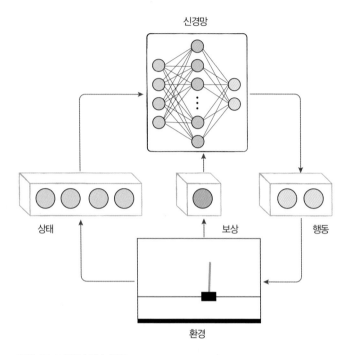

신경망

상태

보상

행동

환경

그림 10-1 DQN 학습 구조

　2013년 딥마인드는 NIPS 학회에서 「딥 강화학습을 이용하여 아타리 게임하기 (Playing Atari with Deep Reinforcement Learning)」[1]라는 논문을 발표합니다. 이 논문은 DQN$^{\text{deep q-network}}$ 알고리즘을 이용하여 아타리^{Atari} 사의 유명 게임들에서 사람보다 월등히 높은 점수를 얻는 인공지능을 만들어 많은 주목을 받았습니다. 사전에 화면과 조종 키 몇 개 외에는 주어진 정보가 없는 환경에서 기존 알고리즘들보다 월등하게 좋은 성능을 냈고, 심지어 특정 게임에서는 버그를 찾아 치사한 방법으로 이기는 모습도 보여주었습니다. 딥마인드는 이 업적을 바탕으로 딥 강화학습이라는 연구 분야를 개척하고 구글에 인수되었습니다.

1　https://arxiv.org/abs/1312.5602

NOTE 아타리는 벽돌깨기, 팩맨, 핀볼, 스페이스 인베이더 등 여러 유명 고전 게임 개발에 참여했던 게임 회사 입니다. 이번 장에서 배울 gym이라는 패키지에 아타리 게임이 여럿 포함되어 있습니다. 강화학습에 대해 더 자세히 공부하고 싶다면 이번 장을 읽고 아타리의 게임들을 마스터하는 강화학습 모델을 만드는 데 도전해보세요.

그림 10-2 아타리(Atari) 사의 고전 게임들

'얼마나 대단한 알고리즘이길래?'라는 의문이 생길 수 있습니다. 하지만 인공 신경망과 비슷하게 말로 하면 뭔가 복잡할 것 같지만, 코드로 작성해보면 몇 줄 안 되는 것을 발견할 수 있을 겁니다.

DQN은 갑자기 새롭게 튀어나온 아이디어라기보다는 고전적인 Q-Learning 강화학습 알고리즘에 신경망과 여러 기법을 접목한 결과입니다. 차근차근 알아보겠습니다.

10.2 카트폴 게임 마스터하기

강화학습 예제들을 보면 항상 게임과 연관되어 있습니다. 원래 우리가 궁극적으로 원하는 목표는 어디서든 적응할 수 있는 인공지능이지만, 너무 복잡한 문제이기도 하고 가상 환경을 설계하기도 어려워서 게임이라는 환경을 사용합니다.

대부분 게임은 점수나 목표가 있습니다. 점수가 오르거나 목표에 도달하면 일종의 보상을 받고 원치 않는 행동을 할 때는 마이너스 보상을 받는 경우도 있습니다. 앞서 비유한 달리기를 배우는 과정을 예로 들면, 총 나아간 거리나 목표 지점 도달 여부로 보상을 받고 넘어질 때 패널티를 받을 수 있을 겁니다.

게임 중에서도 가장 간단한 카트폴cart-pole이라는 환경을 구축하여 강화학습을 배울 토대를 마련해보겠습니다.

그림 10-3 카트폴 게임 화면

어떤 게임을 마스터한다는 뜻은 최고의 점수를 받는다는 뜻이기도 합니다. 그러므로 게임의 점수를 보상으로 취급하면 됩니다. 우리가 만들 에이전트는 보상을 예측하고, 보상을 최대로 만드는 쪽으로 학습할 겁니다.

카트폴 게임에서는 막대기를 세우고 오래 버틸수록 점수가 올라갑니다. 막대가 오른쪽으로 기울었을 때 어떤 동작이 가장 큰 보상을 준다고 예측할 수 있을까요? 중심을 다시 맞춰야 하니 오른쪽 버튼을 눌러 검은색 상자를 오른쪽으로 움직이는 것이 왼쪽 버튼을 눌러 검은색 상자를 왼쪽으로 옮기는 것보다 보상이 클 것으로 예측할 수 있습니다.

DQN의 주요 특징은 두 가지입니다. 바로 기억하기memorize와 다시 보기replay입니다. 둘 다 간단한 아이디어지만 신경망이 강화학습에 이용되도록 만든 혁명적인 방법입니다. 순서대로 개념과 구현법을 알아보겠습니다.

❶ 먼저 gym을 비롯한 필수 모듈을 임포트합니다.

```
import gym
import random
import math
import torch
import torch.nn as nn
import torch.optim as optim
import torch.nn.functional as F
from collections import deque
import matplotlib.pyplot as plt
```

여기서 등장하는 새로운 패키지들을 알아봅시다.

1 **gym** : 카트폴 등의 여러 게임 환경을 제공하는 패키지입니다.

2 **deque** : 먼저 들어온 데이터가 먼저 나가게 되는 큐^{queue} (FIFO$^{first\ in\ first\ out}$ 혹은 선입선출) 자료구조의 일종입니다. 덱^{deque}은 double-ended queue의 약자로 일반적인 큐와는 다르 게 양쪽 끝에서 삽입과 삭제가 모두 가능한 자료구조입니다.

3 **random** : 에이전트가 무작위로 행동할 확률을 구하기 위해 사용하는 파이썬의 기본 패키 지 입니다.

4 **math** : 에이전트가 무작위로 행동할 확률을 구하기 위해 사용하는 파이썬의 기본 패키지 입 니다.

위 패키지들이 정확히 어떤 역할을 하는지는 코드를 작성하며 설명하겠습니다.

NOTE gym은 이 예제에서 사용할 카트폴 환경을 담고 있는 패키지입니다. 설치하는 방법은 간단 합니다. 사용하는 OS가 윈도우라면 명령 프롬프트(CMD), 맥이라면 터미널(Terminal)에서 아래 명령을 입력해서 설치합니다.

```
pip install gym
```

10.2.1 하이퍼파라미터

❷ 다음으로는 하이퍼파라미터를 정의해줍니다.

```
# 하이퍼파라미터
EPISODES = 50      # 애피소드 반복 횟수
EPS_START = 0.9    # 학습 시작 시 에이전트가 무작위로 행동할 확률
EPS_END = 0.05     # 학습 막바지에 에이전트가 무작위로 행동할 확률
EPS_DECAY = 200    # 학습 진행 시 에이전트가 무작위로 행동할 확률을 감소시키는 값
GAMMA = 0.8        # 할인계수
LR = 0.001         # 학습률
BATCH_SIZE = 64    # 배치 크기
```

강화학습에서 새로 등장하는 하이퍼파라미터들이 보입니다. 하나씩 알아보겠습니다.

1 **에피소드(EPISODES)** : 총 플레이할 게임 수입니다.

2 **엡실론(EPS_START, EPS_END)** : 에이전트가 무작위로 행동할 확률입니다. 예를 들어, 엡실론이 50%면 절반의 확률로 무작위로 행동하고 절반의 확률로는 학습된 방향으로 행동합니다. 무작위로 행동하는 이유는 에이전트가 가능한 모든 행동을 경험하도록 하기 위해서입니다. 시작값은 EPS_START인 90%이며, 학습이 진행되며 조금씩 감소하여 EPS_END인 5%까지 내려가게 됩니다.

3 **엡실론 감소율(EPS_DECAY)** : EPS_START로 시작하는 엡실론의 값을 EPS_END 까지 점진적으로 감소시키는 값입니다.

4 **감마(GAMMA)** : 감마는 에이전트가 현재 보상을 미래 보상보다 얼마나 가치 있게 여기는 지에 대한 값입니다. 예를 들어, 1년 뒤에 받을 만 원과 지금 받는 만 원의 가치는 같지 않습니다. 1년 뒤에 받을 만 원은 이자율만큼 할인해줘야 합니다. 할인율과 비슷한 개념입니다. 다른 말로는 할인계수discount factor라고도 합니다.

10.2.2 DQN 에이전트

DQNAgent 클래스를 만들 차례입니다. 이 클래스에는 게임을 하기 위한 신경망, 행동을 결정하기 위한 함수, 각 행동의 가치를 학습하는 함수가 들어갑니다.

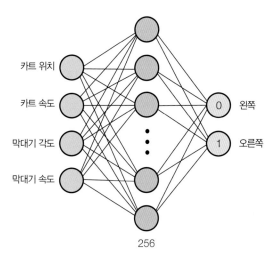

그림 10-4 **DQN** 에이전트의 인공 신경망

❸ 이번에 만들 신경망은 정말 간단합니다. 앞 장에서 소개했던 nn.Sequential 을 사용해서 코드를 간략하게 만들었습니다. 에이전트의 신경망은 카트 위치, 카트 속도, 막대기 각도, 막대기 속도까지 4가지 정보를 입력받아 왼쪽으로 갈 때의 가치와 오른쪽으로 갈 때의 가치를 출력합니다. 그래서 첫 번째 신경망의 입력 노드는 4개, 마지막 신경망의 출력 노드는 2개입니다.

```
class DQNAgent:
    def __init__(self):
        self.model = nn.Sequential(
            nn.Linear(4, 256),
            nn.ReLU(),
```

```
        nn.Linear(256, 2)
    )
```

학습 시 최적화 함수인 Adam을 이용하도록 정의합니다. self.steps_done은
학습을 반복할 때마다 증가하는 변수입니다.

```
self.optimizer = optim.Adam(self.model.parameters(), LR)
self.steps_done = 0
```

10.2.3 이전 경험 기억하기

DQN이 나오기 이전 신경망을 강화학습에 적용하면서 맞닥뜨린 몇 가지 문제
가 있었습니다.

1 첫 번째는 딥러닝 모델들은 보통 학습 데이터 샘플이 각각 독립적이라고 가정하는데, 강화학
   습에서는 연속된 상태가 강한 상관관계가 있어서 학습이 어렵다는 점입니다. 무작위로 가져오
   지 않고 연속적인 경험을 학습할 때 초반의 몇 가지 경험 패턴에만 치중해서 학습하게 되어 최
   적의 행동 패턴을 찾기 어렵습니다.
2 두 번째는 신경망이 새로운 경험을 전 경험에 겹쳐 쓰며 쉽게 잊어버린다는 겁니다.

그래서 나온 해결책이 바로 '기억하기' 기능입니다. 이전 경험들을 배열에 담아
계속 재학습시키며 신경망이 잊지 않게 한다는 아이디어죠. 기억한 경험들은 학
습을 할 때 무작위로 뽑아 경험 간의 상관관계를 줄입니다.

각 경험은 상태, 행동, 보상 등을 담아야 합니다. 이전 경험들에 관한 기억을 담
고자 memory라는 배열을 다음과 같이 만들어봅시다.

```
self.memory = [(상태, 행동, 보상, 다음 상태)...]
```

❹ 복잡한 모델을 만들 때는 memory를 클래스로 구현하기도 하지만, 이번 예제에서는 사용하기 가장 간단한 큐^{queue} 자료구조를 이용할 겁니다. 파이썬에서 deque의 maxlen을 지정해주면 큐가 가득 찼을 때 제일 오래된 요소부터 없어지므로 자연스레 오래된 기억을 잊게 해줍니다.

```
self.memory = deque(maxlen=10000)
```

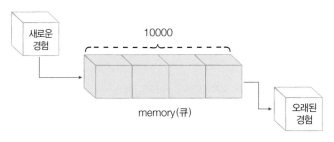

그림 10-5 기억을 저장하는 큐

❺ 그리고 self.memory 배열에 새로운 경험을 덧붙일 memorize() 함수를 만들어보겠습니다. memorize() 함수는 self.memory 배열에 **현재 상태(state)**, **현재 상태에서 한 행동(action)**, **행동에 대한 보상(reward)**, 그리고 **행동으로 인해 새로 생성된 상태(next_state)**를 한 세트로 저장합니다.

```
def memorize(self, state, action, reward, next_state):
    self.memory.append((state,
                        action,
                        torch.FloatTensor([reward]),
                        torch.FloatTensor([next_state])))
```

10.2.4 행동하기

⑥ 행동을 담당하는 act() 함수 역시 간단합니다. 무작위로 숫자를 골라 엡실론 값보다 높으면 신경망이 학습하여 이렇게 행동하는 게 옳다고 생각하는 쪽으로, 낮으면 무작위로 행동합니다. 학습 초반에는 학습이 덜됐기 때문에 에이전트가 하는 행동에 의미를 부여하기 어렵습니다. 그러므로 초반에는 엡실론값을 높게 주어 최대한 다양한 경험을 해보도록 하고, 점점 그 값을 낮춰가며 신경망이 결정하는 비율을 높입니다. 이 알고리즘을 엡실론 그리디(혹은 엡실론 탐욕)epsilon-greedy 알고리즘이라고 합니다.

```
def act(self, state):
    eps_threshold = EPS_END + (EPS_START - EPS_END) *
                    math.exp(-1. * self.steps_done / EPS_DECAY)
    self.steps_done += 1
    if random.random() > eps_threshold:
        return self.model(state).data.max(1)[1].view(1, 1)
    else:
        return torch.LongTensor([[random.randrange(2)]])
```

NOTE 파이토치 텐서의 max() 함수는 차원을 인수로 받아 최댓값과 최댓값이 있는 자리(인덱스)를 배열 텐서 형태로 반환합니다. 따라서 max(1)[1]은 차원 2에 있는 최댓값의 자리를 가져옵니다.

CB >>> torch.Tensor([1, 3, 2]).max(0)

```
torch.return_types.max(
    values=tensor(3.),
    indices=tensor(1)
)
```

10.2.5 경험으로부터 배우기

❼ 이전 경험들을 모아놨으면 반복적으로 학습해야 합니다. 사람도 수면 중일 때 자동차 운전, 농구 슈팅 등 운동과 관련된 정보를 정리하며, 단기 기억을 장기 기억으로 전환한다고 합니다. 우연하게도 DQN 에이전트가 기억하고 다시 상기하는 과정도 비슷한 개념입니다. DQN에선 이런 학습 과정을 경험 리플레이[experience replay]라고 합니다.

learn() 함수는 에이전트가 경험 리플레이를 하며 학습하는 역할을 수행합니다. 이 함수는 방금 만들어둔 에이전트의 신경망(self.model)을 기억(self.memory)에 쌓인 경험을 토대로 학습시킵니다.

self.memory에 저장된 경험들의 수가 아직 배치 크기(BATCH_SIZE)보다 커질 때까진 return으로 학습을 거르고, 만약 경험이 충분히 쌓이면 self.memory 큐에서 무작위로 배치 크기만큼의 '경험'들을 무작위로 가져옵니다. 앞서 설명했듯, 경험들을 무작위로 가져오면서 각 경험 샘플의 상관성을 줄일 수 있습니다.

zip(*batch)는 (state, action, reward, next_state)가 한 세트로 모여진 하나의 배열을 state, action, reward, next_state 4개의 배열로 정리해줍니다.

```
def learn(self):
    if len(self.memory) < BATCH_SIZE:
        return
    batch = random.sample(self.memory, BATCH_SIZE)
    states, actions, rewards, next_states = zip(*batch)
```

❽ 각각의 경험은 상태(states), 행동(actions), 행동에 따른 보상(rewards),

그다음 상태(next_states)를 담고 있습니다. 모두 리스트의 리스트 형태이므로 torch.cat() 함수를 이용하여 하나의 텐서로 만듭니다. 참고로 cat은 연결한다는 뜻으로, concatenate의 준말입니다.

```
states = torch.cat(states)
actions = torch.cat(actions)
rewards = torch.cat(rewards)
next_states = torch.cat(next_states)
```

❾ 학습을 위한 경험 샘플들이 준비됐으니 이제 에이전트의 신경망을 학습할 차례입니다.

에이전트가 점진적으로 발전된 행동을 하려면 가지고 있는 신경망이 주어진 상태(states)에서 각 행동의 가치(Q)를 더 잘 예측하도록 학습되어야 할 겁니다. 그렇다면 먼저 현재 상태서 에이전트가 생각하는 행동의 가치를 추출해야 합니다.

현재 상태(states)를 신경망에 통과시켜 왼쪽으로 가는 행동과 오른쪽으로 가는 행동에 대한 가치를 계산합니다. gather() 함수로 '에이전트가 현 상태(states)에서 했던 행동의 가치'들을 current_q에 담습니다.

```
current_q = self.model(states).gather(1, actions)
```

NOTE 예제에서 gather() 함수는 첫 번째 인수로 받은 차원(1)에서 두 번째 인수로 받은 텐서 (actions)가 가리키는 값들을 추출해냅니다. 글로 설명하기보다는 그림으로 설명하는 것이 이해가 빠르니 아래 사진을 참고해주세요.

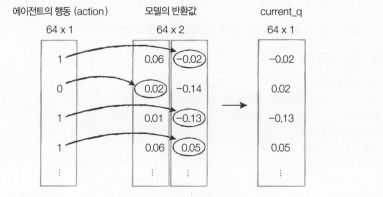

그림 10-5 gather() 함수로 current_q가 만들어지는 과정

⑩ DQN 알고리즘 학습은 **할인**된 **미래 가치**로 누적된 보상을 극대화하는 방향으로 이루어집니다.

- **미래 가치**란 에이전트가 미래에 받을 수 있는 보상의 기댓값입니다. max() 함수를 이용해 '다음 상태(next_states)에서 에이전트가 생각하는 행동의 최대 가치'를 구해 max_next_q에 담습니다.
- **할인**한다는 뜻은 현재에 1의 보상을 받을 수 있고 미래에도 1의 보상을 받을 때 현재의 보상을 좀 더 가치 있게 본다는 뜻입니다. 이 예제에선 GAMMA값인 0.8을 곱해주어 에이전트가 보는 행동들의 미래 가치(max_next_q)를 20% 할인해줍니다.

이로써 현재 상태 에이전트가 행동해 받았던 보상(reward)에 에이전트가 내다보는 행동들의 미래 가치(max_next_q)가 더해저 **할인된 미래 가치**가 expected_q에 담깁니다.

```
max_next_q = self.model(next_states).detach().max(1)[0]
expected_q = rewards + (GAMMA * max_next_q)
```

⑪ 학습은 현재 에이전트가 생각하는 행동의 가치가 할인된 미래 가치를 따라가도록 진행됩니다. F.mse_loss 손실 함수로 오차를 계산한 후, 역전파를 하고 신경망을 학습시킵니다.

```
loss = F.mse_loss(current_q.squeeze(), expected_q)
self.optimizer.zero_grad()
loss.backward()
self.optimizer.step()
```

10.2.6 학습 시작하기

⑫ gym으로 게임 환경을 생성하기 위해선 make() 함수에 원하는 게임 이름을 넣어주면 됩니다. 예제에서 활용할 카트폴 환경의 이름은 CartPole-v0입니다. 이렇게 생성된 env 변수는 이제 게임 환경이 되며, 여기에 에이전트의 행동을 입력하면 행동에 따른 다음 상태와 게임 종료 여부를 출력합니다.

```
env = gym.make('CartPole-v0')
```

드디어 학습을 실행할 차례입니다. 앞서 만들어둔 DQNAgent를 소환해서 agent로 인스턴스화합니다.

자, 이제 agent 객체를 이용하여 CartPole-v0 환경과 상호작용을 통해 에이전트가 게임을 학습하도록 하겠습니다. 학습 진행을 기록하기 위해 score_history 리스트에 점수를 저장하겠습니다.

```
agent = DQNAgent()
score_history = []
```

⓭ EPISODES는 앞에서 설명했듯 얼마나 많은 게임을 진행하느냐를 나타내는 하이퍼파라미터입니다. 앞서 50으로 설정했으니 50번의 게임을 플레이하게 됩니다. 게임을 시작할 때마다 초기화된 상태(state)를 불러오는 reset() 함수를 불러 카트폴 게임환경의 상태를 초기화합니다.

```
for e in range(1, EPISODES+1):
    state = env.reset()
    steps = 0
```

⓮ 게임이 끝날 때까지 에이전트가 행동하는 것을 멈추지 않을 것이므로 while True로 무한 반복문을 만들고 게임이 진행될 때마다 env.render() 함수로 게임 화면을 띄웁니다.

매 턴마다 :

1 현재 게임의 상태 state를 텐서로 만들고 에이전트의 행동 함수 act()의 입력으로 사용합니다.
2 상태를 받은 에이전트는 엡실론 그리디 알고리즘에 따라 행동 action을 내뱉습니다.
3 action 변수는 파이토치 텐서입니다. 따라서 item() 함수로 에이전트가 한 행동의 번호를 추출하여 step() 함수에 입력해주면 에이전트의 행동에 따른 다음 상태(next_state), 보상 (reward), 그리고 종료 여부(done)를 출력합니다.

done 변수는 게임이 끝났는지를 참(True) 또는 거짓(False)으로 표현합니다.

```
while True:
    env.render()
    state = torch.FloatTensor([state])
    action = agent.act(state)
    next_state, reward, done, _ = env.step(action.item())
```

⓯ 우리의 에이전트가 한 행동의 결과가 나왔습니다. 만약 막대가 넘어져 게임이 끝났을 경우 −1의 보상(처벌)을 주고 이 경험을 기억(memorize)하고 결과를 배우도록 합니다. 학습이 진행될수록 폴대가 넘어지지 않아 게임이 끝나지 않는 방향으로 학습이 진행됩니다.

```python
# 게임이 끝났을 경우 마이너스 보상주기
if done:
    reward = -1

agent.memorize(state, action, reward, next_state)
agent.learn()

state = next_state
steps += 1
```

⓰ 게임이 끝나면 done이 True가 되며 다음 코드가 실행됩니다. 보통은 게임 분석에 복잡한 도구와 코드가 사용되는 경우가 많으나 여기서는 간단하게 에피소드 숫자와 점수만 표기하겠습니다. 또 앞서 만들어둔 score_history 리스트에 점수를 담도록 합니다. 마지막으로 게임이 더 이상 진행되지 않으므로 break 문으로 무한 반복문을 탈출합니다.

```python
if done:
    print("에피소드:{0} 점수: {1}".format(e, steps))
    score_history.append(steps)
    break
```

```
에피소드:1 점수: 12
에피소드:2 점수: 19
에피소드:3 점수: 68
에피소드:4 점수: 14
에피소드:5 점수: 12
에피소드:6 점수: 13
에피소드:7 점수: 10
에피소드:8 점수: 13
에피소드:9 점수: 10
에피소드:10 점수: 8
...중략...
에피소드:42 점수: 192
에피소드:43 점수: 162
에피소드:44 점수: 200
에피소드:45 점수: 200
에피소드:46 점수: 200
에피소드:47 점수: 200
에피소드:48 점수: 200
에피소드:49 점수: 200
에피소드:50 점수: 200
```

게임이 진행되며 에피소드가 점점 오래 지속되는 것을 확인할 수 있습니다. 점수 기록을 그래프로 그려서 시각화해보겠습니다.

```
plt.plot(score_history)
plt.ylabel('score')
plt.show()
```

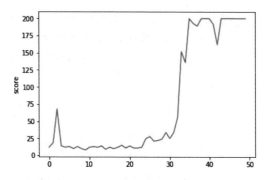

그림 10-6 DQN 에이전트의 점수 기록

게임이 진행되며 에이전트가 점진적으로 점수를 올려가는 것을 볼 수 있습니다. 마지막에는 만점인 200점을 달성합니다.

> **NOTE** 에이전트의 행동 act( ) 함수에 무작위성이 포함되어 있으므로 비슷하지만 다른 점수 결과가 나올 수 있습니다.

전체 코드

이 책의 깃허브에서 이번 예제를 내려받을 수 있습니다.

- 깃허브 파일명 : /10-주어진_환경과_상호작용하며_성장하는_DQN/cartpole_dqn.py

다음과 같이 명령창에서 실행하거나 노트북 파일을 열어서 사용합니다.

- 윈도우, 맥OS, 우분투 : $ python cartpole_dqn.py
- 주피터 노트북 파일 이름 : cartpole_dqn.ipynb

```python
import gym
import random
import math
import torch
import torch.nn as nn
import torch.optim as optim
import torch.nn.functional as F
from collections import deque
import matplotlib.pyplot as plt

# 하이퍼파라미터
EPISODES = 50      # 애피소드 반복 횟수
EPS_START = 0.9    # 학습 시작 시 에이전트가 무작위로 행동할 확률
EPS_END = 0.05     # 학습 막바지에 에이전트가 무작위로 행동할 확률
EPS_DECAY = 200    # 학습 진행 시 에이전트가 무작위로 행동할 확률을 감소시키는 값
GAMMA = 0.8        # 할인계수
LR = 0.001         # 학습률
BATCH_SIZE = 64    # 배치 크기

# DQN 에이전트
class DQNAgent:
    def __init__(self):
        self.model = nn.Sequential(
            nn.Linear(4, 256),
            nn.ReLU(),
            nn.Linear(256, 2)
        )
        self.optimizer = optim.Adam(self.model.parameters(), LR)
        self.steps_done = 0
        self.memory = deque(maxlen=10000)

    def memorize(self, state, action, reward, next_state):
        self.memory.append((state,
                            action,
                            torch.FloatTensor([reward]),
                            torch.FloatTensor([next_state])))

    def act(self, state):
```

```
        eps_threshold = EPS_END + (EPS_START - EPS_END) *
                        math.exp(-1. * self.steps_done /
                        EPS_DECAY)
        self.steps_done += 1
        if random.random() > eps_threshold:
            return self.model(state).data.max(1)[1].view(1, 1)
        else:
            return torch.LongTensor([[random.randrange(2)]])

❼   def learn(self):
        if len(self.memory) < BATCH_SIZE:
            return
        batch = random.sample(self.memory, BATCH_SIZE)
        states, actions, rewards, next_states = zip(*batch)

❽       states = torch.cat(states)
        actions = torch.cat(actions)
        rewards = torch.cat(rewards)
        next_states = torch.cat(next_states)

❾       current_q = self.model(states).gather(1, actions)
❿       max_next_q = self.model(next_states).detach().max(1)[0]
        expected_q = rewards + (GAMMA * max_next_q)

⓫       loss = F.mse_loss(current_q.squeeze(), expected_q)
        self.optimizer.zero_grad()
        loss.backward()
        self.optimizer.step()

⓬ # 학습 준비하기
agent = DQNAgent()
env = gym.make('CartPole-v0')
score_history = []

⓭ # 학습 시작
for e in range(1, EPISODES+1):
    state = env.reset()
    steps = 0
```

```
⑭      while True:
           env.render()
           state = torch.FloatTensor([state])
           action = agent.act(state)
           next_state, reward, done, _ = env.step(action.item())
           # 게임이 끝났을 경우 마이너스 보상주기
⑮          if done:
               reward = -1
           agent.memorize(state, action, reward, next_state)
           agent.learn()

           state = next_state
           steps += 1

⑯          if done:
               print("에피소드:{0} 점수: {1}".format(e, steps))
               score_history.append(steps)
               break


⑰  plt.plot(score_history)
   plt.ylabel('score')
   plt.show()
```

10.3 마치며

이번 장에서는 새로운 학습 방법인 강화학습에 대해 알아보고 간단한 카트폴 게임을 할 수 있는 인공지능 모델을 만들어봤습니다. DQN의 아이디어는 2013년 처음 소개됐고, 이후 수많은 강화학습 모델과 기법이 나왔습니다. 관심이 생겼다면 바둑, 스타크래프트, 도타 등 더 어려운 게임을 할 수 있는 방법은 무엇이 있을지 고민해보고 다른 모델들을 공부하는 것을 추천합니다.

찾아보기